La didactique des langues dans la formation initiale des enseignant.e.s en Suisse

Fremdsprachendidaktik in der Schweizer Lehrer*innenbildung

transversales

Langues, sociétés, cultures et apprentissages

Vol. 49

Collection publiée sous la direction d'Aline Gohard-Radenkovic

Jésabel Robin et/und
Martina Zimmermann (éds./Hrsg.)

La didactique des langues dans la formation initiale des enseignant.e.s en Suisse

Quelles postures scientifiques face aux pratiques de terrain ?

Fremdsprachendidaktik in der Schweizer Lehrer*innenbildung

An welchen wissenschaftlichen Positionen orientiert sich die Praxis?

PETER LANG
Bern · Berlin · Bruxelles · New York · Oxford · Wien

Information bibliographique publiée par «Die Deutsche Nationalbibliothek»
«Die Deutsche Nationalbibliothek» répertorie cette publication dans la «Deutsche Nationalbibliografie»; les données bibliographiques détaillées sont disponibles sur Internet sous ‹http://dnb.d-nb.de›.

Diese Publikation erscheint mit freundlicher Unterstützung der Pädagogischen Hochschule Luzern und der Pädagogischen Hochschule Bern.

PH LUZERN PHBern Pädagogische Hochschule

ISSN 1424-5868
ISBN (Print) 978-2-8076-1934-0 • E-ISBN 978-2-8076-1935-7 (E-PDF)
E-ISBN 978-2-8076-1936-4 (EPUB) • DOI 10.3726/b18726
D/2021/5678/54

Cette publication a fait l'objet d'une évaluation par les pairs.

Imprimé en Allemagne

Sommaire

2. Les enjeux du plurilinguisme

3. Du rejet des modèles aux pratiques réflexives

Contre-Point

Préface

Jésabel Robin[a] & Martina Zimmermann[b]

a. Pädagogische Hochschule Bern
b. Pädagogische Hochschule Luzern

Positionnements scientifiques en didactique des langues dans les formations d'enseignant·e·s en Suisse : tentative de recensement critique

Wissenschaftliche Positionen in der (Fremd-)Sprachendidaktik der Schweizer Lehrer*innenbildung: ein Orientierungsversuch

À l'origine de ce projet…

> *Ainsi toute culture scientifique doit commencer […] par une catharsis intellectuelle et affective. Reste ensuite la tâche la plus difficile : mettre la culture scientifique en état de mobilisation permanente, remplacer le savoir fermé et statique par une connaissance ouverte et dynamique, dialectiser toutes les variables expérimentales, donner enfin à la raison des raisons d'évoluer.*
>
> (Bachelard, 1970, p. 14)

Clarifier et faire clarifier les positionnements scientifiques… près d'un siècle après sa publication, cette citation n'a rien perdu de son actualité ni de sa pertinence. Gaston Bachelard et bien d'autres ont inspiré ce projet dont le but était de s'expliquer sur la scène scientifique, de retourner aux sources de nos propres ancrages afin de mieux appréhender et reconnaître, justement, la diversité des postures. Si, comme le souligne Philippe Blanchet « *pour élaborer une didactologie / didactique de quelque chose, il faut avoir une théorie de ce quelque chose* » (2018, p. 209), l'idée était véritablement de proposer aux professionnel·le·s de la didactique des langues en Suisse d'expliciter leur·s épistémologie·s puisque, justement, au sein d'un même champ, rien n'est évident, tout est construit. La posture scientifique s'accompagne d'un constant et nécessaire travail de remise en question et d'une certaine prise de risques : ne pas laisser parler des convictions mais, au contraire, être prêt·e·s à quitter la zone des « certitudes didactiques » pour participer de manière consciente et honnête au débat d'idées. Respecter les cadres, conditions officielles et autres limitations de la mise en place institutionnelle des formations en didactique des langues, n'exclut pas le droit de les questionner, au contraire, cet ouvrage est une invitation à (re)penser le champ des possibles en contexte de formation.

Les disciplines sont des constructions académiques qui induisent des pratiques et chaque conception scientifique s'accompagne de sa propre terminologie. Là où certain·e·s convoquent des « acteur·e·s », « représentations », « pratiques », « dispositifs », « contextualisation », etc., d'autres se réclament de « compétences », « tâches », « actions », « référentiels », « (post)constructivisme », etc., se rapprochant de (ou au contraire prenant leurs distances avec) la linguistique et d'autres disciplines universitaires. Cela signifie-t-il pour autant que les objectifs et finalités (Elmiger *et al.*, 2020) soient pensés différemment ? Les écoles de pensée et la circulation des idées s'articulent-elles en fonction des espaces linguistiques ? Cet exclusif paramètre semble à première vue simpliste et les espaces où l'on grandit scientifiquement ne sont pas forcément géographiques ni linguistiques. Le voyage des idées porte en germe le potentiel de transcender les cadres et c'est justement la manière dont ces éléments s'articulent dans un contexte institutionnel donné qui est ici centrale : lors de leur circulation, les concepts sont exposés, pour le meilleur comme pour le pire, à la décontextualisation et aux (ré)interprétations. Comment la didactique du plurilinguisme des espaces anglophones est-elle par exemple interprétée en contexte suisse ? Quelles épistémologies circulent ou sont au contraire marginalisées dans les espaces suisses de formation ? D'où viennent les concepts adoptés ou comment déterminer leurs origines ? Pierre Bourdieu souligne à ce sujet :

> Ainsi, le sens et la fonction d'une œuvre étrangère sont déterminés au moins autant par le champ d'accueil que par le champ d'origine. Premièrement, parce que le sens et la fonction dans le champ originaire sont souvent complètement ignorés. Et aussi parce que le transfert d'un champ national à un autre se fait à travers une série d'opérations sociales : une opération de sélection (qu'est-ce qu'on traduit ? qu'est-ce qu'on publie ? qui traduit ? qui publie ?) ; une opération de marquage [...] ; une opération de lecture enfin, les lecteurs appliquant à l'œuvre des catégories de perception et des problématiques qui sont le produit d'un champ de production différent. (Bourdieu, 2002, § 6)

Tous ces questionnements sont autant de réflexions sur le rôle et la diversité des conceptions de la didactique des langues et sur les liens entre pratiques de recherche *impliquées* et/ou *appliquées*[1].

De la formation des enseignant·e·s de langue·s en Suisse et des « didacticien·ne·s »

À l'heure où la didactique des langues cherche à asseoir en Suisse une légitimité nouvellement acquise, répertorier les concepts de base et la littérature fondatrice du champ, tel qu'il est pensé, a semblé incontournable. Les formations en didactique des langues des futur·e·s enseignant·e·s du primaire sont en effet courtes en Suisse : 5 à 8 ECTS[2] à la *Pädagogische Hochschule Bern* ou 8 ECTS à la *Pädagogische Hochschule Luzern*[3] par exemple ; elles sont en revanche plus importantes pour les futur·e·s enseignant·e·s du secondaire.

1 Adapté de P. Martinez (2018, p. 12)

2 Selon le profil choisi.

3 Et 1 ECTS supplémentaire pour le certificat de langue.

> On peut donc s'étonner que la didactique des langues secondes et étrangères ne soit pas encore académiquement reconnue dans un pays comme la Suisse dont la préoccupation majeure est la gestion des langues et leur transmission, garantes du projet politique d'une Suisse plurilingue et de sa cohésion sociale. (Gohard-Radenkovic, 2005, p. 2)

La tertiarisation, puis l'accréditation, relativement récentes de ces formations auparavant secondaires ont des effets perceptibles : stages pratiques et cours magistraux se côtoient, enseignant·e·s généralistes du primaire désigné·e·s automatiquement enseignant.e.s de langues dites étrangères, etc. Ces changements structurels impliquent désormais que les institutions de formation telles que les Hautes Écoles Pédagogiques (HEP) ou instituts et facultés équivalents se positionnent dans le domaine de la recherche et décernent des diplômes tertiaires de Bachelor et de Master. La didactique, jusqu'alors domaine des praticien·ne·s, devient subitement celui des chercheur·e·s ; les accords de Bologne faisant évoluer très rapidement la conception et le statut de la didactique et des « didacticien·ne·s » dont il est désormais attendu qu'ils·elles soient titulaires de titres universitaires : Master, Doctorat, voire même Habilitation.

La création en 2017 du programme fédéral « Développement des didactiques disciplinaires » (P-9) de *Swissuniversities* marque la volonté de positionner scientifiquement ces didactiques « disciplinaires », mais aussi celle de les coupler justement, *de facto*, aux disciplines, plutôt que de les constituer en champ autonome. Instituée en « discipline », et non en champ, la didactique des langues ne risque-t-elle pas d'être pensée comme un secteur cloisonné de connaissances théoriques et de savoirs scientifiques s'opposant justement aux savoir-faire pratiques et à la nature pluridisciplinaire de la didactique telle que représentée ci-après par Maguy Pothier ?

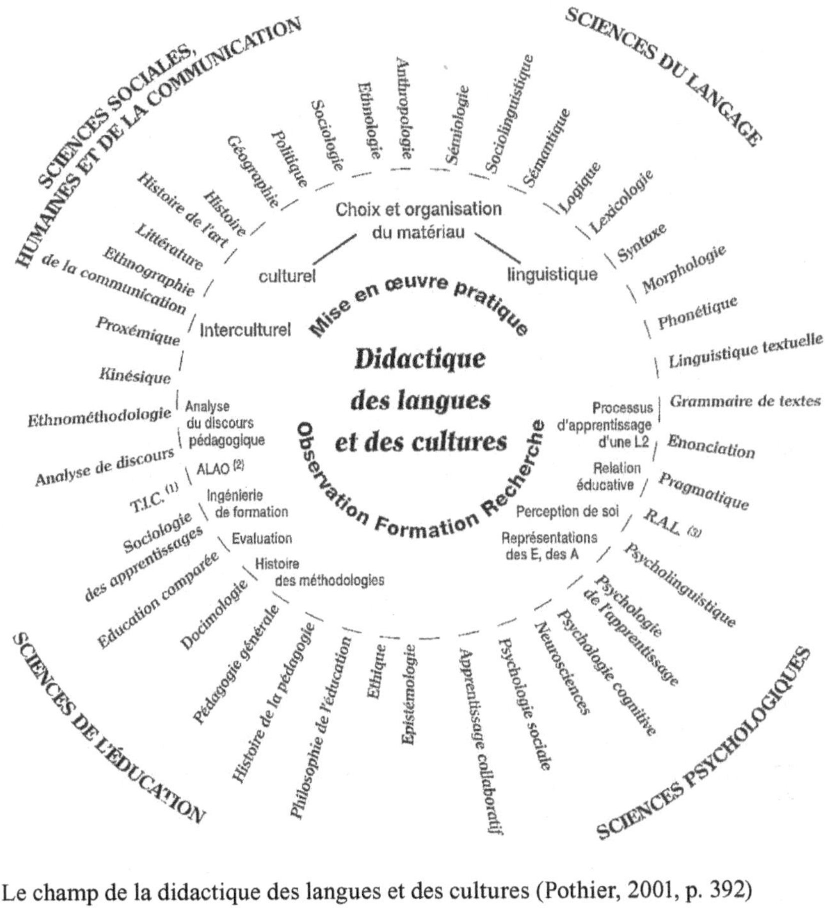

Le champ de la didactique des langues et des cultures (Pothier, 2001, p. 392)

Ainsi, jusqu'à sa récente tertiarisation, la formation initiale des enseignant·e·s du primaire a été peu marquée en Suisse par des positionnements tertiaires et/ou scientifiques et l'avènement de la didactologie semble toujours se faire attendre.

Les orientations didactiques s'inspirent certes en partie des traditions, plus ou moins longues, de la didactique des langues pratiquée dans les pays voisins, mais développent également des spécificités liées au contexte sociolinguistique suisse. Les débats actuels[4] ne vont pas sans soulever de vifs questionnements : déterminer les centres de compétences, leur potentielle émancipation des universités et des disciplines, etc., notamment lorsque l'on considère que le statut des HEP ne leur permet pas de délivrer de Doctorat, diplôme qui reste la prérogative des universités. Tout le paradoxe réside dans le fait que les facultés de Lettres des trois universités alémaniques (Berne, Zurich, Bâle) proposent des domaines d'études en linguistique et en littérature en langues étrangères, mais justement pas en didactique des langues.

> En plus de n'avoir pas le droit de décerner un doctorat, les hautes écoles pédagogiques sont peu compétitives face aux universités dans le recrutement de professeurs qualifiés, leur problème étant que leurs conditions d'engagement (rémunération et cahier des charges) et leurs normes statutaires sont en général moins intéressantes que celles des universités. (Ambühl, Stadelmann, 2010, p. 85)

On tolère qu'un·e didacticien·ne de HEP co-dirige une thèse sans aucune rétribution en collaboration avec un·e collègue universitaire mais le titre au final n'est délivré que par l'université et le travail du ou de la didacticien.ne reste ainsi subordonné à celui des universitaires. Les activités de recherche ne sont d'ailleurs pas systématiquement pensées comme faisant partie du cahier des charges de base des didacticien.ne.s, avant tout chargé·e·s de cours, mais à qui l'on demande pourtant d'être formé·e·s *à* et *pour* la recherche.

C'est dans ce contexte que les questions suivantes se sont posées, en réponse auxquelles les neuf contributions de ce volume ont tenté de se positionner.

4 Voir le programme du 5e colloque suisse des didactiques disciplinaires prévu pour le printemps 2022 et qui propose justement de faire le point sur « Le développement des didactiques disciplinaires dans le champ scientifique en Suisse ».

• *Quelles sont les approches scientifiques et méthodologiques de la didactique des langues qui ont actuellement cours dans les institutions suisses de formation des enseignant·e·s ? Quels sont les concepts fondamentaux, les notions et les épistémologies retenus et légitimés par les curricula de formation ? Comment sont-ils définis ?* • *De quelles disciplines se nourrissent ou bien se rapprochent ces positionnements scientifiques en didactique des langues (ex. : didactique générale, sciences de l'éducation, sciences sociales, psycholinguistique, linguistique, littérature, sociolinguistique, etc.) ? Observe-t-on des postures différentes d'un espace linguistique suisse à un autre ou d'une langue dite étrangère à une autre ?* • *Y aurait-il des modèles ou des « évidences didactiques » à expliciter ou à remettre en question ? Certaines approches sont-elles marginalisées ? Comment expliquer que certaines approches prévalent alors que d'autres ne sont guère prises en compte ?*	• *Mit welchen wissenschaftlichen Ansätzen setzt sich die (Fremd-) Sprachendidaktik in der Schweiz aktuell auseinander? Welche Epistemologie bzw. welche theoretischen Konzepte und Begriffe finden Eingang in Curricula der Lehrer*innenbildung bzw. welche bleiben aussen vor? Wie werden sie definiert?* • *Aus welchen Bezugswissenschaften (Allgemeine Didaktik, Erziehungswissenschaft, Sozialwissenschaften, Psycholinguistik, Sprachwissenschaft, Soziolinguistik usw.) kommen die Konzepte/Begriffe bzw. an welche Bezugswissenschaften lehnen sich diese an? Variiert dies je nach (Fremd-)Sprache oder je nach Sprachregion?* • *Gibt es in der (Fremd-) Sprachendidaktik Modelle oder Prinzipien, die als selbstverständlich erachtet werden, aber in Frage gestellt werden könnten/sollten? Sind bestimmte Forschungsrichtungen bzw. wissenschaftliche Positionen nur marginal vertreten? Wie lässt sich erklären, dass sich einige Ansätze durchsetzen, während andere kaum oder gar nicht berücksichtigt werden?*

Zum Publikationsunterfangen und zu damit verbundenen Auffälligkeiten

> *Ni pour ou contre tel modèle ou telle pratique [...], encore moins de privilégier telle posture scientifique au détriment d'une autre. [...] Il nous fallait éviter à la fois esprit partisan et militantisme. Nous avons donc pris le risque de retenir des contributeurs aux regards divergents et aux positionnements opposés.*
>
> (Stalder, Veillette, 2019, p. 23–24)

Im Rahmen dieses Publikationsunterfangens, das über einen zweisprachigen „Call for Papers" die im Bereich Sprachendidaktik Forschenden/Lehrenden zu erreichen versuchte, fiel auf, dass sich bei den eingegangenen Abstracts die institutionelle Verantwortlichkeit in Bezug auf das Thema (Fremd-)Sprachendidaktik abbildete. Mit einer Ausnahme wurden aus der Deutschschweiz alle Beiträge von Autor*innen vorgeschlagen, die an einer Pädagogischen Hochschule tätig sind. Lehrende/Forschende an Universitäten fühlten sich möglicherweise nicht angesprochen oder haben sich zumindest nicht dazu entschieden, einen Beitrag einzureichen, falls sie der „Call for Papers" überhaupt erreicht hatte. Diese Tatsache ist nicht weiter erstaunlich, erweckt aber den Eindruck, die Sprachendidaktik sei in der Deutschschweiz – von dort stammt die Mehrheit der Beiträge im vorliegenden Band – vor allem Sache der Pädagogischen Hochschulen geworden. In der Westschweiz – ein Kapitel stammt von einer Autorin der HEP Vaud, das andere von einer Autorin der zweisprachigen Université de Fribourg – verhält es sich nicht viel anders, auch wenn sich an einigen Universitäten (Genf, Neuchâtel, Lausanne) Einzelpersonen, das Institut de Recherche et Documentation Pédagogique in Neuchâtel und die Universität Fribourg und insbesondere das Institut für Mehrsprachigkeit mit didaktischen Fragen auseinandersetzen. Weiter leistet das wissenschaftliche Kompetenzzentrum für Mehrsprachigkeit in Fribourg – es wird von der Schweizerischen Eidgenossenschaft auf der Grundlage des Sprachengesetzes und der Sprachenverordnung finanziert – in verschiedenen Forschungsprojekten einen wissenschaftlich und empirisch gestützten Beitrag zu aktuellen gesellschaftlichen

Fragen rund um die Mehrsprachigkeit und widmet sich u.a. sprachdidaktischen Fragen.

Die Sprachendidaktik, ein offizielles Feld mit eigener theoretischer Wissenschaftsbasis und praktischen Ausbildungen, war einst an etlichen Universitäten angesiedelt. Nach und nach wurden die didaktischen Dimensionen des Feldes vermehrt Pädagogischen Hochschulen übergeben. Als Herausgeberinnen dieses Sammelbands fragen wir uns, ob eine solche Auseinanderdividierung von theoretischen und praktischen Aspekten Studierenden ein ganzheitliches Bild der Komplexität von Sprachen (und Kulturen) vermitteln kann. Greifen wir nicht ständig auf Bezugswissenschaften zurück bzw. entlehnen deren Konzepte, Werkzeuge, Methoden und Ansätze und passen sie an?

Mehrere der Beiträge wurden von Autor*innen-Teams verfasst. Dies ist an und für sich nichts Spezielles. Im Kontext dieses Bands aber ist augenfällig, dass anscheinend ganze Teams (oder Teile davon) hinter einem bestimmten Konzept stehen, das von jenem für die Ausbildung zur (Fremd-)Sprachenlehrperson als zentral erachtet wird. Möglich ist, dass einzelne Autor*innen verschiedene Konzepte übernehmen bzw. auf je verschiedene Art und Weise auslegen; diese Auslegungen machen sie auch gegenüber Studierenden transparent. Im Idealfall stieß das Verfassen des Beitrags innerhalb eines Teams eine inhaltliche Diskussion an – über das Verständnis verschiedener theoretischer Konzepte. Aus dem Austausch mit einem der Autoren, der einen Team-Artikel mitverfasst hat, wissen wir, dass der Schreibprozess als Anlass genommen wurde, interne Auslegungsvarianten zu diskutieren, Differenzen zwischen den Autor*innen zu erörtern und die jeweiligen Ausrichtungen zu hinterfragen. Obgleich im „Call for Papers" Forschende/Lehrende explizit dazu aufgerufen wurden, Dissonanzen und unterschiedliche Positionen aufzuzeigen, die möglicherweise von Kolleg*innen nicht geteilt würden, werden im vorliegenden Band solche Dissonanzen nicht im erwarteten Ausmaß thematisiert. Dies ist nicht als Kritik zu verstehen. Wir als Herausgeberinnen stellen uns in diesem Zusammenhang die Frage, ob die Abwesenheit solcher Dissonanzen daher rührt, dass es in wissenschaftlichen Texten nicht per se Usus ist, Uneinigkeiten zu diskutieren bzw. teaminterne Kontroversen an die Öffentlichkeit zu tragen.

Verweise auf eine uneinheitliche institutionelle Ausrichtung der Fremdsprachendidaktik hätten wir als Herausgeberinnen spannend gefunden, weil wir uns vorstellen, dass Autor*innen-Teams ihre im Fachbereich vorhandene Heterogenität und die damit verbundene „Richesse" hätten hervorstreichen können. Wie aus einzelnen Beiträgen hervorgeht, darf die Geschichte der Lehrer*innenbildung nicht außer Acht gelassen werden (vgl. Ambühl & Stadelmann, 2011; Criblez, 2016), die sich in vielerlei Hinsicht auf das Hier und Jetzt und auf die Zusammensetzung von Teams im Bereich Sprachendidaktik auswirkt. Gerade die Umstrukturierung vom Lehrer*innenseminar zur Pädagogischen Hochschule führte dazu, dass Lehrende, die bereits am Lehrer*innenseminar tätig waren, gemeinsam mit Kolleg*innen mit universitären Hintergründen kollaborieren (vgl. Tremp 2015). Trägt diese „Richesse" basierend auf unterschiedlichen Hintergründen der Teammitglieder mit ihren jeweiligen Stärken/Steckenpferden/zum Teil divergierenden Ansichten/Vorstellungen dazu bei, den Blick auf die Sprachendidaktik zu erweitern?

Weiter fragen wir uns, ob das noch relativ junge Feld der Sprachendidaktik dazu tendiere, fehlenden Konsens als Schwäche einzuschätzen, statt divergierende theoretische Ansätze aufzugreifen und zu diskutieren. In einem lebendigen Feld gibt es nicht nur *eine* „legitime" Theorie. Im Gegenteil, der kontroverse Diskurs ist Zeichen einer engagierten Auseinandersetzung mit dem Themenfeld. Außerdem sind Forschungsfelder häufig erst zu dem geworden, was sie sind, weil unterschiedliche Konzepte, Theoriestränge, Forschungsmethoden etc. sich nebeneinander durchgesetzt oder aber einander ersetzt haben (vgl. Caspari et al., 2016; Christ, 2020). In diesem Sinne dient dieser Sammelband den Leser*innen auch dazu, sich im aktuellen Feld der Sprachendidaktik zu orientieren. Er soll aber nicht dazu führen, alle Forschenden/Lehrenden/Lesenden danach in die gleiche Richtung zu lenken, sondern eher mögliche Richtungen, Abzweigungen und Umwege aufzeigen.

Die Beiträge zeigen auch, wie überschaubar die Bildungslandschaft Schweiz ist, in der sich Lehrende/Forschende behaupten müssen. Wie frei wohl Letztere beim Publizieren sind? Mitunter kann eine Institution eine Strategie wählen, die eine bestimmte theoretische Richtung favorisiert. Einerseits könnten hierarchische Abhängigkeiten hierbei eine Rolle spielen. Anderseits dürfte dies auch mit der Kleinräumigkeit der Schweiz zusammenhängen: Auf kleinem Raum sind mehrere vergleichbare Bildungsinstitutionen vorhanden, die versuchen, sich von ähnlichen Institutionen abzuheben (Giudici & Grizelj, 2017). Es entsteht außerdem der Eindruck, dass diese Kleinräumigkeit wegen der Sprachregionen noch verstärkt ist; nicht immer finden wissenschaftliche Kollaborationen über Sprachregionen hinweg statt. Dass jeder Kanton innerhalb eines Sprachraums mehr oder weniger autonom darüber entscheiden kann, welche (Fremd-)Sprachen in welcher Reihenfolge unterrichtet werden, mag sprachregionenübergreifendes Zusammenarbeiten zuweilen komplizieren, aber dazu beitragen, dass in der Schweiz eine Vielfalt epistemologischer Konzepte existiert, die das Terrain der (Fremd-)Sprachendidaktik befruchten (Giudici, 2019). Austausch – ob im Rahmen von Publikationen oder von Tagungen – scheint fundamental, um erstens gegenseitige lokale Gegebenheiten und Gepflogenheiten zu verstehen und zweitens die Zirkulation von Konzepten – auch marginalen – anzustreben[5] (vgl. Bourdieu 2002). Es dünkt uns beiden Herausgeberinnen, dass solche bereits etablierten Bestrebungen unbedingt fortgeführt werden sollen, um gemeinsamen Zielen – etwa der Weiterentwicklung der Sprachendidaktik – näherzukommen.

Auch wenn der nachfolgende Überblick zeigt, dass die Beiträge im vorliegenden Band eine Fülle von Themen abdecken, werden einige Fragen bzw. thematische Aspekte, die z.T. im „Call for Papers" aufgeführt wurden, nicht beleuchtet. Vielleicht inspirieren diese zukünftige Publikationsprojekte? Kaum erörtert wurde etwa, inwiefern sich aufgegriffene Konzepte in internationale Diskussionen einordnen lassen bzw. an ihnen orientieren oder reiben. Auch im Feld

5 Formate, die den Austausch anregen, existieren einige. *Babylonia* etwa – die Zeitschrift für Sprachunterricht und Sprachenlernen – bietet ein solches mehrsprachiges und sprachraumübergreifendes Gefäß. Ebenso dienen z.B. die Vereinigung für Angewandte Linguistik in der Schweiz sowie der Verband Fremdsprachendidaktik Schweiz dazu, an (Fremd-)Sprachendidaktik Interessierte zusammenzuführen.

der Mehrsprachigkeit ist nicht davon auszugehen, dass Forschende in etlichen Sprachen lesen bzw. publizieren, d.h., dass auch da die (In-) Existenz von Übersetzungen eine Rolle spielt.

Bemerkenswert ist, dass kaum auf Policy Papers – oder, anders formuliert, auf „mächtige" Dokumente eingegangen wurde, die gewisse Konzepte favorisieren (oder ausblenden). Die Kompetenzorientierung etwa fand über den Referenzrahmen Eingang in die Lehrer*innenbildung und lokale Curricula der Volksschule. In diesem Zusammenhang kommen etwa Kompetenzbeschreibungen und -messungen zum Einsatz, die in Assessmentverfahren aufgegriffen werden. Acklin Muji (2007, p. 238–239) beispielsweise verweist kritisch darauf, dass Kompetenz im Wesentlichen mit den Beschreibungen und Messungen identifiziert werde, welche durch die Assessment-Techniken zustände kämen. Die Autorin kritisiert, solche Messungen werden dann zum Beweis ihrer Relevanz, was zur Folge habe, dass die Beziehung zwischen Wissen und Handeln, die am Ursprung des Interesses des Kompetenzbegriffs stand, getilgt werde. Wir als Herausgeberinnen fragen uns, ob es sich lohne, didaktische Prinzipien wie die Handlungs- bzw. Aufgabenorientierung – Tasks und deren Auslegung etwa haben etliche Sprachdidaktiker*innen beschäftigt (vgl. Thonhauser, 2010) – unabhängig von Deskriptoren wieder zu ihrer Ursprungsidee – der Stärkung der Beziehung zwischen Wissen und Handeln – zurückzuführen.

Gewisse Konzepte/Ansätze/inhaltliche Aspekte (z.B. Mobilität, Auseinandersetzung mit Repräsentationen von Studierenden) sind im Band eher marginal vertreten und in den verschiedenen Bildungsinstitutionen sehr unterschiedlich implementiert. Vielleicht ließe sich in Zukunft darüber sprechen/schreiben, ob und, wenn ja, wie die Autor*innen zu Kolleg*innen aus den Bezugswissenschaften in Kontakt stehen, welche epistemologischen Debatten sie führen und welche Machtverhältnisse zwischen den Disziplinen existieren.

Zur Struktur dieser Publikation

Des contributions en trois langues nous sont parvenues et deux en anglais, deux en français et six en allemand ont finalement été retenues[6]. Certain.e.s auteur.e.s ne s'expriment pas forcément dans leur contribution dans leur langue première, donnant à voir un exemple concret du plurilinguisme fonctionnel, dont plusieurs contributions se réclament d'ailleurs, pratique académique finalement courante mais qu'il s'agit de déclarer.

En cohérence avec les questions de l'appel, les regroupements ont été opérés en fonction des ancrages épistémologiques déclarés et ne correspondent ainsi ni à la région linguistique de l'institution de rattachement des auteur.e.s, ni à la langue étrangère en question. Trois grands axes se sont dégagés, mais le choix d'attribuer une contribution à un axe est forcément réducteur, certaines contributions auraient tout aussi bien trouvé leur place ailleurs. Comme souvent, en didactique comme dans tous les domaines, toute catégorisation est un parti pris.

1. **Im ersten Teil begegnen die Leser*innen zwei Beiträgen, die Spuren des konstruktivistischen Ansatzes aufweisen, die sich in der Handlungs-, Kompetenz- oder Aufgabenorientierung wiederfinden.**
   Die Autorinnen Mirjam Egli Cuenat, Gwendoline Lovey und Magalie Desgrippes rücken in ihrem Beitrag mit dem Titel „Fremdsprachendidaktik als Disziplin und interdisziplinär angelegtes Feld – Das wissenschaftliche Verständnis der Professur Französischdidaktik und ihre Disziplinen am Institut Primarstufe an der Pädagogischen Hochschule FHNW“ Konzeption, Inhalte und Schwerpunkte der Fremdsprachendidaktik in den Fokus. Sie zeigen dabei insbesondere auf, wie vielfältig der Leistungsauftrag an der Professur Französischdidaktik ist, und schlagen vor, diese

6 Aucune proposition de contribution rédigée en italien ne nous est parvenue. Plusieurs propositions supplémentaires rédigées en allemand n'ont finalement pas été retenues.

Vielfalt als Ressource zu sehen, die der Weiterentwicklung der wissenschaftlichen Positionen dient. Im Beitrag von Brigitte Reber (Pädagogische Hochschule Bern) mit dem Titel „Die Herausforderung, dialogisches Sprechen mittels Tasks zu lehren: Wenn ein verbreitetes Modell an einen spezifischen Kontext angepasst werden muss" werden praxisorientierte Studierendenprojekte vorgestellt. Anhand von Sprechaufgaben, die in der Ausbildung in der Fachdidaktik Englisch an der Pädagogischen Hochschule Bern erarbeitet werden, wird Task Based Learning hinterfragt, wobei die Berücksichtigung der Verwendung der Zielsprache, der Herkunftssprache oder der Mundart eine besondere Rolle spielt.

2. **Im zweiten Teil finden sich drei Beiträge von Autor*innen, die sich mit der Mehrsprachigkeit und damit einhergehenden didaktischen Aspekten/Herausforderungen auseinandersetzen.** Giuseppe Manno, Carine Greminger Schibli und Jan-Oliver Eberhardt (Fachhochschule Nordwestschweiz) präsentieren „Die Ausbildung zur Französischlehrperson auf der Sekundarstufe I – Zum Spannungsfeld des fachdidaktischen Studienbereichs und seiner Bezugswissenschaften". Die Autor*innen fokussieren das Verhältnis der (Fremd-)Sprachendidaktik zu ihren Bezugswissenschaften – den Fachwissenschaften und Erziehungswissenschaften – am Beispiel der Mehrsprachigkeitsdidaktik und der Aufgaben- und Handlungsorientierung. Herausgearbeitet wird dabei insbesondere der Einfluss der Bezugswissenschaften auf die Ausbildung zukünftiger Französischlehrpersonen. Die Autor*innen Rico Cathomas, Vincenzo Todisco, Dominique Caglia, Maria Chiara Moskopf-Janner und Susanne Oberholzer (Pädagogische Hochschule Graubünden) widmen sich ebenfalls der Mehrsprachigkeitsdidaktik, wobei ihnen als Ausgangspunkt ihres Beitrags „Integrierte Mehrsprachigkeitsdidaktik: Auf dem Weg zu einer gestaltungsorientierten Definition" sogenannte Gestaltungsfelder dienen. Letztere sollen dazu beitragen, die Dynamik und die konstruktivistischen Handlungen für die Entwicklung schulischer mehrsprachiger Kompetenzen zu modellieren. Das von ihnen vorgeschlagene mehrsprachigkeitsdidaktische Arbeitsmodell basiert auf dem Grundgedanken, dass

Sprachenlernen ein integrativer Prozess sei. Kathrin Jonas Lambert und Antje Barabasch (Eidgenössisches Hochschulinstitut für Berufsbildung) widmen sich der Mehrsprachigkeitsdidaktik in der Berufsbildung. In ihrem Beitrag „Bilingualen Berufskundeunterricht in der Schweizer Berufsbildung umsetzen“ zeigen sie anhand einer bilingualen Lernsequenz (deutsch und englisch), wie neben der lokalen Standardsprache eine zweite Sprache im handlungskompetenzorientierten Unterricht zum Einsatz kommt. Ziel dieser kontextualisierten Bilingualität ist es, allen Lernenden das Erlernen einer zweiten Sprache zu ermöglichen.

3. **Der dritte und letzte Teil beinhaltet vier Beiträge, die eine Distanz schaffen zu Modellen bzw. didaktischen Rezepten, die in der (Fremd-)Sprachendidaktik verbreitet sind. Interessant ist, dass die Beiträge in diesem letzten Teil individuell verfasst wurden. Ob dies daher rührt, dass ihr Zugang zur Sprachendidaktik marginal ist oder sie es vorziehen, alleine zu schreiben, sei dahingestellt. Die Autorinnen greifen etwa auf reflexive Praktiken zurück, machen vom „Staunen“ Gebrauch und gehen auf Wertvorstellungen von Lehrpersonen ein. Erwähnenswert ist auch, dass in diesem Teil Beiträge aufeinandertreffen, die allesamt nicht auf Deutsch verfasst werden, während im restlichen Sammelband ausschließlich auf Deutsch geschrieben wurde.**
   Alessandra Keller-Gerber (Université de Fribourg) setzt sich mit ihrem Text „Lire les étonnements en classe de didactique pour faire dire ses étonnements en classe de langue …“ mit der Bedeutung des Aufbaus einer autobiografischen Kompetenz im Sprachunterricht auseinander. Ausgehend von Erfahrungen in einem intensiven FLE-Immersionskurs für Mobilitätsstudierende schlägt sie vor, das Staunen oder Erstauntsein im Kontext akademischer Mobilität für Verstehensprozesse im Sinn einer autobiographischen Kompetenz für reflexive Praktiken im Sprachunterricht zu nutzen. Laura Loder Buechel (Pädagogische Hochschule Zürich) hinterfragt in ihrem Beitrag “Anti-bias Education in English Language Teaching: Unpacking Textbooks, Packing a New Suitcase“ die Rolle des (Fremd-)Sprachenunterrichts und bietet ein Plädoyer zur aktiven Berücksichtigung antidiskriminierender Perspektiven

und zur Wertevermittlung im Englischunterricht. Basierend auf curricularen Vorgaben in der Schweiz zur Vermittlung christlicher, humanitärer und demokratischer Werte votiert sie für eine mehrkulturelle, plurilinguale und interkulturelle Erziehung, die auf Überlegungen einer kritischen Pädagogik beruht und sich aktiv mit gender, jeglichen -ismen sowie mit der rechtlichen Lage von Minderheiten auseinandersetzt und dabei Fragen der Identität, Diversität und Gerechtigkeit einbezieht. Nikola Mayer (Pädagogische Hochschule Zürich) analysiert in ihrem Text „Critical Incidents im Fachdidaktischen Coaching Englisch der Sekundarstufe I" beispielhaft zwei Critical Incidents – also ungeplante Situationen, die sich im Englischunterricht ergeben/ereignen und Teil der täglichen Herausforderung im Lehrberuf sind –, die in der praxisorientierten Lehrer*innenausbildung für die Sekundarstufe I an der PH Zürich diskutiert werden. In einem Seminar liegt der Fokus auf solchen von den Studierenden gesammelten Incidents, die kritisch reflektiert werden, wobei insbesondere ergründet wird, welche Rolle Emotionen in diesem Kontext spielen. Die Anlage hat zum Ziel, Studierende für Perspektivenvielfalt zu sensibilisieren, Empathie fürs Gegenüber (weiter) zu entwickeln und zum Nachdenken über die eigene Betroffenheit anzuregen. So soll – der Autorin zufolge – fachdidaktisches Wissen mit eigenen Erfahrungen verbunden werden. Im Beitrag „Qu'enseigne-t-on quand on enseigne une langue-culture étrangère? Tentative pour appréhender un objet d'enseignement complexe" stellt die Autorin Susanne Wokusch (Haute Ecole Pédagogique Vaud) der Handlungsperspektive in der (Fremd-)Sprachendidaktik ein explizites Konzept des Lerngegenstands „Sprache-Kultur" zur Seite. Sie betrachtet Sprache nicht als kodebasiert. Vielmehr versteht sie Sprache als biologisches Phänomen und rückt soziokulturelle, -kognitive und -konstruktivistische Gesichtspunkte in den Fokus. Lernende einer zusätzlichen Sprache-Kultur sieht sie als Individuen, die von Beginn weg soziale Sprach-Lernende/-Benutzende sind. Mit ihrer Sichtweise untermauert die Autorin aktuelle (fremd-)sprachendidaktische Diskurse und gibt ihnen eine theoretische Grundlage.

Nous avons souhaité pour le contre-point final de cet ouvrage, un regard externe à la Suisse et à ses institutions mais un regard néanmoins expert des conceptions de la didactique des langues des espaces francophones et germanophones. Nous avons laissé carte blanche à la Prof. Dr. Christiane Fäcke, de l'Université d'Augsburg, à qui nous avons confié les contributions et dont nous vous laissons découvrir les analyses en fin d'ouvrage.

Nun wünschen wir Ihnen, liebe Leser*innen, eine bereichernde Lektüre und hoffen, dass Sie die vorliegende Publikation zum Weiterdenken anregt. Ermöglicht haben diesen Sammelband unsere Autor*innen, denen wir an dieser Stelle ein herzliches Dankeschön aussprechen möchten! Ihre seriöse Arbeit, ihre Bereitschaft, auf zuweilen kritische Anmerkungen unserer Reviewer*innen einzugehen, ihr Vertrauen in dieses Unterfangen und ihre beeindruckende Pünktlichkeit haben uns inspiriert, beschwingt und gefreut!

Jésabel Robin, Martina Zimmermann
Berne, mai 2021

Bibliographie

Acklin Muji, D. (2007). *Langues à l'école : quelle politique pour la Suisse ?* Berne : Transversales / Peter Lang.

Ambühl, H., Stadelmann, W. (Hrsg.) (2011). Wirksame Lehrerinnen- und Lehrerbildung – gute Schulpraxis, gute Steuerung. Bilanztagung II. Bern: EDK.

Ambühl, H., Stadelmann, W. (2010). *Tertiarisation de la formation des enseignants et des enseignantes.* Berne : CDIP.

Bachelard, G. (1970). *La formation de l'esprit scientifique : contribution à une psychanalyse de la connaissance objective.* 7e éd. Paris : Librairie philosophique Vrin.

Blanchet, P. (2018). *Éléments de sociolinguistique générale.* Limoges : Lambert-Lucas.

Bourdieu, P. (2002). Introduction : les conditions sociales de la circulation internationale des idées, *Actes de la recherche en science sociales* (ARSS), *145*, 3-5.

Caspari, D., Klippel, F., Legutke, M., Schramm, K. (Hrsg.) (2016). *Forschungsmethoden in der Fremdsprachendidaktik. Ein Handbuch. Tübingen:* Narr Francke Attempto.

Christ, H. (2020). *Geschichte des Fremdsprachenunterrichts im deutschsprachigen Raum, von den Anfängen bis 1995*. Giessen: Giessen University Library Publications.

Criblez, L. (2016). Die Reform der Lehrerinnen- und Lehrerbildung im Kanton Bern im Kontext gesamtschweizerischer Entwicklungen. Referat in der Vortragsreihe „10 Jahre PH Bern" am 6. Oktober 2015 an der Pädagogischen Hochschule Bern.

Elmiger, D., Extermann, B., Schmid, G., Siegenthaler, A. (Eds.). (2020). *Ziele im Fremdsprachenunterricht: Vorgaben, Entwicklungen und Erwartungen/ Finalités de l'enseignement des langues étrangères : objectifs, évolutions et attentes*, VALS-ASLA, 112.

Giudici, A. (2019). *Explaining Swiss Language Education Policy*. Dissertation Universität Zürich.

Giudici, A., Grizelj, S. (2017). National unity in cultural diversity: How national and linguistic identities affected Swiss language curricula (1914–1961). *Paedagogica Historica, 53*(1–2), 137–154.

Gohard-Radenkovic, A. (2012). Le plurilinguisme, un nouveau champ ou une nouvelle idéologie ? Ou quand les discours politiquement corrects prônent la diversité. *Alterstice, 2*(1), 89–102.

Gohard-Radenkovic, A. (2005). *Plurilinguisme, interculturalité et didactique des langues étrangères dans un contexte bilingue/ Mehrsprachigkeit, Interkulturalität und Fremdsprachendidaktik in einem zweisprachigen Kontext*. Berne : Peter Lang.

Martinez, P. (2018). *Un regard sur l'enseignement des langues*. Paris : Éditions des Archives contemporaines.

Pothier, M. (2001). Formation à la recherche et recherche de la formation en didactique, *Études de linguistique appliquée, 123–124*, 385–392.

Stalder, P., Veillette, J. (2019). *La diversité fantasmée et ses effets de réalités. Discours et pratiques. Introduction*, Paris : L'Harmattan, p. 13–28.

Thonhauser, I. (2010). Was ist neu an den Aufgaben im aufgabenorientierten Fremdsprachenunterricht? *Babylonia* (3), 8–16.

Tremp, P. (2015). *Forschungsorientierung und Berufsbezug im Studium : Hochschulen als Orte der Wissensgenerierung und der Vorstrukturierung von Berufstätigkeit*. Bielefeld: Bertelsmann.

1. Les traces de l'approche par compétences

Mirjam Egli Cuenat, Gwendoline Lovey & Magalie Desgrippes

Pädagogische Hochschule FHNW
(mirjam.egli@fhnw.ch; gwendoline.lovey@fhnw.ch;
magalie.desgrippes@fhnw.ch)

Fremdsprachendidaktik als Disziplin und interdisziplinär angelegtes Feld – Das wissenschaftliche Verständnis der *Professur Französischdidaktik und ihre Disziplinen*[1] am Institut Primarstufe an der Pädagogischen Hochschule FHNW

Zusammenfassung. Die Debatte um die Konstituierung der Fremdsprachendidaktik als wissenschaftliche Disziplin im deutschsprachigen Raum macht deutlich, dass ihre Konzeption stark vom jeweiligen institutionellen Kontext geprägt ist. Der vorliegende Beitrag zeigt, wie Fremdsprachendidaktik an einer Deutschschweizer Pädagogischen Hochschule konkret umgesetzt wird und an welchen wissenschaftlichen Positionen sich die drei dort tätigen Autorinnen orientieren. Es wird dargestellt, wie dabei die kontextuellen Gegebenheiten zum Tragen kommen – das Lehren und Lernen einer Fremdsprache auf der Primarstufe in der viersprachigen Schweiz mit dem Bildungsziel der funktionalen Mehrsprachigkeit für alle – und wie die strukturellen Bedingungen wirken – eine tertiarisierte lehrpersonenbildende Institution mit Professurenmodell sowie die generalistische Ausbildung in einem Bachelorstudiengang für Primarlehrkräfte. Der Beitrag unterstreicht die Notwendigkeit der Unterscheidung zwischen einem engeren disziplinären Verständnis der Fremdsprachendidaktik in Lehre, Weiterbildung, Entwicklung sowie Dienstleistung einerseits und einem weiteren Verständnis in der Forschung andererseits und schließt mit der Perspektive eines gleichzeitig disziplinären und interdisziplinären Dialogs.

1 Per September 2021 wurden die Professuren Französisch- und Englischdidaktik des Instituts Primarstufe zur gemeinsamen Professur Fremdsprachendidaktik und ihre Disziplinen unter der Leitung von Prof. Dr. Mirjam Egli Cuenat zusammengeführt.

Schlüsselwörter: Fremdsprachendidaktik, Mehrsprachigkeit, Pädagogische Hochschule, Schweiz, Interdisziplinarität

Résumé. Le débat sur la constitution de la didactique des langues étrangères en tant que discipline scientifique dans le monde germanophone révèle que sa conception est fortement marquée par le contexte institutionnel. Cet article décrit la didactique des langues étrangères mise en œuvre dans une haute école pédagogique (HEP) suisse alémanique ainsi que les positionnements scientifiques auxquelles se réfèrent les trois auteures travaillant dans cette institution. Il présente le contexte en jeu – l'enseignement et l'apprentissage d'une langue étrangère au niveau primaire dans une Suisse quadrilingue dont l'objectif éducatif est d'atteindre un plurilinguisme fonctionnel pour tous – et les effets des conditions structurelles, à savoir une institution de formation tertiarisée avec des chaires professorales et un cursus généraliste de Bachelor pour les enseignant-e-s du degré primaire. L'article souligne aussi la nécessité de distinguer entre une conception disciplinaire de la didactique des langues étrangères qui serait, d'une part, plus étroite dans le cadre de la formation initiale et continue, le développement ainsi que les prestations de service fournies par les HEP et, d'autre part, plus large dans la recherche scientifique. Il se conclut sur la perspective d'un dialogue simultanément disciplinaire et interdisciplinaire.

Mots clés : Didactique des langues étrangères, plurilinguisme, Haute école pédagogique, Suisse, interdisciplinarité

Abstract. The debate on the establishment of foreign language didactics (language education) as a scientific discipline in the German-speaking world reveals that its conception is strongly influenced by the respective institutional context. This article describes how foreign language didactics is implemented at a university of teacher education in the German-speaking part of Switzerland and the scientific positions to which the three authors who work in this institution refer. It presents the contextual conditions involved, such as the teaching and learning of a foreign language at primary level in quadrilingual Switzerland, with the educational goal of functional plurilingualism for all learners. It also makes explicit the effects of the structural conditions, in this case a tertiary educational institution with professorial chairs and a generalist bachelor's degree course for generalist primary school teachers. The article stresses the need to distinguish between a narrower disciplinary approach in initial and in-service training, development and services provided by the institution on the one hand, and a broader approach in scientific research on the other. It concludes with the perspective of a dialogue that is simultaneously disciplinary and interdisciplinary.

Keywords: Foreign language didactics (Language education), plurilingualism, University of teacher education, Switzerland, interdisciplinarity

1. Einleitung

1.1 Fremdsprachendidaktik als wissenschaftliche Disziplin?

Als Lehrende und Forschende im Bereich der Fremdsprachendidaktik für die Primarstufe an einer Schweizer Pädagogischen Hochschule stellen wir uns kontinuierlich die Frage, an welchen wissenschaftlichen Positionen wir uns orientieren. Grundsätzlich vertreten wir die Haltung, dass es ein Gewinn ist, Fremdsprachendidaktik als eigenständige wissenschaftliche Disziplin zu betrachten. Dies begründet sich zunächst im „Tatbestand, dass sich die Vertreterinnen des Faches alle primär dem Lehren und Lernen von Sprachen widmen, und dieser vergleichsweise klar umreißbare Gegenstandsbereich legitimiert die Klassifizierung der FSD [Fremdsprachendidaktik] als wissenschaftliche Gemeinschaft“ (Schmenk 2019, 30). Die langjährige Debatte in Deutschland um die Konstituierung der Fremdsprachendidaktik als wissenschaftliche Disziplin[2] ist auch für unseren Kontext erhellend. In Deutschland hat sich die Fremdsprachendidaktik in der universitären Lehre und Forschung etabliert (vgl. Bausch et al. 2016, Hallet & Königs 2010). Dabei ging es um mehrfache Abgrenzungen: zunächst und ab den 1960er Jahren verstärkt um die Abgrenzung von einer auf Erfahrung basierenden Rezeptologie hin zu einer theoriebasierten, an mehreren Bezugsdisziplinen ausgerichteten Wissenschaft zur Optimierung des schulischen Sprachenunterrichts. Ab 1970 wurde als Paralleldisziplin zur Fremdsprachendidaktik die Sprachlehr-/lernforschung begründet, welche die Untersuchung der Vorgänge beim Fremdsprachenlernen im schulischen und außerschulischen Kontext gemäß den Standards der empirischen Forschung in den Vordergrund stellte und

2 Auch im frankophonen Sprachraum hat sich eine akademische Fremdsprachendidaktik konstituiert, wobei die Entwicklung etwas anders verläuft (s. Meissner 2010; Spaëth 2020). Obwohl wir uns auch an diesen Positionen orientieren, stellen wir in diesem Beitrag aus Platzgründen die Debatte im deutschsprachigen Raum in den Vordergrund.

stark auf der (angewandten) Linguistik und der Zweitsprachenerwerbsforschung aufbaute, von denen sie sich wiederum abgrenzte. Zum heutigen Zeitpunkt gibt es viele BefürworterInnen der Zusammenführung beider Felder unter dem Dach des Begriffs ‚Fremdsprachendidaktik', umso mehr als sich die Sprachlehr-/lernforschung nicht dauerhaft als eigenständiges Fach an den deutschen Universitäten etablieren konnte (Bausch et al. 2016, 5).

Insgesamt ist es angesichts der Heterogenität des Feldes der Fremdsprachendidaktik nach wie vor schwierig, disziplinäre Grenzen zu definieren: Einerseits sind die Gegenstandsbereiche und Forschungsfelder, welche mit dem Lehren und Lernen fremder Sprachen befasst sind, sehr heterogen. So nennen Hallet & Königs (2010, 13–15) als Themenfelder z.B. Lernprozesse und Methoden, Medien und Informationstechnologie, *Literacy* – Interkulturalität – Transkulturalität, Curriculumsentwicklung, Standardisierung und Kompetenzentwicklung sowie Ausbildung für Fremdsprachenlehrpersonen. Andererseits sind für jedes dieser Themenfelder wieder unterschiedliche Bezugswissenschaften relevant: Zu nennen sind etwa die angewandte Sprachwissenschaft, die Psycho- und Soziolinguistik, die Literatur- und Medienwissenschaft, die Erziehungswissenschaft, die Psychologie, die Philosophie, die Sozialwissenschaft oder auch die Kulturwissenschaft. In der Literatur herrscht Konsens darüber, dass Interdisziplinarität ein konstitutives Merkmal der Fremdsprachendidaktik bzw. der fremdsprachendidaktischen Forschung ist (Bausch et al. 2016, Wilden & Rossa 2019), wobei es „keinen festen Kanon von Bezugswissenschaften [gibt], sondern je nach Erkenntnisinteresse bzw. konkretem Anliegen […] spezifische interdisziplinäre Betrachtungen oder ‚Anleihen' notwendig" werden (Schmenk 2019, 26). Unser Wissenschaftsverständnis, die Verortung in diesem interdisziplinär angelegten Feld wie auch die konkrete Ausgestaltung der Fremdsprachendidaktik sind somit stark durch den institutionellen Kontext geprägt, in dem wir uns bewegen.

1.2 Kontextualisierung und institutionelle Rahmenbedingungen an der PH FHNW

Wir arbeiten im institutionellen Kontext des frühen schulischen Lehrens und Lernens von Fremdsprachen, in einem viersprachigen Land, welches durch Globalisierung sowie durch Migration geprägt ist und in dem die wachsende individuelle Mehrsprachigkeit sowohl die Ausgangslage als auch ein Bildungsziel darstellt (EDK 2004). Die Pädagogische Hochschule der Fachhochschule Nordwestschweiz (PH FHNW) ist zuständig für die Lehrpersonenbildung der vier Kantone Aargau, Basel-Land, Basel-Stadt und Solothurn. In den letzteren drei Kantonen wird Französisch als erste Fremdsprache ab der 3. Klasse unterrichtet, im Kanton Aargau als zweite Fremdsprache ab der 5. Klasse nach Englisch. An der PH FHNW als tertiäre Bildungsinstitution haben die Professuren[3] einen vierfachen Leistungsauftrag inne (vgl. Orientierungsrahmen PH FHNW 2009, 9): Erteilen von Lehre in der Grundausbildung, Durchführen von Projekten in den Bereichen Forschung und Entwicklung, Übernahme von Weiterbildungsangeboten für unterrichtende Lehrpersonen sowie Ausführen von Aufträgen als Dienstleistung an Dritte, z.B. Bildungsdepartemente der Kantone. Unser Aufgabenfeld situiert sich somit an der Schnittstelle zwischen Forschung, Lehrpersonenbildung und Bildungspolitik. Als Professur ‚Französischdidaktik und ihre Disziplinen' sind wir (wie alle an die schulischen Fächer gebundenen Professuren) legitimiert, interdisziplinär zu arbeiten, d.h. einen starken Bezug nicht nur zur französischen Sprach- und Kulturwissenschaft herzustellen, sondern auch zu weiteren Disziplinen, immer unter der Voraussetzung, dass dies in Ausrichtung „auf das pädagogische Handlungsfeld und seine Eigenlogik" (Forneck 2009, 212) geschieht.

In den folgenden Kapiteln soll beispielhaft gezeigt werden, wie Fremdsprachendidaktik als Schnittstellendisziplin an einer Schweizer

3 Das ‚Professurenmodell' als Organisationsform ist eine Eigenheit der PH FHNW, welche im Zuge der Fusionierung der Lehrerbildungsstätten der Kantone Aargau, Basel-Stadt, Basel-Landschaft und Solothurn ab 2009 etabliert wurde. Es begünstigt die Verbindung von Lehre sowie Forschung und Entwicklung besonders (vgl. Bertschi Kaufmann 2009).

Pädagogischen Hochschule in der Praxis ausgestaltet werden kann, wie dabei die Dimensionen Lehre, Forschung und Entwicklung sowie Weiterbildung und Dienstleistung zusammenwirken und an welchen wissenschaftlichen Positionen wir uns dabei orientieren.

2. Lehre: fachdidaktische und fachwissenschaftliche Grundausbildung

Hauptziel der didaktischen Grundausbildung an der PH FHNW ist es, das professionelle Handeln angehender Lehrpersonen im schulischen Kontext zu sichern, sie zum Umgang mit berufsbezogenem Wissen zum Nutzen ihrer SchülerInnen anzuleiten sowie das Interesse an diesem Wissen nachhaltig zu verankern, um dadurch die Grundlagen für eine reflektierte professionelle Haltung zu legen (vgl. Fraefel & Larcher 2018, 425). Im Fach Französisch[4] als Fremdsprache im Bachelor-Studiengang Primarstufe sollen angehende Lehrpersonen befähigt werden, auf der Zielstufe einen altersgerechten Fremdsprachenunterricht zu erteilen. Dabei orientieren wir uns an Konzepten und Theorien, welche mit den Zielsetzungen des Bildungssystems kompatibel sind: funktionale Mehrsprachigkeit und Kompetenzorientierung (Lehrplan 21[5]). Mit Hallet (2019) denken wir, dass sich die Lehrpersonenbildung „nicht in einer Unterweisung in der Handhabung und Implementierung curricularer Vorgaben erschöpfen [darf]. Vielmehr muss ihr Hauptziel die Entwicklung einer eigenständigen didaktischen Kompetenz sein, die den Curricula nicht nachgeordnet, sondern ihr stattdessen übergeordnet und vorgelagert ist“ (Hallet 2019, 23–24). Wir setzen uns zum Ziel,

4 An der PH FHNW müssen sich die Studierenden im Studiengang Primarstufe für *eine* schulische Fremdsprache entscheiden (Französisch oder Englisch, Wahlpflicht). Die Unterrichtsbefähigung für die zweite Fremdsprache kann im Anschluss an das Bachelorstudium im Rahmen einer Facherweiterung erworben werden.

5 https://www.lehrplan21.ch

trotz gewisser Einschränkungen (GeneralistInnenausbildung, Studiendauer), den angehenden Lehrpersonen aktuelle didaktische Konzepte näherzubringen, sie in die fremdsprachendidaktische Forschung einzuführen sowie sie mit Grundkonzepten und für sie relevanten Erkenntnissen der angewandten Sprachwissenschaft vertraut zu machen. Dabei gehen wir grundsätzlich von den subjektiven Theorien der Studierenden aus und stellen sie den aktuellen wissenschaftlichen Theorien gegenüber.

In der Fachdidaktik wird stark Bezug auf universitäre fremdsprachendidaktische Literatur aus Deutschland genommen (z.B. Fäcke 2017, Decke-Cornill & Küster 2010). Die Studierenden befassen sich mit Konzepten wie der Differenzierung (Mehlhorn 2014, Gerlach 2015), der Evaluation (Stadler & Kremmel 2018), der Aufgabenorientierung (Bechtel 2019), der Kompetenzorientierung (Hallet 2013) oder der Inhalts- und Handlungsorientierung (Leupold 2008). Durch die Auseinandersetzung mit Originaltexten sollen Erkenntnisse aus der Wissenschaftsgemeinschaft nicht bloß vermittelt, sondern auch hinterfragt und damit eine kritische Haltung gegenüber kontrovers diskutierten didaktischen Prinzipien und normativen Setzungen gefördert werden. In der Grundausbildung werden auch die aktuellen Französischlehrwerke und deren Einsatz im Unterricht thematisiert: Die genannten Themen und Konzepte müssen theoretisch erfasst und deren Umsetzung in Lehrwerken analysiert werden können. Auch hier steht der Habitus einer kritisch-reflexiven Distanz im Vordergrund und es erfolgt eine explizite Abgrenzung von einer rezeptologischen bzw. praxikologischen Grundhaltung (Henrici 1997).

In der Fachwissenschaft liegt das Schwergewicht auf der Auseinandersetzung mit individueller (auch der eigenen) und gesellschaftlicher Mehrsprachigkeit sowie dem Fremdsprachenerwerb. Die Studierenden beschäftigen sich mit der Geschichte des Französischen und Sprachverwandtschaften (Zufferey & Moeschler 2015), mit Bilingualismus und Tertiärsprachenerwerb (Hutterli, Stotz & Zappatore 2008), mit dem gemeinsamen Europäischen Referenzrahmen (Europarat 2001/2020), mit Lernendensprache und Spracherwerbstheorien als Grundlage für die Entwicklung von Lehrwerken in Vergangenheit und Gegenwart (Edmondson & House 2011), mit empirischer Forschung zum Fremdsprachenerwerb (z.B. Haenni Hoti et al. 2009), mit den Ebenen des Sprachsystems sowie mit der soziolinguistischen Varianz (Avanzi 2017). In der Grundausbildung der Lehrpersonen haben fachwissenschaftliche Inhalte stets eine dienende Funktion, denn im Zentrum der fachlichen Ausbildung steht „nicht die Fachdisziplin, sondern die Vermittlung des Faches und fachlicher Anforderungen in institutionalisierten Bildungsprozessen" (Orientierungsrahmen PH FHNW 2009, 90).

Die Lehrveranstaltungen werden in der Zielsprache durchgeführt und Texte nach Möglichkeit in Französisch gelesen. Insbesondere in der Fachdidaktik sind dem jedoch Grenzen gesetzt, denn Originaltexte aus dem frankophonen Sprachraum liegen in der Regel über dem fremdsprachlichen Niveau der Studierenden, welches sich zu Beginn des Studiums oft im Bereich B2 ansiedelt[6]. Literatur aus der *Suisse romande* und Frankreich wird von den Dozierenden rezipiert und fließt vor allem in Form von Zitaten in den Powerpoint-Präsentationen in die Grundausbildung ein (z.B. Candelier et al. 2012, Coste 2009, Cuq & Gruca 2017, De Pietro 2009, Fonseca & Gajo 2016, Geiger-Jaillet, Schlemminger & Le Pape Racine 2016).

Die Erkenntnisse aus den Forschungs- und Entwicklungsarbeiten, die innerhalb der Professur Französischdidaktik und ihren Disziplinen gewonnen werden (siehe Kapitel 3 und 4), fließen ebenfalls kontinuierlich in die fachdidaktischen und fachwissenschaftlichen Veranstaltungen ein. Studierende, die Französisch als individuellen Studienschwerpunkt wählen, haben zudem die Möglichkeit, ein Aktionsforschungsprojekt im Bereich der Fremdsprachendidaktik durchzuführen. Dafür mobilisieren sie ihr ganzes Wissen aus der Fachdidaktik und Fachwissenschaft Französisch und nehmen eine forschende Haltung ein (Altrichter, Posch & Spann 2018, Catroux 2002). Im Zentrum steht der projektorientierte Einsatz fremdsprachendidaktischer Forschungsmethoden (Caspari et al. 2016). Lehrinhalte des individuellen

6 Die Studierenden werden mit verschiedenen Angeboten (Sprachkursen, Austausch und Mobilität, Berufspraktika im frankophonen Raum) dabei unterstützt, eine berufsspezifische Sprachkompetenz aufzubauen (s. Kapitel 4).

Studienschwerpunkts sind z.B. Theater in der Fremdsprache, Austausch und Mobilität oder Formen des immersiven Unterrichts.

3. Forschung

Die Forschungstätigkeit der Professur ist breit angelegt und zielt letztlich immer auf einen instrumentellen Nutzen für die Praxis ab (vgl. Beywl et al. 2015, 134). Konkret bedeutet dies, dass wir unsere Arbeiten in der Forschung auf die längerfristige Optimierung der Lehr- und Lernbedingungen im Fremdsprachenunterricht ausrichten, wobei nicht nur der Unterricht selbst, sondern auch die weiteren Bedingungen des sprachlichen Lehrens und Lernens einbezogen werden (vgl. Bausch et al. 2016).

3.1 Forschung mit Fokus auf Schule und Unterricht

Das Dissertationsprojekt von Gwendoline Lovey richtet den Fokus auf Schule und Unterricht. Sie beforscht die Kompetenz Sprechen im lehrwerkbasierten Fremdsprachenunterricht an der Primarschule und untersucht dafür die Bearbeitung von Aufgaben zur mündlichen Produktion einer Lerneinheit aus dem Lehrmittel *Mille feuilles* (vgl. Lovey 2016). Für das Forschungsprojekt wurden Lehrpersonen beim Einführen in die Sprechanlässe und FokusschülerInnen beim Lösen der Aufgaben videographiert. Zudem wurden die Lehrpersonen und die Lernenden in problemzentrierten Interviews resp. in Gruppendiskussionen zu ihren Meinungen und Einstellungen befragt. Mit den Daten aus dem Projekt können Erkenntnisse über den fremdsprachlichen Unterricht gewonnen werden, nämlich wie die Lehrpersonen die Aufgaben zum Sprechen im Französischunterricht anleiten, wie die Schülerinnen und Schüler bei den gegebenen Aufgaben sprachlich interagieren und wie die Aufgaben von den verschiedenen AkteurInnen wahrgenommen werden.

Der Dissertation liegen folgende Theorien und Modelle zugrunde: Im Projekt geht es um mündliche Interaktion, wofür Theorien aus der angewandten Linguistik (Pekarek Doehler 2002) und Modelle aus der Psycholinguistik (Levelt 1989) beigezogen werden müssen. Ferner wird auf empirische Studien zum Erwerb der Sprechkompetenz in der Fremdsprache Bezug genommen und somit eine Verbindung zur Spracherwerbsforschung hergestellt (Diehl et al. 2000, Pienemann 1998). Da es sich bei den Aufgaben zum Sprechen um Lehrwerkübungen handelt, gilt es auch, Theorien aus dem Forschungszweig der Lehrwerkverwendungsforschung (Kurtz 2011, Fäcke 2016) zu berücksichtigen. Lehrmittel basieren auf bestimmten Lerntheorien, was für die Lehrwerkanalyse wiederum einen Bezug zur Lernpsychologie bedingt (Meixner & Müller 2009). Ferner werden die Subjektiven Theorien der Lehrpersonen beleuchtet. Dieses Konzept stammt aus der Psychologie (Groeben et al. 1988, 2–3) und wurde zunächst in den Erziehungswissenschaften rezipiert.

Der Studie liegt ein qualitatives Forschungsdesign zugrunde (Lamnek 2010). Die Auswertungsmethode basiert auf der inhaltlich strukturierenden Inhaltsanalyse, womit ein Bezug zu den Sozialwissenschaften geschaffen wird (Kuckartz 2018, Mayring 2015). In der Dissertation werden die Daten aus der Beobachtung und der Befragung trianguliert. Auch die Triangulation ist ursprünglich eine Forschungsstrategie aus der empirischen Sozialforschung (Denzin 1970), auch wenn sie heute in der Fremdsprachendidaktik sehr häufig angewendet wird (Settinieri 2015). Für die kompetenzorientierte Analyse von Lernendensprache (Marx & Mehlhorn 2016), mit der die Videodaten zu den Schülerinnen und Schülern ausgewertet werden, sind wiederum Erkenntnisse aus dem Bereich der Linguistik notwendig. Das Design des Dissertationsprojekts erfordert also sowohl in Bezug auf den Inhalt als auch auf die Methodik ‚Anleihen' aus anderen Fachbereichen (vgl. Schmenk 2019, 31).

3.2 Forschung mit Fokus auf schulischen Mehrsprachenerwerb

Im SNF-Forschungsprojekt zum schulischen Mehrsprachenerwerb am Übergang zwischen Primar- und Sekundarstufe I[7] fokussierte Mirjam Egli Cuenat die Dimension des Kompetenzerwerbs (u.a. Egli Cuenat 2016): Sie untersuchte die Entwicklung der schriftlichen und mündlichen produktiven Textkompetenz (Portmann-Tselikas & Schmölzer Eibinger 2008) in den drei schulisch geförderten Sprachen Deutsch, Französisch und Englisch am Übergang von der Primar- zur Sekundarstufe I in der Ostschweiz, im Kontext der Fremdsprachenreform der EDK von 2004. Die Studie basiert auf dem Modell des mehrsprachigen Repertoires bzw. einem mehrsprachigen Erwerbsmodell (Coste, Moore & Zarate 2009, Lüdi & Py 2009, Hufeisen 2010) und der Tertiärsprachenerwerbsforschung (Jessner 2013, Hammarberg 2018). Mit einem quantitativen, teilweise longitudinalen Design wurde bei Lernenden der 6. und 7. Klasse vor und nach der Fremdsprachenreform untersucht, wie sich die Fähigkeit, beschreibende Texte in der Schulsprache Deutsch, in der ersten Fremdsprachen Englisch und in der zweiten Fremdsprache Französisch zu produzieren, entwickelt. Bei rund 1800 Lernenden wurden Textlänge, Hypotaxe, Konnektoren, räumliche Textstrukturierung, Kognaten sowie sprachliche Mischphänomene untersucht. Im Zentrum standen intraindividuelle Zusammenhänge als Indikatoren sprachenübergreifender Nutzung von Ressourcen, die Kontinuität am Stufenübergang sowie der Einfluss der Sprachenreihenfolge (insbesondere Französisch als Sekundär- oder Tertiärsprache).

Anlage und Analysen des interdisziplinär ausgerichteten Forschungsprojekts basierten auf Erkenntnissen und Instrumenten verschiedener Forschungszweige im deutschen, frankophonen und anglophonen Sprachraum, die sich auf einem Kontinuum zwischen (angewandter) Sprachwissenschaft und Sprachdidaktik (Fremd-, Schul- und Herkunftssprachen) ansiedeln. Dazu gehören, neben der

7 Die hier vorgestellte Forschungsarbeit ist ein Teilprojekt eines größeren 2013–2017 vom Schweizerischen Nationalfonds (SNF) unterstützten Kooperationsprojektes zwischen der PH FHNW und der PH St. Gallen (Manno, Egli Cuenat, Le Pape Racine & Brühwiler (Hrsg.) 2020).

bereits genannten Tertiärsprachenerwerbsforschung die *Literacy*-Forschung (Street 2002), die Psycholinguistik und sprachenübergreifende Diskurserwerbsforschung (Hickmann 2003), die schulsprachendidaktische Schreibforschung (Schneuwly 1997, Bachmann & Becker-Mrotzek 2017), die Zweisprachigkeits- und Mehrsprachenerwerbsforschung (Cummins 2009, Cenoz & Gorter 2011) sowie die mehrsprachigkeitsdidaktische Forschung (Wenk et al. 2016). Das Projekt liefert Erkenntnisse zu mehreren fremdsprachen- und mehrsprachigkeitsdidaktisch relevanten Gebieten (vgl. Hallet & Königs 2010): die Weiterentwicklung und Optimierung von curricularen Instrumenten wie dem Lehrplan 21 (D-EDK 2016, vgl. Zappatore et al. 2020, s. unten, Kapitel 4), die sprachübergreifende Diagnostik, welche bislang weitgehend monolingual ausgerichtet ist, sowie die Entwicklung von tertiärsprachendidaktischen Unterrichtsdesigns, deren Wirkung künftig im Rahmen kontrollierter Interventionsforschung erforscht werden kann (Marx 2020).

3.3 Forschung mit Fokus auf außerschulische Mehrschriftlichkeitssozialisierung

Auch im Dissertationsvorhaben von Magalie Desgrippes geht es um Mehrsprachenerwerb und um mögliche sprachenübergreifende Effekte: Sie untersucht den Einfluss von familiären Variablen auf die Sprach- und *Literacy*-Entwicklung von zweisprachigen Kindern und stellt sich u.a. die Frage, ob dieser Einfluss sprachrelativ oder sprachübergreifend ist. Der Forschungsstand verweist auf eine Fülle von Faktoren, die auf komplexe Weise miteinander interagieren (Hornberger 2003). Da es dabei um mehrsprachige Schülerinnen und Schüler geht, die als ‚Kinder mit Migrationshintergrund' im Zentrum der Sorge um Chancengerechtigkeit im Bildungssystem stehen (s. Bildungsdirektion des Kantons Zürich 2011, Fibbi et al. 2010), wird ein multiperspektivischer Blick mit Bezug auf mehrere Disziplinen der Geisteswissenschaften eingenommen.

Die Analyse nimmt Daten des Projekts *Herkunftssprache und Schulsprache: sind Sprachkompetenzen übertragbar?* (HELASCOT, vgl. Desgrippes & Lambelet 2016, Desgrippes, Lambelet & Van Hove 2017) auf, dessen Hauptziel darin bestand, potenzielle Transfers – insbesondere hinsichtlich schriftlicher Rezeption und Produktion – zwischen der Herkunfts- und der Schulsprache bei Schülerinnen und Schülern, die in Heimatlicher Sprache und Kultur (HSK) unterrichtet werden, zu untersuchen. Im Rahmen der Untersuchung wurden bei Schülerinnen und Schülern portugiesischer Herkunft der 3. und 4. Primarschulklasse und in Vergleichsklassen der jeweiligen Sprachregionen schriftliche Kompetenzen in Portugiesisch und in der Schulsprache (Französisch bzw. Deutsch) zu drei verschiedenen Zeitpunkten getestet (insgesamt ca. 500 Kinder). Für die Dissertation wurde eine Befragung der Eltern via Fragebogen durchgeführt.

Die Daten erlauben, aus soziolinguistischer Sicht unterschiedliche Indikatoren des sozioökonomischen Status neben der Sprachsituation der Region oder der dortigen Sprachpolitik zu analysieren. Aus erziehungswissenschaftlicher Sicht werden Merkmale des elterlichen Handelns untersucht, wie das Schaffen eines *Literacy*-affinen Umfeldes zu Hause, elterliche Erwartungen, Erziehungsstil, und nicht-elterliche Faktoren wie die Art der Fremdbetreuung. Quantität und Qualität der Kontakte des Kindes zu seinen Sprachen werden in der Spracherwerbsforschung aktuell als zwei wesentliche Faktoren angesehen (Hoff 2020) und entsprechend im Dissertationsprojekt untersucht. Die Dissertation soll Erkenntnisse darüber liefern, wie sich das nähere und weitere *Literacy*-Umfeld der mehrsprachigen Kinder auf die mehrsprachige Entwicklung auswirken (Farver et al. 2013, Dixon & Wu 2014). Die Ergebnisse der Dissertation sind für die Fremdsprachen- und Mehrsprachigkeitsdidaktik relevant, denn sie tragen zu einem vertieften Verständnis der Lernvoraussetzungen dieser Kinder bei und bieten somit eine wertvolle Grundlage für die Entwicklung von Ansätzen der sprachenübergreifenden, schulischen Förderung der *Literacy* (Marx 2020).

4. Entwicklung, Dienstleistung und Weiterbildung

Die Tätigkeit in Entwicklung und Dienstleistung der Professur Französischdidaktik und ihre Disziplinen steht in engem Bezug zur oben beschriebenen Forschungstätigkeit und orientiert sich an den Bedürfnissen des Feldes. Zu nennen sind zwei vom Bundesamt für Kultur und den Nordwestschweizer Kantonen unterstützte Entwicklungsprojekte: einerseits die Projektserie zur Schaffung von Materialien sowie eines Unterrichtsangebotes für PrimarschülerInnen mit Französisch als Herkunftssprache (Egli Cuenat, Oliveira & Trommer 2019) andererseits das Projekt FrEuDe (Französisch nach Englisch und Deutsch) in Kooperation mit der Professur Englischdidaktik und ihre Disziplinen Primarstufe der PH FHNW und der PH St. Gallen. Bei letzterem Projekt geht es um die sprachenübergreifende Analyse des Lehrplans 21 sowie die Entwicklung von transversalen didaktischen Sequenzen zur Förderung von Schreibstrategien (Zappatore et al. 2020). Beide Projekte stützen sich stark auf die Erkenntnisse der oben präsentierten Forschungsarbeiten im Bereich der *Literacy* in Schul-, Fremd- und Herkunftssprachen, der Mehrsprachigkeitsdidaktik sowie der textsortenbasierten Schreibdidaktik. Ein weiteres Projekt befasste sich mit der Entwicklung einer stufenübergreifenden Referenzgrammatik für Französisch ab der Primarstufe (Lovey & Grossenbacher 2015), unter Berücksichtigung des mehrsprachendidaktischen Ansatzes (Lovey & Ganguillet 2017) und unter Einbezug des *formulaic speech*, dem in der Fachliteratur eine prädominante Rolle für das Anfängerniveau zugeschrieben wird (Westhoff 2007). Für die Grundausbildung der Lehramtsstudierenden hoch relevant ist schließlich die Beteiligung der Professur in Kooperation mit weiteren Pädagogischen Hochschulen an einer Serie von Projekten zu einem berufsspezifischen Sprachkompetenzprofil, Ausbildungsszenarien sowie einer Zertifizierung (Kuster et al. 2014, Egli Cuenat et al. 2016).

Die Ergebnisse der Entwicklungsprojekte fließen nicht nur direkt in die Lehre ein, sondern sie bilden auch den Ausgangspunkt für neue Forschungsarbeiten, so beispielsweise die Beforschung der

Entwicklung der *Literacy* bei Kindern mit Herkunftssprache im Rahmen des oben erwähnten neu entwickelten Unterrichtsangebotes (Egli Cuenat et al. 2019).

Der Bereich der Dienstleistung stützt das Bestreben, eine größtmögliche Kohärenz zwischen den verschiedenen Ebenen zu erlangen (Bildungssystem – Lehrpersonenbildung – Forschung & Entwicklung). Konkrete Anfragen seitens der Kantone, des Bundes oder weiterer Akteure für eine Expertise aus dem Bereich der Fremdsprachendidaktik münden in Dienstleistungsprojekten wie beispielsweise der Mitarbeit bei den aktuellen Fremdsprachenlehrplänen. Auch solche Projekte zeigen Bedürfnisse aus der Praxis auf und geben Impulse für weitere Forschungsfelder und weiteren Entwicklungsbedarf.

Wie die Grundausbildung ist auch die Weiterbildung ein Gefäß, um Fragen aus der Praxis aufzunehmen und um Erkenntnisse aus den Forschungs- und Entwicklungsprojekten in die Praxis einzuspeisen. Wie die Dienstleistung orientiert sie sich sehr stark an Bedarf und Bedürfnissen des Schulfeldes: Beispielhaft genannt sei hier ein zweiteiliger Kurs für erfahrene Primarlehrpersonen zur mündlichen Produktion im Fremdsprachenunterricht, gestützt auf empirisch gestützte Erkenntnisse aus dem Dissertationsprojekt von Gwendoline Lovey (siehe Kapitel 3) oder Weiterbildungsangebote zur berufsspezifischen fremdsprachlichen Kompetenz, die direkt auf den oben geschilderten Entwicklungen basieren.

5. Abschluss und Ausblick

Im vorliegenden Beitrag wurde gezeigt, wie Fremdsprachendidaktik in der Organisationseinheit ‚Professur Französischdidaktik und ihre Disziplinen' am Institut Primarstufe der PH FHNW konkret ausgestaltet wird. Dabei wurde dargestellt, wie die kontextuellen Gegebenheiten – das Lehren und Lernen einer Fremdsprache in der viersprachigen

Schweiz auf der Primarstufe mit der funktionalen Mehrsprachigkeit als Bildungsziel für alle – wie auch die strukturellen Bedingungen – eine tertiarisierte lehrpersonenbildende Institution, eine Professur mit vierfachem Leistungsauftrag sowie die generalistische Ausbildung in einem Bachelorstudiengang – zum Tragen kommen: Die Lehre konzentriert sich als Bestandteil einer berufsbefähigenden Ausbildung stark auf das Lehren und Lernen der Fremdsprache auf der Zielstufe sowie den Aufbau von damit verbundenen fachdidaktischen und fachwissenschaftlichen Kompetenzen. Die Bezugsdisziplinen, allen voran die (angewandte) Sprachwissenschaft, nehmen dabei eine klar dienende Funktion ein. Auch Weiterbildung, Entwicklung und Dienstleistung sind direkt auf Problemstellungen der schulischen Praxis und Bedürfnisse nach der Optimierung des Unterrichts in Zusammenarbeit mit Praxispartnern ausgerichtet. Wie oben dargestellt ergeben sich aus den Entwicklungsprojekten Fragestellungen, die anschließend in empirischen Forschungsprojekten bearbeitet werden können. Damit wird in einem iterativen Prozess ein Beitrag zu einer wachsenden Empiriebasierung des Unterrichts geleistet. Der vierfache Leistungsauftrag der Professur erlaubt aber auch die Durchführung von Forschungs- und Qualifikationsprojekten, welche auf die langfristige Optimierung des Fremdsprachenlernens auf der Primarstufe ausgerichtet und breiter gefasst sind. Diese beziehen sich u.U. nicht nur auf den Fremdsprachenunterricht selber, in diesem Falle auf den Französischunterricht auf der Primarstufe (was einem engen disziplinären Verständnis von Fremdsprachendidaktik entspräche), sondern nehmen auch, basierend auf Erkenntnissen und Methoden der unterschiedlichen Bezugsdisziplinen die weiteren Bedingungen des sprachlichen Lehrens und Lernens, und, gemäß Bildungsziel, die ganzheitliche Entwicklung und Förderung der funktionalen Mehrsprachigkeit, in den Blick. Dabei spielen die Bezugsdisziplinen nicht mehr eine dienende, sondern eine komplementäre Rolle und statt disziplinärer Abgrenzung stehen Kontinuität und Kooperation im interdisziplinären Feld im Vordergrund. Ein solchermaßen offenes Verständnis der fremdsprachendidaktischen Forschung legt es nahe, „als übergeordnete Perspektive […] für die Zukunft eine systematische wissenschafts- und forschungsmethodische Kooperation zwischen allen mit dem Lehren und Lernen von

Fremd- und Zweitsprachen befassten Disziplinen anzuvisieren und in neue gemeinsam arbeitende Organisationsformen zu überführen" (Bausch et al. 2016, 6). In diesem Sinne werden wir uns auch künftig als fremdsprachendidaktische Professur aktiv dafür einsetzen, mit anderen Pädagogischen Hochschulen und Universitäten aus dem In- und Ausland gemeinsame Projekte zu realisieren und unsere wissenschaftlichen Positionen im disziplinären und interdisziplinären Dialog weiterzuentwickeln.

Bibliographie

Avanzi, M. (2017). *Atlas du français de nos régions.* Paris: Armand Colin.

Altrichter, H., Posch, P., & Spann, H. (2018). *Lehrerinnen und Lehrer erforschen ihren Unterricht* (5. grundlegend überarbeitete Auflage). Bad Heilbrunn: Julius Klinkhardt.

Bachmann, T., & Becker-Mrotzek, M. (2017). Schreibkompetenz und Textproduktion. In M. Becker-Mrotzek, J. Grabowski & T. Steinhoff (Hrsg.), *Forschungshandbuch empirische Schreibdidaktik* (S. 25–54). Münster New York: Waxmann.

Bausch, K., Burwitz-Melzer, E., Krumm, H.-J., Mehlhorn, G., & Riemer, C. (2016). Fremdsprachendidaktik und Sprachlehr-/-lernforschung. In E. Burwitz-Melzer, G. Mehlhorn, C. Riemer, K.-R. Bausch & H.-J. Krumm (Hrsg.), *Handbuch Fremdsprachenunterricht* (6. überarbeitete Auflage, S. 1–7). Tübingen: A. Francke.

Bechtel, M. (2019). Wie gehen Lernende und Lehrkräfte mit Lernaufgaben im Fremdsprachenunterricht (Französisch / Spanisch) um? In S. Doff, T. Giesler & M. Tödter (Hrsg.), *Die große Frage. Normen, Konzepte, empirische Befunde und Anwendungsbezüge in der aktuellen Fremdsprachendidaktik* (S. 229–244). Trier: Wissenschaftlicher Verlag.

Bertschi-Kaufmann, A. (2009). Verbindung von Forschung und Lehre an der PH FHNW. In H.J. Forneck, A. Düggeli, C. Künzli David, H. Linneweber-Lammerskitten, R. Messner & P. Metz (Hrsg.), *Professionalisierung von Lehrerinnen und Lehrern: Orientierungsrahmen für die Pädagogische Hochschule FHNW* (S. 137–148). Bern: hep.

Beywl, W., Künzli, R., David, C., Messmer, R., & Streit, C. (2015). Forschungsverständnis pädagogischer Hochschulen. Ein Diskussionsbeitrag. *Beiträge zur Lehrerinnen- und Lehrerbildung, 33*(1), 134–151.

Bildungsdirektion des Kantons Zürich (2011). *Rahmenlehrplan für heimatliche Sprache und Kultur (HSK)* (Vollständig überarbeitete Zweitauflage). Lehrmittelverlag Zürich.

Candelier, M., Camilleri-Grima, A., Castellotti, V., De Pietro, J.-F., Lörincz, I., Meissner, F.-J., Schröder-Sura, A., Noguerol, A., & Molinié, M. (2012). *Le CARAP: un cadre de référence pour les approches plurielles des langues et des cultures.* Strasbourg: Conseil de l'Europe. Abgerufen von http://carap.ecml.at. (04.09.2021)

Caspari, D., Klippel, F., Legutke, M. K., & Schramm, K. (Hrsg.) (2016). *Forschungsmethoden in der Fremdsprachendidaktik. Ein Handbuch.* Tübingen: Narr Francke Attempto.

Catroux, M. (2002). Introduction à la recherche-action: modalités d'une démarche théorique centrée sur la pratique. *Cahiers de l'Association des professeurs de langues des Instituts universitaires de technologie, XXI/3/2002*, 8–20.

Cenoz, J., & Gorter, D. (2011). Focus on Multilingualism: A Study of Trilingual Writing. *The Modern Language Journal, 95*(3), 356–369.

Coste, D., (2009). Tâche, progression, curriculum. *Le français dans le monde. Recherches et applications, 45*, 15–24.

Coste, D., Moore, D., & Zarate, G. ([2]2009). *Plurilingual and pluricultural competence.* Strasburg: Council of Europe, Language Policy Division.

Cummins, J. (2009). Bilingual and Immersion Programs. In M. Long & C. Doughty (Hrsg.), *The Handbook of language teaching* (S. 161–181). Oxford: Wiley-Blackwell.

Cuq, J-P., & Gruca, I. (2017). *Cours de didactique du français langue étrangère et seconde (4e édition)*. Fontaine: Presses universitaires de Grenoble.

Decke-Cornill, H., & Küster, L. (2010). *Fremdsprachendidaktik*. Tübingen: Narr.

De Pietro, J.-F. (2009). Pour une approche plurielle des langues, quelles qu'elles soient. *Babylonia, 4/2009*, 54–60.

Denzin, N.K. (1970). *The Research Act: A Theoretical Introduction to Sociological Methods*. New York: McGraw Hill.

Desgrippes, M., & Lambelet, A. (2016). Littératie en langue d'origine et langue de scolarité, tout est-il transférable? Focus sur le transfert des éléments structuraux et des connecteurs. In R. Schmidlin & P. Schaller (Hrsg.), unter Mitarbeit von N. Mathys, *Auf dem Weg zum Text: Sprachliches Wissen und Schriftsprachaneignung. Savoir linguistique et acquisition de la littératie. Metalinguistic Knowledge and Literacy Acquisition. Bulletin VALS-ASLA, 16/1*, 79–100.

Desgrippes, M., Lambelet, A., & Vanhove, J. (2017). The Development of Argumentative and Narrative Writing skills in Portuguese Heritage Speakers in Switzerland (HELASCOT Project). In R. Berthele & A. Lambelet (Hrsg.), *Heritage and School Language Literacy Development in Migrant Children – Interdependence or Independence*? (S. 83–96). Bristol: Multilingual Matters.

Diehl, E., Christen, H., Leuenberger, S., Pelvat, I., & Studer, Th. (2000). *Grammatikunterricht: Alles für der Katz? Untersuchungen zum Zweitsprachenerwerb Deutsch*. Tübingen: Niemeyer.

Dixon, L.Q., & Wu, S. (2014). Home language and literacy practices among immigrant second-language learners. *Language Teaching, 47*(4), 414–449.

EDK (2004). *Sprachenunterricht in der obligatorischen Schule: Strategie der EDK und Arbeitsplan für die gesamtschweizerische Koordination*. Bern: Schweizerische Konferenz der Kantonalen Erziehungsdirektoren (EDK).

Edmondson, W., & House, J. (2011). *Einführung in die Sprachlehrforschung* (4. überarbeitete Auflage). Tübingen: Narr Francke Attempto.

Egli Cuenat, M. (2016). Schreiben in drei Sprachen: Sprachenübergreifender Erwerb von Textkompetenz im schulischen Kontext. In R. Schmidlin & P.Schaller (Hrsg.), unter Mitarbeit von N. Mathys, *Auf dem Weg zum Text: Sprachliches Wissen und Schriftsprachaneignung. Savoir linguistique et acquisition de la littératie. Metalinguistic Knowledge and Literacy Acquisition. Bulletin VALS-ASLA, 16/1*, 57–78.

Egli Cuenat, M., Desgrippes, M., Oliveira, M., & Trommer, B. (2019). *Français pour les bilingues – Rahmenbedingungen, Entwicklungen und geplantes Forschungsprojekt.* Präsentiert am Forschungskolloquium der Universität Augsburg, organisiert an der PH FHNW Solothurn, am 15. und 16.11.2019.

Egli Cuenat, M., Oliveira, M., & Trommer, B. (2019). Französischatelier für Kinder mit frankophonem Sprachhintergrund in der Deutschschweiz. Konzept, institutionelle Zusammenarbeit, Materialien und erste Erfahrungen. *Babylonia,* 1/2019, 72–76.

Egli Cuenat, M., Kuster, W., Bleichenbacher, L., Klee, P., & Roderer, Th. (2016). Aufbau berufsspezifischer Sprachkompetenzen in der Aus- und Weiterbildung zur Fremdsprachenlehrperson. *Beiträge zur Lehrerinnen- und Lehrerbildung, 34*(1), 13–20.

Europarat (Hrsg.) (2001/2020). *Gemeinsamer europäischer Referenzrahmen: lernen lehren, beurteilen.* Berlin/München: Langenscheidt. (Begleitband 2020)

Fäcke, Chr. (Hrsg.) (2016). *Selbstständiges Lernen im lehrwerkbasierten Französischunterricht.* Stuttgart: ibidem.

Fäcke, Chr. (2017). *Fachdidaktik Französisch* (2. überarbeitete Auflage). Tübingen: Narr Francke Attempto.

Farver, J. A. M., Xu, Y., Lonigan, Chr., J., & Eppe, St. (2013). The Home Literacy Environment and Latino Head Start Children's Emergent Literacy Skills. *Developmental Psychology,* 49(4), 775–791.

Fibbi, R., Bolzman, C., Fernandez, A., Gomensoro, A., Kaya, B., Maire, Chr., Mercay, C., Pecoraro, M., & Wanner, Ph. (2010). *Les Portugais en Suisse.* Berne: Office des Migrations.

Fonseca, M., & Gajo, L. (2016). Apprendre dans le plurilinguisme: contact, intégration et alternance de langues en intercompréhension intégrée. *Domínios de Lingu@gem, Uberlândia*, vol. 10 n.4, 1481–1498.

Forneck, H.J. (2009). Von der äusseren zur inneren Tertiarisierung – Entwicklungslinien der Professionalisierung. In H.J. Forneck, A. Düggeli, C. Künzli David, H. Linneweber-Lammerskitten, R. Messner & P. Metz (Hrsg.), *Professionalisierung von Lehrerinnen und Lehrern: Orientierungsrahmen für die Pädagogische Hochschule FHNW* (S. 207–222). Bern: hep.

Fraefel, U., & Larcher, S. (2018). Wo ist das ‚Allgemeine', Nichtdomänenspezifische an der Pädagogischen Hochschule FHNW? *Beiträge zur Lehrerinnen- und Lehrerbildung, 36*(3), 420–426.

Geiger-Jaillet, A., Schlemminger, G., & Le Pape Racine, Chr. (2016). *Enseigner une discipline dans une autre langue : méthodologie et pratiques professionnelles* (2e édition, revue et augmentée). Frankfurt am Main, Berlin, Bern, Bruxelles, New York, Oxford, Wien: Peter Lang.

Gerlach, D. (2015). Fremdsprachenvermittlung im inklusiven Klassenraum bei LRS. In M. Michalak & R. Rybarczyk. (Hrsg.), *Wenn Schüler mit besonderen Bedürfnissen Fremdsprachen lernen* (S. 140–167). Weinheim und Basel: Bentz Juventa.

Groeben, N., Wahl, D., Schlee, J., & Scheele, B. (1988). *Forschungsprogramm Subjektive Theorien. Eine Einführung in die Psychologie des reflexiven Subjekts.* Tübingen: A. Francke.

Haenni Hoti, A., Müller, M., Heinzmann, S., Wicki, W., & Werlen, E. (2009). *Schlussbericht zum Forschungsprojekt Frühenglisch – Überforderung oder Chance? Eine Längsschnittstudie zur Wirksamkeit des Fremdsprachenunterrichts auf der Primarstufe (NFP 56).* Luzern: Forschungsbericht Nr. 20 der Pädagogischen Hochschule Zentralschweiz. Abgerufen von http://edudoc.ch/record/32473/files/phzlu_fe_Schlussbericht_NFP56.pdf. (04.09.2021)

Hallet, W., & Königs, F.G. (2010). Fremdsprachendidaktik als Theorie und Disziplin. In W. Hallet & F.G. Königs (Hrsg.), *Handbuch Fremdsprachendidaktik* (S. 11–17). Seelze-Velber: Klett/Kallmeyer.

Hallet W. (2013). Die komplexe Kompetenzaufgabe. *Der Fremdsprachliche Unterricht, 124*, 2–8.

Hallet, W. (2019). Gibt es ein Sprachenlernen jenseits der Kompetenz-Standards? Curriculare Deformation und didaktisches Denken. In S. Doff, T. Giesler & M. Tödter (Hrsg.), *Die große Frage. Normen, Konzepte, empirische Befunde und Anwendungsbezüge in der aktuellen Fremdsprachendidaktik* (S. 13–31). Trier: Wissenschaftlicher Verlag.

Hammarberg, B. (2018). L3, the Tertiary Language. In A. Bonnet & P. Siemund (Hrsg.), *Hamburg Studies on Linguistic Diversity*, 7 (S. 27–50). Amsterdam: John Benjamins Publishing Company.

Henrici, G. (1997). Anforderungen an die Fremdsprachendidaktik als Wissenschaft von der Theorie und Praxis des Lehrens und Lernens fremder Sprachen. Einige Essentials. In K.-R. Bausch, H. Christ, F.G. Königs & H.-J. Krumm (Hrsg.), *Fremdsprachendidaktik und Sprachlehrforschung als Ausbildungs- und Forschungsdisziplinen. Arbeitspapiere der 17. Frühjahrskonferenz zur Erforschung des Fremdsprachenunterrichts* (S. 71–75). Tübingen: Gunter Narr.

Hickmann, M. (2003). *Children's discourse. Person, Space and Time across languages.* Cambridge: Cambridge University Press.

Hoff, E. (2020). Lessons from the study of input effects on bilingual development. *International Journal of Bilingualism*, *24*(1), 82–88.

Hornberger, N. H. (2003). Continua of Biliteracy. In N.H. Hornberger (Hrsg.), *Continua of Biliteracy: An Ecological Framework for Educational Policy, Research, and Practice in Multilingual Settings* (S. 3–34). Frankfurt Lodge, Clevedon: Multilingual Matters.

Hufeisen, B. (2010). Theoretische Fundierung multiplen Sprachenlernens – Faktorenmodell 2.0. *Jahrbuch Deutsch als Fremdsprache*, 36, 200–207.

Hutterli, S., Stotz, D., & Zappatore, D. (2008). *Do you parlez andere lingue? Fremdsprachen lernen in der Schule.* Zürich: Pestalozzianum.

Jessner, U. (2013). Third language learning. In A. Hu & M. Byram (Hrsg.), *Routledge Encyclopedia of Language Teaching and Learning* (S. 724–728). Oxon: Routledge.

Kuckartz, U. (2018). *Qualitative Inhaltsanalyse. Methoden, Praxis, Computerunterstützung* (4. Auflage). Weinheim und Basel: Beltz Juventa.

Kurtz, J. (2011). Zur Einführung in den Themenschwerpunkt. In C. Gnutzmann, F.G. Königs & L. Küster (Hrsg.), *Lehrwerkkritik, Lehrwerkverwendung, Lehrwerkentwicklung. Fremdsprachen Lehren und Lernen* (S. 3–14). Tübingen: Narr Francke Attempto.

Kuster, W., Klee, P., Egli Cuenat, M., Roderer, T., Forster-Vosicki, B., Zappatore, D. et al. (2014). *Berufsspezifisches Sprachkompetenzprofil für Fremdsprachenlehrpersonen der Primarstufe / der Sekundarstufe I.* Abgerufen von https://www.phsg.ch/de/dienstleistung/fachstellen/fachstelle-fuer-sprachkompetenzen-von-lehrpersonen (04.09.2021)

Lamnek, S. (2010). *Qualitative Sozialforschung. Ein Lehrbuch* (5. Auflage). Weinheim/Basel: Beltz.

Levelt, W.J.M. (1989). *Speaking: From Intention to Articulation.* Cambridge, Mass.: The MIT Press.

Leupold, E. (2008). A chaque cours suffit sa tâche? Bedeutung und Konzeption von Lernaufgaben. *Der Fremdsprachliche Unterricht Französisch, 42/96*, 2–9.

Lovey, G. (2016). Projekt „‚Sprechen' im lehrwerkbasierten Fremdsprachenunterricht". *Babylonia, 3/2016*, 49.

Lovey, G., & Ganguillet, S. (2017). ‚mini-grammaire': viele Sprachen – viele Möglichkeiten. Eine Anregung zum Umgang mit einer sprachvergleichenden Grammatikseite. *Babylonia,* 1/2017, 97–100.

Lovey, G., & Grossenbacher, B. (2015). *mini-grammaire. Einblicke in die Grammatik der französischen Sprache.* Bern: schulverlag plus AG.

Lüdi, G. & Py, B. (2009). To Be or not to Be … a Plurilingual Speaker. *International Journal of Multilingualism, 6*(2), 154–167.

Manno, G., Egli Cuenat, M., Le Pape Racine, Chr., & Brühwiler, C. (Hrsg.) (2020). Schulischer Mehrsprachenerwerb am Übergang zwischen Primarstufe und Sekundarstufe I. Münster: Waxmann Verlag.

Marx, N. (2020). Transfer oder Transversalität? – Designs zur Erforschung der Mehrschriftlichkeit. In M. Egli Cuenat, G. Manno & M. Desgrippes (Hrsg.), *Mehrschriftlichkeit im Fremdsprachenerwerb. Spezialnummer des Bulletins VALS/ASLA,* Juni 2020, 15–33.

Marx, N., & Mehlhorn, G. (2016). Lernersprachenanalyse. In D. Caspari, F. Klippel, M. Legutke & K. Schramm (Hrsg.) *Handbuch Forschungsmethoden in der Fremdsprachendidaktik* (S. 297–306). Tübingen: Narr.

Mayring, P. (2015). *Einführung in die Qualitative Sozialforschung. Eine Anleitung zu qualitativem Denken* (5. Auflage). Weinheim und Basel: Beltz Juventa.

Meissner, F.J. (2010). Fremdsprachendidaktik in romanischen Ländern und in romanischen Bezugsräumen. In W. Hallet & F.G. Königs (Hrsg.), *Handbuch Fremdsprachenunterricht* (S. 35–39). Seelze-Velber: Klett/Kallmeyer.

Mehlhorn, G. (2014). Mündlichkeit und Herkunftssprachen. In E. Burwitz-Melzer, F. G. Königs & C. Riemer (Hrsg.), *Perspektiven der Mündlichkeit. Arbeitspapiere der 34. Frühjahrskonferenz zur Erforschung des Fremdsprachenunterrichts* (S. 165–173). Tübingen: Narr.

Meixner, J., & Müller, K. (Hrsg.) (2009). *Konstruktivistische Schulpraxis. Beispiele für den Unterricht.* Weinheim und Basel: Beltz Juventa.

Orientierungsrahmen PH FHNW (2009). In H.J. Forneck, A. Düggeli, C. Künzli David, H. Linneweber-Lammerskitten, R. Messner & P. Metz (Hrsg.), *Professionalisierung von Lehrerinnen und Lehrern: Orientierungsrahmen für die Pädagogische Hochschule FHNW* (S. 15–110). Bern: hep.

Pekarek Doehler, S. (2002). Situer l'acquisition des langues secondes dans les activités sociales. L'apport d'une perspective interactionniste. *Babylonia, 4/2002,* 24–29.

Pienemann, M. (1998). *Language Processing and Second Language Development: Processability Theory.* Amsterdam: John Benjamins.

Portmann-Tselikas, P., & Schmölzer-Eibinger, S. (2008). Textkompetenz. *Deutsch als Fremdsprache. Zeitschrift für die Praxis des Deutschunterrichts, 39*, 5–16.

Schmenk, B. (2019). Zum Spannungsfeld der Fremdsprachendidaktik und ihrer Bezugswissenschaften. In E. Wilden & H. Rossa (Hrsg.), *Fremdsprachenforschung als interdisziplinäres Projekt* (S. 15–34). Berlin, Bern, Bruxelles, New York, Oxford, Warszawa, Wien: Peter Lang.

Schneuwly, B. (1997). Textual Organizers and Text Types: Ontogenetic Aspects in Writing. In J. Costermans & M. Fayol (Hrsg.), *Processing interclausal relationships* (S. 245–263). Mahwah/New Jersey: Lawrence Erlbaum.

Settinieri, J. (2015). Forschst Du noch, oder triangulierst Du schon? In D. Elsner & B. Viebrock (Hrsg.), *Triangulation in der Fremdsprachenforschung* (S. 17–35). Frankfurt/Main: Peter Lang.

Spaëth, V. (2020). Didactique du français langue étrangère et seconde: histoire et historicités. *Langue française, 208*, 7–20.

Stadler, W., & Kremmel, B. (2018). Testprinzipien. In B. Hinger & W. Stadler (Hrsg.), *Testen und Bewerten fremdsprachlicher Kompetenzen. Eine Einführung* (S. 39–55). Tübingen: Narr.

Street, B. (2002). What's 'new' in New Literacy Studies? Critical approaches to literacy in theory and practice. *Current Issues in Comparative Education, 5*(2), 77–91.

Wenk, A., Marx, N., Rüssmann, L., & Steinhoff, T. (2016). Förderung bilingualer Schreibfertigkeiten am Beispiel Deutsch – Türkisch. *Zeitschrift für Fremdsprachenforschung, 27*(2), 151–179.

Westhoff, G. (2007). Grammatische Regelkenntnisse und der GER. *Babylonia, 1/2007*, 12–21.

Wilden E., & Rossa, H. (2019). Fremdsprachenforschung als interdisziplinäres Projekt. Zur Einführung. In E. Wilden & H. Rossa (Hrsg.), *Fremdsprachenforschung als interdisziplinäres Projekt* (S. 7–14). Berlin, Bern, Bruxelles, New York, Oxford, Warszawa, Wien: Peter Lang.

Zappatore, D., König, S., Oliveira, M., Egli Cuenat, M., & Bader, U. (2020). Transversalität im Lehrplan 21: Sprachenübergreifende

Schreibstrategieförderung auf der Primarstufe zwischen Theorie und Praxis. *Bulletin suisse* de linguistique appliquée *112: Ziele im Fremdsprachenunterricht: Vorgaben, Entwicklungen und Erwartungen*, 105–124.

Zufferey, S., & Moeschler, J. (2015). *Initiation à la linguistique française*. Paris: A. Colin.

Brigitte Reber

Pädagogiche Hochschule Bern
(Brigitte.reber@phbern.ch)

Die Herausforderung dialogisches Sprechen mittels *Tasks* zu lehren: Wenn ein verbreitetes Modell an einen spezifischen Kontext angepasst werden muss

Zusammenfassung. *Task-based Language Teaching* (*TBLT*) hat sich als Sprachlernansatz in der Fachdidaktik Englisch etabliert (Müller-Hartmann & Schocker-von-Ditfurth 2010). Der Artikel zeigt auf, wie Willis Unterrichtsformat (J. Willis 1996, D. Willis & Willis 2007) für die Organisation eines aufgabenorientierten Unterrichts im Bereich dialogisches Sprechen für den Schweizer Volksschulkontext konkretisiert werden kann. Dabei wird diskutiert, welche Lerngelegenheiten dialogische Lernaufgaben bieten und welche Herausforderungen sich bei der Implementierung in der Volksschule ergeben können. Aus der Diskussion werden Empfehlungen für die Vorbereitung auf eine Sprechaufgabe und den Einsatz anderer als der Zielsprache abgeleitet. Die gemachten Aussagen werden als *TBLT*-Modell für dialogische Sprechaufgaben zusammengefasst.

Schlüsselwörter: TBLT, Sprechaufgabe, Schweizer Volksschule, dialogisches Sprechen, Willis

Résumé. *Task-based Language Teaching* (*TBLT*) s'est imposé comme une approche d'apprentissage des langues dans la didactique de l'anglais (Müller-Hartmann & Schocker-von-Ditfurth 2010). L'article montre comment le cadre de l'apprentissage basé sur les tâches des Willis (J. Willis 1996, D. Willis & Willis 2007) dans le domaine de l'interaction orale peut être concrétisé pour le contexte de l'école primaire et secondaire I en Suisse. Il aborde les possibilités d'apprentissage qu'offrent les tâches d'apprentissage dialogique et les défis qui peuvent se présenter lors de leur mise en œuvre dans les écoles primaires ou secondaires I. Des recommandations pour la préparation d'une tâche et l'utilisation de langues autres que la langue cible sont déduites de la discussion. Les propos tenus sont résumés sous la forme d'un modèle *TBLT* pour les tâches d'expression orale dialogique.

Mots clés : TBLT, tâche, école primaire et secondaire I en Suisse, interaction orale, Willis

Abstract. *Task-based Language Teaching* (*TBLT*) has established itself as a language learning approach in English language teaching (Müller-Hartmann & Schocker-von-Ditfurth 2010). The article shows how the Willis' teaching format (J. Willis 1996, D. Willis & Willis 2007) can be specified for the organisation of task-based teaching in the area of dialogic speaking for the Swiss primary and lower secondary school context. It discusses the learning opportunities offered by dialogical learning tasks and the challenges that may arise when implementing them in primary or lower secondary schools. Recommendations for the preparation of a speaking task and the use of languages other than the target language are drawn from the discussion. The points made are summarised as a *TBLT* model for dialogic speaking tasks.

Keywords: TBLT, task, Swiss primary and lower secondary school, oral interaction, Willis

Einleitung

Task-based Language Teaching (*TBLT*) hat sich als „weltweit verbreiteter Sprachlernansatz" (Müller-Hartmann & Schocker-von-Ditfurth, 2010) in der Englischdidaktik etabliert. Während die meisten aufgabenorientierten Modelle für den Fremdsprachenunterricht eine Dreiteilung in *Pre-Task*, *During-Task* und *Post-Task* vorschlagen, ist das Modell von Jane Willis (1996) spezifisch in Bezug auf das, was in jeder dieser Phasen geschehen soll (Ellis et al., 2020, S. 356). Das mag mit ein Grund sein, weshalb gerade ihr Modell seit vielen Jahren einen großen Einfluss auf den Englischunterricht ausübt (Ellis et al., 2020). Auch an der Pädagogischen Hochschule Bern wird in den fachdidaktischen Englisch-Veranstaltungen das von Willis vorgeschlagene Unterrichtsformat (J. Willis, 1996) für die Organisation eines aufgabenorientierten Unterrichts präsentiert. Ursprünglich fiel die Wahl auf dieses Modell, weil es die einzige ausgereifte inhaltsorientierte Alternative zu den im Behaviorismus fußenden formorientierten Ansätzen bot (D. Willis, 1996). Willis Modell ermöglichte, auf einfache Weise das damalige grammatikbasierte Lehrmittel mit inhaltsorientierten Sequenzen anzureichern und sich in Richtung eines empirisch besser belegten Unterrichtmodells zu bewegen (Skehan, 1996).

Der folgende Beitrag diskutiert Willis Modell in Bezug auf das dialogische Sprechen im heutigen Englischunterricht an der Volksschule. Nach einer kurzen Präsentation des Modells wird aufgezeigt, welche Lerngelegenheiten dialogische Lernaufgaben bieten und welche besonderen Anforderungen solche Sprechaufgaben an Englischlernende der Volksschulstufe stellen. Daraus werden Empfehlungen für die Vorbereitung auf eine Sprechaufgabe abgeleitet. Anschließend wird der Frage nachgegangen, welche sprachlernförderliche Rolle andere Sprachen als das Englische bei der Umsetzung dialogischer Aufgaben spielen können. Schließlich werden die gemachten Ausführungen in einem *TBLT*-Modell für dialogische Sprechaufgaben an der Volksschule zusammengefasst.

Willis Modell

Jane Willis Modell enthält drei Hauptphasen: Die *Pre-Task* zur inhaltlichen und sprachlichen Hinführung auf die Aufgabe, der *Task Cycle*, in welchem die eigentliche Aufgabe (*Task*) bearbeitet und anschließend über das Ergebnis berichtet wird (*Planning – Report*) und der *Language Focus*, welcher der Analyse und dem Einüben spezifischer sprachlicher Items dient. Im späteren, leicht erweiterten Modell führen mehrere vorbereitende Aufgaben (*Mini tasks/Pre-tasks)* auf die *Task* hin und im Anschluss an den *Language Focus* wird die Aufgabe wiederholt oder ausgewertet (D. Willis & Willis, 2007). Willis und Willis beschreiben unterschiedliche Aufgabentypen, welche auf einer oder mehreren Ebenen einen Bezug zur realen Welt der Lernenden haben können (D. Willis & Willis, 2007, S. 13). Ihr Modell umfasst Aufgaben, welche Sprachhandlungen aus der Lebenswelt der Lernenden widerspiegeln, aber auch für den Unterricht konstruierte Aktivitäten, welche lediglich für die Lernenden bedeutungsvolle Lexis verwenden. Zentraler Aspekt der vorgeschlagenen *Tasks* ist, dass die Lernenden alle ihnen zur Verfügung stehenden zielsprachlichen Ressourcen verwenden, um zu einem Ergebnis der Aufgabe (englisch *Outcome*) (Ellis, 2003) zu gelangen. Die erfolgreiche Erfüllung der Aufgabe ist dabei wichtiger als das Verwenden spezifischer sprachlicher Mittel. Willis und Willis (2007; 1996) hatten ihr *TBLT*-Modell stets mit einem lexikalischen Ansatz verbunden (Lewis 1993), das heißt den Fokus auf Lexiko-Grammatik gelegt und im *Language Focus* dem Erarbeiten und Memorieren häufiger Wortkombinationen einen großen Stellenwert beigemessen.

Dialogische Sprechaufgaben und Sprachenlernen

Willis stellte ihr Modell in den Kontext des damaligen Forschungsstands und argumentierte, dass Aufgaben besonders gut geeignet seien, um die für das Sprachenlernen wesentlichen Prozesse auszulösen: sich einer reichhaltigen, aber verständlichen authentischen Sprache auszusetzen (*Exposure*), die Sprache zu verwenden, um sprachlich zu handeln (*Use*) und die Motivation, die Sprache zu verwenden (*Motivation*) (J. Willis, 1996, S. 11). Durch den Einsatz dialogischer Aufgaben können aber nicht automatisch Sprachlernprozesse in Gang gesetzt werden (Samuda & Bygate, 2008, S. 75). Ihr Nutzen für das interaktionsgesteuerte Sprachenlernen ist stark kontextabhängig (Kim, 2015). Die Quantität und Qualität der Sprache, die während der Aufgabenbearbeitung produziert wird, bestimmen weitgehend das Sprachlernpotenzial (Branden et al., 2007). Kollaborative Interaktionsmuster und Ko-Konstruktionen können sprachlernförderlicher sein als nicht kollaborative Muster (Foster & Ohta, 2005; Storch, 2002). Verschiedene Studien haben gezeigt (z.B. Nakatani, 2005, 2010), dass spezifische Interaktionsstrategien, die zur Überwindung von Ressourcendefiziten eingesetzt werden, wie zum Beispiel das Aushandeln von Bedeutungen, den Spracherwerb fördern

(Mackey, 2012; Nakatani & Goh, 2007). Diese bieten den Lernenden die Möglichkeit, sich mit verständlichem Input auseinanderzusetzen, Output zu produzieren, die Sprache zu modifizieren und weiterzuentwickeln (Gass, 2015). Für das Lernen ist also weniger die Aufgabe als *Workplan* (Breen, 2009) wichtig, als die Bedingungen, unter welchen die Aufgabe ausgeführt wird (vgl. z.B. Forschung zur Komplexität in Ellis et al., 2020). Eine Aufgabe kann einen Raum zum Lernen eröffnen (Samuda, 2015), aber dieser Raum wird von den Lernenden und der Lehrperson gefüllt und die Aufgabe während der Umsetzung entsprechend angepasst.

Anforderungen an Schülerinnen und Schüler während der Bearbeitung einer dialogischen Sprechaufgabe

Werden dialogische Sprechaufgaben als offene, komplexe *During-Tasks* eingesetzt, wie dies heute im Rahmen eines kompetenzorientierten Unterrichts vorgesehen ist (Balmer & Kuratle, 2020), kann es für Lernende der Volksschule besonders anspruchsvoll sein, während der Aufgabenbearbeitung sprachlernförderliche Interaktionen zu generieren. Als Sprecherinnen und Sprecher müssen sie trotz ihrer meist geringen Sprachkompetenzen verschiedene Prozesse gleichzeitig bewältigen (Levelt, 1989). Einerseits müssen sie sich konzeptuell vorbereiten, indem sie überlegen, was sie sagen wollen. Dann muss die konzeptuelle Vorbereitung im mentalen Lexikon der Sprechenden in spezifische Wörter transferiert und diese Wörter müssen zusammengefügt werden, um eine Aussage formulieren zu können. Schließlich sollen die richtigen Muskelgruppen aktiviert werden, damit die Nachricht in Form von Schallwellen zu den Hörenden getragen werden kann. Während diese Prozesse ablaufen, überwachen die Sprechenden sich selber und kontrollieren das Gesagte auf Korrektheit und Angemessenheit (Goh & Burns, 2012). Erschwerend kommt hinzu, dass Lernende bei der mündlichen Interaktion inhaltlich nicht ihrem eigenen roten Faden folgen können, sondern auf Gedanken der Dialogpartner eingehen müssen. Das heißt, die konzeptuelle Vorbereitung muss laufend neu und unter Zeitdruck geleistet werden. Zusätzlich sollten die Schülerinnen und Schüler versuchen, fehlende sprachliche Ressourcen durch Kollaboration oder Aushandeln von Bedeutungen zu kompensieren und nicht sofort in die Schulsprache zu wechseln, damit die oben genannten sprachlernförderlichen Interaktionen stattfinden können. Die von Willis und Willis (D. Willis & Willis, 2007; J. Willis, 1996) beschriebenen Aufgaben für Lernende mit geringen Sprachkompetenzen beschränken sich deshalb auf sogenannte *Teacher-led Tasks,* wo die Lernenden die Sprache mehrheitlich rezeptiv verwenden oder kurze *Tasks*, bei welchen einzelne Wörter fokussiert werden.

Vorbereitung auf die Sprechaufgabe

Damit sich Lernende trotz der hohen inhaltlichen und sprachlichen Anforderungen auf eine offenere, dialogische Sprechaufgabe einlassen können, müssen sie entsprechend auf die Aufgabe vorbereitet werden. Goh und Burns (2012) beschreiben in ihrem *Teaching-Speaking Cycle*, wie Lernende vorbereitet und wie mit der Bearbeitung unterschiedlicher Sprechaufgaben über einen längeren Zeitraum die nötigen Kompetenzen aufgebaut werden können. Sie empfehlen, das Üben spezifischer Sprachmittel nicht wie von Jane Willis vorgeschlagen, auf die *Post-Task*-Phase zu beschränken, sondern mit einer früheren Bearbeitung im *TBLT-Framework* die kognitiven Anforderungen der Aufgabe zu minimieren. Diese vorgelagerten Aktivitäten sollen pro Sprechaufgabe einen Bereich fokussieren und dem Dreischritt *Noticing/sensitizing*, *Analysis* und *Part practice* folgen (Goh & Burns, 2012). Willis (1996) argumentierte, dass ein Fokus auf spezifische Sprachmittel vor der Aufgabe dazu führe, dass Lernende während der Aufgabenbearbeitung auf den korrekten Gebrauch gewisser Formen achten, statt alle

Sprachressourcen einzusetzen, was sprachlernförderliche Interaktionen verunmögliche. Zudem fehle ein echter Kontext für einen solchen Fokus in der *Pre-Task*-Phase. Allerdings bezieht sich diese Aussage auf das Einüben vorbestimmter grammatischer Strukturen. Der Vorschlag von Goh und Burns (2012) umfasst aber einen Fokus auf Bereiche wie die lexikalische Vorbereitung auf das Thema der Aufgabe, Kommunikationsstrategien oder das Interaktionsmanagement. Diese sind entweder auf einer lexiko-grammatischen oder methodischen Ebene anzusiedeln und werden die Lernenden trotz der vorgelagerten *Part practice* kaum auf die Korrektheit ihrer Redebeiträge achten lassen. Die *Part practice* ermöglicht lediglich, dass Lernende während der Aufgabe bei Bedarf auf eingeübte, vorgefertigte Redebausteine zugreifen können. Zudem kann eine kurze, vorbereitende Aufgabe eine solche Übungsphase in einen sinnvollen Kontext einbetten. Auch der Sprechaufgabe vorgelagerte Hörverstehensaufgaben können eine ähnliche Funktion haben. Wenn diese die Aufmerksamkeit der Lernenden auf Merkmale natürlicher gesprochener Sprache (Carter & McCarthy, 1997) lenken, können sie den Lernenden nützliche Sprachmittel aufzeigen (Ellis et al., 2020, S. 340). Eine weitere Möglichkeit zur Minimierung der Anforderungen ist die zweimalige Durchführung der gleichen Aufgabe und einer Übungssequenz dazwischen (Kim, 2015).

Gebrauch der Schulsprache

Ein weiterer Aspekt, welcher die Aufgabenbearbeitung prägt, ist die Möglichkeit der Lernenden, auf eine gemeinsame Schulsprache zurückzugreifen. Schülerinnen und Schüler wechseln häufiger in ihre Schulsprache als von Lehrpersonen angenommen (Carless, 2008). Sie tun dies meistens für Organisatorisches, Erklärungen, Nachfragen oder die Beziehungspflege, die sogenannte *Outer structure* (J. Willis, 1992). Gerade Sprachhandlungen in der *Outer structure* haben aber einen sehr engen Bezug zur Lebenswelt der Lernenden und können im

Gegensatz zu den manchmal konstruierten Kommunikationssituationen in *Mini Tasks* echtere Interaktionsmomente bieten.

Ein vermehrter Gebrauch anderer Sprachen kann auch im ersten Schritt der *During-Task*-Phase (*Task*) beobachtet werden. Da diese meist in Partner- oder Gruppenarbeit stattfindet, hört die Lehrperson nur von Weitem zu. Deshalb fühlen sich die Lernenden weniger verpflichtet, in der Zielsprache zu kommunizieren, was zu einem hohen Anteil an Kommunikation in anderen Sprachen führen kann (J. Willis, 1996). Im Anfängerunterricht mag es angebracht sein, dass die Lernenden im ersten Schritt vermehrt die Schulsprache verwenden und sich erst während des zweiten Schritts (*Planning the report*) überlegen, wie sie ihre Gedanken in der Fremdsprache ausdrücken können. In der dritten Phase des *During*-Task (*Report*) ist der Druck für die Schülerinnen und Schüler höher, die Zielsprache zu verwenden, da sich die Aussagen an ein ‚öffentliches' Publikum richten (Gruppe von Lernenden oder die ganze Klasse) und meistens auch die Lehrperson mithört (J. Willis 1996). Es ist für sie dank der Vorbereitung in der Planungsphase aber einfacher, hier tatsächlich die Zielsprache zu verwenden.

Allerdings scheint es erstrebenswert, auch im ersten Schritt (*Task*) und in der *Outer structure* auf eine Interaktion in der Zielsprache hinzuarbeiten. Die informelle Verwendung der Fremdsprache unter Peers bietet Möglichkeiten des Sprachenlernens, die sonst wenig vorkommen im schulischen Fremdsprachenunterricht (Oliver & Philp, 2014, S. 109 f). Im informellen Dialog mit Peers übernehmen die Lernenden die Kontrolle über die Sprecherwechsel und wagen eher, an die Grenze der bereits sicher beherrschten Sprache zu gehen, als unter der Leitung der Lehrperson im Klassengespräch (van Lier, 1996). Dies wiederum ermöglicht es ihnen, Neues auszuprobieren und die Sprache zu modifizieren, was zum Sprachenlernen beitragen kann (Swain, 2005).

Den Gebrauch der Zielsprache unterstützen

Die Bereitschaft, die Zielsprache zur Bewältigung der Sprechaufgabe einzusetzen, hängt von unterschiedlichen motivationalen Faktoren ab (Yashima, 2019). Dörnyei und Wen-Ta (2009, S. 118) argumentieren, dass die Interaktion unter Lernenden das Produkt eines dynamischen Wechselspiels sei, das von linguistischen und motivationalen Faktoren beeinflusst wird. Schülerinnen und Schüler mit geringen Fremdsprachenkenntnissen werden kaum die Anstrengung auf sich nehmen, neue Ausdrucksweisen auszuprobieren, Bedeutungen auszuhandeln oder sich gegenseitig beim Sprechen zu unterstützen, wenn sie sich nicht zum Ziel gesetzt haben, fast ausschließlich in der Zielsprache zu kommunizieren (Harris, 2001). Dabei ist zu bedenken, dass sie das Fach Englisch nicht freiwillig belegen, was sich negativ auf die Bereitschaft zur Kommunikation in der Fremdsprache auswirken kann (Dörnyei & Ushioda, 2011). Anreize, um nicht zu früh in die gemeinsame Schulsprache zu wechseln, können auch von außen gesetzt werden. Simple Belohnungen wirken motivierend, wenn sie an das Erreichen spezifischer Ziele geknüpft sind (Dörnyei & Ushioda, 2011, S. 129). So können spielerische Elemente, wie das Ablegen von Karten oder Sammeln von Punkten bei jedem Redebeitrag, die Lernenden darin unterstützen, mehr zielsprachliche Ressourcen einzusetzen. Auch die Möglichkeit, mehr Mitsprache beim Inhalt des zu Besprechenden zu erhalten und somit dessen Relevanz und Interessantheit zu erhöhen, kann die Sprechmotivation erhöhen (Dörnyei & Ushioda, 2011, S. 116), was gerade beim lehrmittelgesteuerten Englischunterricht mit ‚von außen' vorgegebenen Themen wichtig ist. Einen wesentlichen Beitrag kann auch die Fehlerkultur der Lehrperson leisten (Spychiger et al., 2000). In der *During-Task*-Phase agiert die Lehrperson als Coach und verzichtet auf das Korrigieren von Fehlern (D. Willis & Willis, 2007). So wird vermieden, dass Lernende aus Angst vor Fehlern die Zielsprache nicht verwenden.

Eine weitere Hilfe für Schülerinnen und Schüler, die aus Angst vor Fehlern kaum die Zielsprache verwenden, kann sein, wenn sie sich während der Interaktion eine Art neue Identität geben und die Kommunikation in der Zielsprache als ‚Spiel' betrachten. Falls die Lernenden beim Sprechen sprachlich ‚danebengreifen', können sie sich von ihrer Äußerung distanzieren, da diese nur ‚gespielt' war – eine Haltung, die es erlaubt, mehr sprachliche Risiken einzugehen und neue Formen auszuprobieren (Pomerantz & Bell, 2007) und somit sprachlernförderliche Redebeiträge zu verwenden. Wenn man über persönlich bedeutsame Themen sprechen kann, dies aber nicht als wahres Ich tun muss, kann eine reichhaltige Aufgabe einen Lebensweltbezug bieten (Balmer & Kuratle, 2020) und trotzdem weniger bedrohlich wirken.

Den Einbezug weiterer Sprachen ermöglichen

Trotz Bemühungen um Quantität und Qualität beim Gebrauch der Zielsprache sollen Schülerinnen und Schüler gemäß der Didaktik der Mehrsprachigkeit ihre Sprachkenntnisse in anderen Sprachen nicht ausblenden (Wiater, 2006). Kompetenzen, Lernstrategien und -techniken sollen vernetzt aufgebaut werden (Arbeitsgruppe Rahmenbedingungen, 2008) und im Sinne einer Ökonomisierung sollen Sprachkenntnisse der Lernenden aus anderen Sprachen einbezogen werden (Neuner, 2009; Wolff, 2010). Solche Anliegen werden bei Willis und Willis nur am Rande diskutiert und beschränken sich auf das Anliegen, die Muttersprache dosiert einzusetzen oder auf internationalen Wörtern aufzubauen (D. Willis & Willis, 2007).

Dialogische *Tasks* bieten aber viele Möglichkeiten zum Aufbau von Mehrsprachigkeitskompetenzen. Indem der Dreischritt zum Bewusstwerden und Einüben der für das Sprechen relevanten Sprachmittel und Kenntnisse (Goh & Burns, 2012) um den Vergleich mit

Wissen und Können aus anderen Sprachen angereichert wird, können Transferwissen, metakognitive Fähigkeiten und Sprachlernstrategien sprachenübergreifend aufgebaut werden. Die Reflexionsphase der *Post-Task* ist ein weiterer Moment für die Arbeit an Mehrsprachigkeitskompetenzen.

Damit Transfers gewinnbringend sind, müssen solche Momente allerdings gut geplant und angeleitet werden. In der *During-Task*-Phase verwenden Lernende zum Beispiel Kommunikationsstrategien, um unzureichende Sprachfertigkeiten auszugleichen und den Kommunikationskanal offen zu halten (Goh & Burns, 2012, S. 66). Damit Lernende diese von bereits gelernten Sprachen auf das Englisch übertragen können, müssen sie lexikalisch vorbereitet werden. Wenn Lernende nicht wissen, mit welchen zielsprachlichen Mitteln sie das Gegenüber um Hilfe bitten können, werden sie dies entweder in Mundart, einer Herkunftssprache oder mit nichtsprachlichen Mitteln tun (Reber, 2019). Ein Kommunikationsstrategietraining sollte deshalb nicht nur Aktivitäten umfassen, die Möglichkeiten zum Übertragen der Strategien aus anderen Sprachen bieten, sondern auch zielsprachliche Ausdrücke für den Transfer bekannter Strategien vermitteln (Goh & Burns, 2012, S. 68).

Ein Modell für dialogische Sprechaufgaben im Englischunterricht der Volksschule

Das dialogische Sprechen geschieht nicht von selbst, sondern muss gelehrt und gelernt werden. Die folgende Abbildung fasst die präsentierten Handlungsempfehlungen zusammen und zeigt auf, wie dieses Lernen im Unterricht strukturiert und unterstützt werden kann.

Stage	**Purpose**	**Options/Recommendations:**
Pre-task		
Mini task(s)	• engage learners' interest • topic preparation • lexical preparation for content	The more demanding the During-task, the more mini tasks are needed.
Pre-task modelling	• reinforce topic preparation	Listening task
Focus on lexis	• reinforce lexical preparation for content • awareness of (aspects of) targeted genre. Aspects might be: ◦ nature of spoken language ◦ nature of collaborative interaction ◦ openings and closings ◦ listener feedback • lexical preparation for interaction management, discourse strategies and speech functions • lexical preparation for communication strategies including 'outer structure' of language use	Three-step approach: • noticing (if possible based on previously studied text or knowledge from other languages) • analysis and comparison with knowledge from other languages • part practice If grammatical forms are essential for the subsequent task, grammar should be focused on in useful lexical chunks.

Stage	**Purpose**	**Options/Recommendations:**
During-task		
Focus on speaking	• to encourage learners to self-regulate performance • overall development	topic preparation: • Make the goals clear: o to enable learners to face this kind of situation in real life o to keep talking, not the use of specific or correct language > playful approach Metacognitive preparation: • Provide access to linguistic support, such as learners' notes from the lexical preparation • Reminder of important aspects: o nature of spoken language o nature of collaborative interaction o openings and closings o listener feedback
Dialogic target task	Task • practice informal language use • develop fluency in expression of meaning	Ensure learner engagement: • Ensure the task allows for personalization, imagination and creativity. • Set a challenge or gamify the speaking Teacher's role: Provide language support if need be but don't correct.
	Planning a report • develop language awareness	If learners used the school language in the Task phase, support them in transferring their ideas to English.
	Reporting back • practice more formal language use	

Stage	Purpose	Options/Recommendations:
Post-task		
Focus on language / discourse / skills / strategies	• acquire appropriate lexis • understand social and linguistic conventions of speech for particular contexts • learn a range of core speaking skills • employ appropriate communication strategies	Three-step approach: • noticing (if possible based on own performance or knowledge from other languages) • analysis and comparison with knowledge from other languages • part practice
Task repetition (optional)	• learn a wide range of core speaking skills. • produce a wide range of utterances to express meanings more precisely. • develop fluency in expression of meaning. • employ appropriate communication strategies.	Options: • exact repetition • procedural repetition • content repetition Ideal for low-level learners: same content and procedure but new partner
Reflection and Feedback	• reflect on aspects of task performance (topic, vocabulary, interaction management, discourse strategies and speech acts) • develop metacognitive awareness about speaking in various languages	Listen to task performance, peer/teacher feedback, … Feedback may be provided between repeated tasks.

Ein für die Volksschule angepasstes und erweitertes Modell zum Einsatz von dialogischen Sprechaufgaben (basierend auf Goh & Burns, 2012 und Willis & Willis, 2007)

Das abgebildete Modell beinhaltet eine ausgedehnte *Pre-Task*-Phase mit der Option, verschiedene *Mini Tasks*, eine Hörverstehensaufgabe und/oder einen Fokus auf die Lexis als Vorbereitung auf die Sprechaufgabe einzusetzen. Damit andere Sprachen reflektiert, limitiert und funktional begründet in den aufgabenbasierten Unterricht einbezogen werden (Königs, 2015), wird die Rolle der Lehrperson während der *During-Task*-Phase erwähnt. Zudem finden sich Hinweise auf die *Outer structure* und das Schaffen von Anreizen zum Sprechen. Weiter werden Möglichkeiten zum Einbezug von Kompetenzen aus anderen Sprachen genannt. In der *Post-Task*-Phase werden die Vorschläge von Willis und Willis (2007) für einen Fokus auf die Sprache und eine Aufgabenwiederholung und/oder Reflexion aufgenommen. Aus den dargestellten Möglichkeiten wählt die Lehrperson aus, welche Lernangebote sie ihren Lernenden zur Verfügung stellen will.

Ein aufgabenorientiertes Unterrichten von dialogischem Sprechen stellt hohe Anforderungen an Lehrpersonen und Lernende. Die Implementierung von *TBLT* im Bereich des dialogischen Sprechens kann nur gelingen, wenn Schülerinnen und Schüler planvoll auf eine Sprechaufgabe vorbereitet werden und sie die Möglichkeit erhalten, ihre Sprachressourcen lernförderlich einzusetzen. Jane Willis Modell bietet ein sinnvolles Grundgerüst hierzu. Es bedarf aber einer Anpassung an die besonderen Anforderungen beim dialogischen Sprechen auf der Volksschulstufe und muss wie von Willis und Willis (2007) vorgesehen, mit einem starken Fokus auf die Lexis verbunden werden. Allerdings kann selbst eine sorgfältige Planung der Aufgabe auf der Grundlage des angepassten Modells nicht automatisch Sprachlernprozesse in Gang setzten. Damit die mit der Aufgabenstellung eröffneten Lerngelegenheiten auch tatsächlich genutzt werden, braucht es eine entsprechende Bearbeitung der Aufgabe durch die Lernenden.

Literaturverzeichnis

Arbeitsgruppe Rahmenbedingungen, P. P. (2008). Didaktische Grundsätze des Fremdsprachenunterrichts in der Volksschule – Neukonzeption des Fremdsprachenunterrichts im Rahmen der interkantonalen Kooperation zwischen den Kantonen BL, BS, BE, FR, SO und VS. https://www.fremdsprachenunterricht.ch/hintergrund/sprachenstrategie-der-edk/ (04.09.2021)

Balmer, T., & Kuratle, R. (2020). Was sind reichhaltige Aufgaben? LFF IWM PHBern. https://www.phbern.ch/weiterbildung/weiterbildungsthemen/lehrplan-21/grundlagen-lehrplan-21 (04.09.2021)

Branden, K. V. D., Gorp, K. V., & Verhelst, M. (2007). Tasks in Action: Task-Based Language Education from a Classroom-Based Perspective. Cambridge Scholars Publishing.

Breen, M. P. (2009). Learner contributions to task design. In K. Van den Branden (Hrsg.), Task-based language teaching: A reader (S. 333–356). John Benjamins Publishing Company.

Carless, D. (2008). Student use of the mother tongue in the task-based classroom. ELT Journal, 62(4), 331–338.

Carter, R., & McCarthy, M. (1997). Exploring spoken English. Cambridge University Press.

Dörnyei, Z., & Ushioda, E. (2011). Teaching and researching motivation (2nd ed). Routledge Taylor & Francis Group.

Dörnyei, Z., & Wen-Ta, T. (2009). Motivational processing in interactional tasks. In A. Mackey & C. Polio (Hrsg.), Multiple Perspectives on Interaction: Second Language Research in Honor of Susan M. Gass (S. 117–134). Routledge.

Ellis, R. (2003). Task-based language learning and teaching. Oxford University Press.

Ellis, R., Skehan, P., Li, S., Shintani, N., & Lambert, C. (2020). Task-based language teaching: Theory and practice. Cambridge University Press.

Foster, P., & Ohta, A. S. (2005). Negotiation for meaning and peer assistance in second language classrooms. Applied Linguistics, 26(3), 402–430. https://doi.org/10.1093/applin/ami014 (04.09.2021)

Gass, S. M. (2015). Comprehensible input and output in classroom interaction. In N. Markee (Hrsg.), The Handbook of Classroom Discourse and Interaction (First edition, S. 182–197). Wiley Blackwell.

Goh, C. C. M., & Burns, A. (2012). Teaching speaking: A holistic approach. Cambridge University Press.

Harris, V. (2001). Helping learners learn: Exploring strategy instruction in language classrooms across Europe. Council of Europe

Publishing. http://archive.ecml.at/documents/pub222harrisE.pdf (04.09.2021)

Kim, Y. (2015). The role of tasks as vehicles for language learning in classroom interaction. In N. Markee (Hrsg.), The Handbook of Classroom Discourse and Interaction (First Edition, S. 163–181). John Wiley & Sons, Inc.

Königs, F. G. (2015). Keine Angst vor der Muttersprache – vor den (anderen) Fremdsprachen aber auch nicht! Überlegungen zum Verhältnis von Einsprachigkeit und Zweisprachigkeit im Fremdsprachenunterricht. Zeitschrift für Interkulturellen Fremdsprachenunterricht, 20(2), Article 2. https://tujournals.ulb.tu-darmstadt.de/index.php/zif/article/view/756 (04.09.2021)

Levelt, W. J. M. (1989). Speaking: From intention to articulation. MIT Press.

Mackey, A. (2012). Input, Interaction, and Corrective Feedback in L2 Learning. Oxford University Press.

Müller-Hartmann, A., & Schocker-von-Ditfurth, M. (2010). Task-Based Language Teaching und Task-Supported Language Teaching. In W. Hallet & F. G. Königs (Hrsg.), Handbuch Fremdsprachendidaktik (S. 203–207). Kallmeyer in Verbindung mit Klett.

Nakatani, Y. (2005). The effects of awareness-raising training on oral communication strategy use. The Modern Language Journal, 89(1), 76–91. https://doi.org/10.1111/j.0026-7902.2005.00266.x (04.09.2021)

Nakatani, Y. (2010). Identifying strategies that facilitate EFL learners' oral communication: A classroom study using multiple data collection procedures. The Modern Language Journal, 94(1), 116–136. https://doi.org/10.1111/j.1540-4781.2009.00987.x (04.09.2021)

Nakatani, Y., & Goh, C. C. M. (2007). A review of oral communication strategies: Focus on interactionist and psycholinguistic perspectives. In A. D. Cohen & E. Macaro (Hrsg.), Language Learner Strategies: Thirty Years of Research and Practice (S. 205–227). Oxford University Press.

Neuner, G. (2009). Zu den Grundlagen und Prinzipien der Mehrsprachigkeitsdidaktik und des Tertiärsprachenlernens. Babylonia, 09(4), 14–17.

Oliver, R., & Philp, J. (2014). Focus On Oral Interaction. Oxford University Press.

Pomerantz, A., & Bell, N. D. (2007). Learning to play, playing to learn: FL learners as multicompetent language users. Applied Linguistics, 28(4), 556–578. https://doi.org/10.1093/applin/amm044 (04.09.2021)

Reber, B. (2019). Interacting with limited resources. Investigating the impact of teacher feedback on the development of interaction strategies in the classroom by learners of English [PhD thesis]. Aston University.

Samuda, V. (2015). Tasks, design, and the architecture of pedagogical spaces. In M. Bygate (Hrsg.), Domains and Directions in the Development of TBLT (S. 271–302). John Benjamins Publishing Company.

Samuda, V., & Bygate, M. (2008). Tasks in Second Language Learning (First Edition). Palgrave Macmillan.

Skehan, P. (1996). Second language acquisition research and task-based instruction. In J. Willis & D. Willis (Hrsg.), Challenge and Change in Language Teaching (S. 17–30). Macmillan Heinemann.

Spychiger, M., Büeler, U., Gut, K., Hascher, T., Mahler, F., Müller-Oppliger, V., & Reber, S. (2000). Auf dem Weg zu einer Fehlerkultur in der Schule. Eine 7-teilige Serie in der „Neuen Schulpraxis". Univ., Dep. Erziehungswiss.

Storch, N. (2002). Relationships formed in dyadic interaction and opportunity for learning. International Journal of Educational Research, 37(3–4), 305–322.

Swain, M. (2005). The Output Hypothesis: Theory and research. In E. Hinkel (Hrsg.), Handbook of Research in Second Language Teaching and Learning (Bd. 1, S. 471–483). Routledge.

van Lier, L. (1996). Interaction in the language curriculum: Awareness, autonomy and authenticity. Longman.

Wiater, W. (2006). Didaktik der Mehrsprachigkeit. In W. Wiater (Hrsg.), Didaktik der Mehrsprachigkeit. Theoriegrundlagen und Praxismodelle (S. 57–72). Ernst Vögel.

Willis, J. (1992). Inner and outer: Spoken discourse in the language classroom. In M. Coulthard (Hrsg.), Advances in spoken discourse analysis. Routledge.

Willis, J. (1996). A framework for task-based learning. Longman.

Willis, D. (1996). Accuracy, fluency and conformity. In J. Willis & D. Willis (Hrsg.), Challenge and Change in Language Teaching (S. 44–51). Macmillan Heinemann.

Willis, D., & Willis, J. (2007). Doing Task-Based Teaching. Oxford University Press.

Wolff, D. (2010). Mehrsprachigkeit und vernetzendes Sprachlernen. In W. Hallet & F. G. Königs (Hrsg.), Handbuch Fremdsprachendidaktik (S. 302–307). Klett, Kallmeyer.

Yashima, T. (2019). L2 Motivation and Willingness to Communicate. In M. Lamb, K. Csizér, A. Henry, & S. Ryan (Hrsg.), The Palgrave Handbook of Motivation for Language Learning (eBook) (S. 203–223). Springer Nature Switzerland AG: Palgrave Macmillan.

2. *Les enjeux du plurilinguisme*

Giuseppe Manno, Carine Greminger Schibli &
Jan-Oliver Eberhardt

Fachhochschule Nordwestschweiz
(giuseppe.manno@fhnw.ch; carine.greminger@fhnw.ch;
janoliver.eberhardt@fhnw.ch)

Die Ausbildung zur Französischlehrperson auf der Sekundarstufe I: Zum Spannungsfeld des fachdidaktischen Studienbereichs und seiner Bezugswissenschaften

Zusammenfassung. Im vorliegenden Beitrag wird das Spannungsfeld zwischen der Fremdsprachendidaktik und ihren Bezugswissenschaften thematisiert. Dabei wird die Autonomie der Fremdsprachendidaktik als wissenschaftliche Disziplin aufgezeigt. Nach der Vorstellung der Ausbildung zur Französischlehrperson auf der Sekundarstufe I an der Pädagogischen Hochschule der Fachhochschule Nordwestschweiz wird entlang der fachdidaktischen Schwerpunkte Mehrsprachigkeitsdidaktik sowie der Aufgabenorientierung die Bedeutung bezugswissenschaftlicher Konzepte erläutert. Schließlich wird die Frage erörtert, in welchen Bereichen eine stärkere Verknüpfung fachdidaktischer Inhalte mit ihren Bezugsdisziplinen angestrebt werden sollte.

Schlüsselwörter: Fremdsprachendidaktik, Bezugswissenschaften der Fremdsprachendidaktik, Ausbildung zur Französischlehrperson Sekundarstufe I, Mehrsprachigkeitsdidaktik, Aufgabenorientierung

Résumé. Le présent article thématise la relation complexe entre la didactique des langues étrangères et les disciplines connexes. Dans ce contexte, on démontrera l'autonomie de la didactique des langues étrangères comme discipline scientifique. Après avoir présenté la formation des futur.e.s enseignant.e.s du secondaire I à la Haute Ecole Pédagogique de la FHNW, les auteur.e.s discuteront de l'importance des concepts scientifiques issus des disciplines connexes à partir de deux axes didactiques : la didactique du plurilinguisme et l'approche par les tâches. Pour conclure, il s'agira de montrer dans quels domaines une relation plus étroite entre les contenus didactiques et les disciplines connexes est susceptible de se réaliser.

Mots clés : didactique des langues étrangères, disciplines connexes de la didactique des langues étrangères, formation des enseignant.e.s de FLE au niveau du secondaire I, didactique du plurilinguisme, approche par les tâches

Abstract. In the present article the tension between foreign language didactics and its related disciplines is raised as an issue. This complex relation is used as a starting point to demonstrate the autonomy of foreign language didactics as a scientific discipline. After presenting the training program of French teachers at secondary level at the University of Applied Sciences and Arts Northwestern Switzerland (FHNW), the importance of concepts from related disciplines is explained along two subject didactic focal points : didactics of plurilingualism and task based language learning. Finally the question is raised in which areas a stronger linkage of subject didactic contents with their related disciplines should be pursued.

Keywords: Foreign Language Teaching and Learning, Related disciplines of Foreign Language Teaching and Learning, Training program of French teachers on secondary level I, didactics of plurilingualism, Task Based Language Learning

1) Einleitung

Im vorliegenden Beitrag geht es um die Bedeutung bezugswissenschaftlicher Konzepte für die Fachdidaktik Fremdsprachen ausgehend von der Ausbildung zur Französischlehrperson auf der Sekundarstufe I an der Pädagogischen Hochschule FHNW. Dieses Studium umfasst sowohl didaktisch-methodische als auch fachwissenschaftliche und erziehungswissenschaftliche Anteile.

Zu Beginn des Beitrags wird das komplexe Verhältnis zwischen der Fremdsprachendidaktik und ihren Bezugswissenschaften aufgezeigt, die aktuell einen starken Einfluss auf die Ausbildung von Lehrpersonen ausüben, gleichzeitig wird die Autonomie der Fremdsprachendidaktik als wissenschaftliche Disziplin betont. Anschließend skizzieren wir kurz den Studiengang auf der Sekundarstufe I, um die Studienbereiche zu präsentieren und die institutionelle Relevanz der Bezugswissenschaften aufzuzeigen. Danach werden wir entlang zweier thematischer Schwerpunkte der fachdidaktischen Ausbildung, der Mehrsprachigkeitsdidaktik sowie der Aufgabenorientierung die

Bedeutung unterschiedlicher bezugswissenschaftlicher Konzepte erläutern. Zum Abschluss diskutieren wir, in welchen Bereichen eine stärkere Verknüpfung fachdidaktischer Inhalte mit ihren Bezugsdisziplinen in Zukunft im Rahmen der Ausbildung angestrebt werden sollte.

2) Die Fremdsprachendidaktik und ihre Bezugswissenschaften: ein komplexes Verhältnis

Christ/Hüllen (1995: 1) definieren die Fremdsprachendidaktik als „die Wissenschaft vom Lehren und Lernen fremder Sprachen in jeglichem institutionellen Zusammenhang". Diese Definition richtet die Aufmerksamkeit auf 1) den institutionellen Charakter der Disziplin, 2) den Lehrprozess: Lehrperson, Methoden und Strategien, 3) den Lernprozess: Lernende mit unterschiedlichen Lernprozessen, 4) die Sprache als Inhalt des Unterrichts, die durch die Kulturen der Zielsprache ergänzt wird. Genau wie auch andere Wissenschaftsdisziplinen bewegt sich die Fremdsprachendidaktik in einem komplexen Netz aus Bezugswissenschaften (u.a. Wüest 2001):

> Auch die Fachdidaktik Französisch beschäftigt sich als Wissenschaft, die einem konkreten Praxisfeld zugewandt ist, mit [...] essenziellen Faktoren eines Französischunterrichts und ihren gegenseitigen Abhängigkeiten. Dabei profitiert sie auch von anderen Disziplinen, die sich mit einzelnen Komponenten oder Aspekten ihres Untersuchungsfelds in einer allgemeineren Form und unter einem anderen Interessensfokus befassen. Die wichtigsten dieser Bezugswissenschaften (auch Referenzdisziplinen genannt) sind die deskriptive und die angewandte Linguistik, die Lernpsychologie und Hirnforschung, die Erziehungswissenschaften (Pädagogik), die Literaturwissenschaft sowie die Kultur- und Landeswissenschaften [...]. (Nieweler 2006: 15)

Vor allem linguistische Theorien haben die Fremdsprachendidaktik geprägt. Lange Zeit wurde diese gar von der jeweiligen dominanten Theorie in der Linguistik beeinflusst (Nieweler 2006: 43), wie z.B. die audiolinguale Methode vom Strukturalismus. Im 20. Jahrhundert war dieser Einfluss so ausgeprägt, dass die Fremdsprachendidaktik mit der *angewandten Linguistik* gleichgesetzt wurde (Cuq/Gruca 2005). Inzwischen hat sie sich von der „Abhängigkeit" der Linguistik gelöst: Sichtbar wird dies u.a. daran, dass in Theorie und Praxis des Fremdsprachenunterrichts eine relative Methodenvielfalt herrscht (Puren 2001, Hutterli et al. 2008). Ebenso ist auch die Gründung der *Sprachlehrforschung* in Deutschland (Edmonson/House 1993) bzw. der *didactologie* in Frankreich (Galisson 2002) im Sinne dieses Bestrebens zu verstehen. Dennoch gehört die Linguistik nach wie vor zu den wichtigsten Bezugswissenschaften der Fremdsprachendidaktik (Haß 2013).

Weniger prägend, aber dennoch unverzichtbar ist die Literaturwissenschaft, deren Ansätze und Methoden zur Untersuchung der Beziehungen zwischen Autor*in, Text, Leser*innen und historischem Kontext auch für den schulischen Literaturunterricht fruchtbar gemacht werden können. Die Erziehungswissenschaften und die Psychologie befassen sich wiederum mit fachübergreifenden Aspekten schulischen und außerschulischen Lehrens und Lernens, die auch den Fremdsprachenunterricht betreffen, wie z.B. Lernerautonomie, Konstruktivismus, Lernmotivation, Heterogenität, Differenzierung und *Classroom Management* (Nieweler 2017).

Die Eigenständigkeit der Fachdidaktik kann überzeugend mithilfe des *Didaktischen Dreiecks* (Cohn/Terfurth 1997) erläutert werden, welches die drei Unterrichtskomponenten *Lehrperson*, *Lerngegenstand* und *Lernende* sowie die Beziehungen zwischen den einzelnen Unterrichtskomponenten veranschaulicht (Houssaye 1988). Der Komplexität eines didaktischen Settings können die einzelnen Bezugswissenschaften alleine nicht gerecht werden, sondern erst das Zusammenspiel der verschiedenen Komponenten bildet sie vollständig ab (Edmonson/House 1993: 24). Die Fremdsprachendidaktik kann demnach mit keiner ihrer Bezugswissenschaften gleichgesetzt werden: In den Erziehungswissenschaften liegt der Schwerpunkt auf dem Verhältnis zwischen der *Lehrperson* und den *Lernenden*, ohne dass dabei der zentrale *Lerngegenstand* der Fremdsprachendidaktik im Fokus steht: die Zielsprache (Cuq/Gruca 2005). Die Linguistik ihrerseits betont zwar den gemeinsamen *Lerngegenstand,* ohne aber die Beziehung zwischen *Lehrperson* und *Lernenden* als Gegenstand zu haben (z.B. Auswahl und didaktische Aufbereitung der Lehrinhalte durch die Lehrperson). Aufgabe der Fachdidaktik ist eben nicht die Aneignung durch die Lernenden von linguistischen Modellen, sondern der Erwerb einer Fremdsprache (Martinez 2004: 23).

Wohingegen Fachdidaktiken lange Zeit und z.T. bis heute insbesondere von Vertreter*innen der Bezugswissenschaften als einer oder mehrerer Fachwissenschaften „beigeordnet" wurden (Stangl 2020), gelten sie mittlerweile als eigenständige Wissenschaftsdisziplinen. Auch die Konstituierung der Fremdsprachendidaktik als autonome und institutionalisierte Disziplin ist ein relativ rezentes Phänomen. Erkennbar wird diese Eigenständigkeit heutzutage vor allem an Fachpublikationen, wie fachdidaktischen Handbüchern, wie z.B. *Handbuch Fremdsprachendidaktik* (Hallet/Königs 2019) oder *Metzler-Lexikon Fremdsprachendidaktik* (Surkamp 2017), fachdidaktischen Zeitschriften (z.B. *Zeitschrift für Fremdsprachenforschung*, *Zeitschrift für romanische Sprachen und ihre Didaktik*) oder fachdidaktischer Forschungsmethodenliteratur (z.B. Caspari et al. 2016). Ein weiterer für die Eigenständigkeit der Fachdidaktik bedeutsamer Faktor ist deren Institutionalisierung an Hochschulen, verbunden mit der Möglichkeit von Dissertationen in Fachdidaktik Fremdsprachen.

3) Die Ausbildung zukünftiger Lehrpersonen der romanischen Sprachen auf der Sekundarstufe I

Im Rahmen der Studiengänge Sekundarstufe I erwerben die Studierenden die fachlichen, fachdidaktischen und berufspraktischen Kompetenzen und somit die Lehrbefähigung für einen professionellen Französischunterricht in den Klassen 7–9 (HarmoS 9–11). Ziel des Studiums ist es, die Studierenden zu befähigen, geeignete Unterrichtssettings zu organisieren und den Lernenden die französische Sprache alters- und adressatengerecht zu vermitteln. In Entsprechung zur tertiarisierten Lehrer*innenbildung in der Schweiz findet auch an der Pädagogischen Hochschule FHNW ein eng miteinander verwobener fachdidaktischer, fachwissenschaftlicher und erziehungswissenschaftlicher Wissens- und Kompetenzerwerb statt, welcher die pädagogische Professionalität im Vergleich zur seminaristischen Ausbildung erhöhen soll (Ambühl/Stadelmann 2011). Diese Ausbildung umfasst demzufolge einerseits didaktisch-methodische Anteile, welche insbesondere in fachdidaktischen Modulen vermittelt sowie in den Modulen der *Berufspraktischen Studien*[1] in die Praxis umgesetzt und in einem reflexiven Diskurs analysiert werden. So werden die Studierenden insbesondere mit der Förderung und Evaluation kommunikativer Kompetenzen, mit Möglichkeiten der Binnendifferenzierung, mit der Aufgabenorientierung, mit Aspekten der Mehrsprachigkeitsdidaktik sowie mit interkulturellem Lernen vertraut gemacht.

Andererseits werden die Studierenden auf der fach- und erziehungswissenschaftlichen Ebene ausgebildet. Die fachwissenschaftliche Ausbildung, entweder parallel zur fachdidaktischen Ausbildung oder zuerst über einen Bachelorabschluss an der Universität, dient der Vermittlung von sprach-, literatur- und kulturwissenschaftlichen Elementen: Es werden die Grundlagen der französischen Linguistik, der angewandten Linguistik, der Textlinguistik und die Interaktionsanalyse in der Schulklasse unter dem Aspekt des Fremdsprachenunterrichts vermittelt; im literatur- und kulturwissenschaftlichen Teil wird ein Überblick über die frankophone Literatur und Kultur sowie thematische Vertiefungen dieser literarischen und kulturellen Aspekte vermittelt. Schließlich geht es auch um die Festigung der Sprachkompetenzen anhand von internen Sprachkursen, einem Intensivsprachkurs sowie einem 16-wöchigen Aufenthalt in einem frankophonen Gebiet.

1 Bezeichnung für den Studienbereich an der PH FHNW, in dem Studierende in Praktika, Mentorat und Reflexionsseminaren professionelles Handeln lernen.

4) Die Rolle der Bezugswissenschaften in französischdidaktischen Lehrveranstaltungen

Im Folgenden werden exemplarisch zwei zentrale Konzepte – die Aufgabenorientierung sowie die Mehrsprachigkeitsdidaktik und Mehrkulturalität – einer aktuellen Fachdidaktik-Ausbildung vorgestellt, welche Ausprägungen des fachdidaktischen Paradigmenwechsels (neokommunikatives Paradigma, vgl. Nieweler 2006), begünstigt durch die *kognitive Wende* in der Psychologie, Linguistik und Erziehungswissenschaft, darstellen. In der Folge werden die beiden Konzepte zunächst theoretisch verortet und anschließend ihre Implementierung in der fachdidaktischen Ausbildung sowie exemplarische Bezüge zu bezugswissenschaftlichen Modellen aufgezeigt.

4.1 Schlüsselkonzepte

Die Ausbildung zur Französischlehrperson auf der Sekundarstufe I an der Pädagogischen Hochschule FHNW orientiert sich konsequenterweise am *Lehrplan 21.* In dessen Einleitung wird darauf verwiesen, dass die Schüler*innen dazu befähigt werden sollen, „sprachliche Fertigkeiten in unterschiedlichen, möglichst authentischen Situationen anzuwenden" (Erziehungsdepartement Basel-Stadt 2016: 10). Die Basis für sprachliches Handeln im Fremdsprachenunterricht bilden kommunikative Lernaufgaben mit interessanten, lebensweltlichen Themen. Demzufolge wird bereits hier die zentrale Bedeutung der Aufgabenorientierung deutlich. In gleicher Weise wird auch die Rolle der Mehrsprachigkeitsdidaktik im einleitenden Kapitel des *Lehrplans 21* dokumentiert: Ziel des Fremdsprachenunterrichts ist keine „perfekte Zweisprachigkeit", sondern eine *funktionale Mehrsprachigkeit,* welche ein dynamisches, mehrsprachiges Repertoire „mit unterschiedlich weit fortgeschrittenen Kompetenzen in verschiedenen Kompetenzbereichen bzw. Sprachen an[strebt], um in unterschiedlichen Situationen sprachlich erfolgreich handeln zu können" (Erziehungsdepartement

Basel-Stadt 2016: 8). Ausdrückliches Ziel dabei ist, dass die Schüler*innen das Transferpotenzial zwischen Sprachen – und zwar nicht nur schulischen Fremdsprachen, sondern auch den Herkunftssprachen – nutzen und auf bereits Gelerntes zurückgreifen.

4.2. Aufgabenorientierung

4.2.1 Definition des Konzepts

Der Ansatz der Aufgabenorientierung, dessen Anfänge in den 1980er Jahren liegen (Manno 2012), beruht auf einem konstruktivistischen Lehr- und Lernverständnis (Sauer/Wolff 2018). Gleichzeitig berücksichtigt dieser Ansatz die Prinzipien des selbstregulierten Lernens (Karlen 2015) und ist aus dem fremdsprachendidaktischen Fachdiskurs nicht mehr wegzudenken. Dass das Konzept der Aufgabenorientierung im Französischunterricht definitiv Fuß gefasst hat, beweisen der bereits zitierte *Lehrplan 21*, die zahlreichen didaktischen Publikationen (z.B. Lions-Olivieri/Liria 2009) und nicht zuletzt die aktuellen Französischlehrmittel, die alle die jeweilige *unité* mit einer *tâche* (*Clin d'œil*, 2015) und *Dis donc* (2019) bzw. einer *mission* (*Ça bouge*, 2019) abschließen.

In der Fremdsprachendidaktik setzt die Aufgabenorientierung den Fokus auf „kulturell und gesellschaftlich bedeutsame Inhalte" (Luthiger et al. 2018: 31), auf „realitätsnahe alltagsbezogene Handlungssituationen" (Nieweler 2017: 80) sowie auf ein selbstregulatives, kognitiv aktivierendes Vorgehen und die authentische sprachliche Interaktion. Die Aufgabenorientierung vernetzt dabei die verschiedenen rezeptiven und produktiven Kompetenzen wie auch weitere Kompetenzbereiche, z.B. die soziale Interaktionskompetenz oder die selbstbildnerische Kompetenz (Bludau 2009). Ebenso dienen Aufgaben als Brücke zwischen der Lebenswelt der Schüler*innen und dem Fachunterricht (Parchmann/Bernholt 2016: 41 ff). Gleichzeitig wird dieser Ansatz auch der Forderung nach Differenzierung in den heterogenen Klassen gerecht (David 2019). Dabei wird in Bezug auf die *tâches* zwischen der gesteuerten Differenzierung durch die Vielfalt der Lernwege und der

Lerninhalte und der natürlichen, „ausgehend von der Interessenslage, der Motivation und den Lernbedürfnissen“ der Lernenden unterschieden (Sauer/Wolff 2018: 158).

4.2.2 Implementierung in der Ausbildung

Eine gelungene Lehrer*innenausbildung kommt nicht umhin, die Aufgabenorientierung als zentrales Unterrichtselement zu thematisieren. Die Studierenden kennen diesen Ansatz und seine theoretische Verortung in der Fremdsprachendidaktik und deren Bezugswissenschaften, sind sich der Chancen und Risiken der Verwendung authentischer Dokumente bewusst und sind zugleich fähig, Aufgaben kritisch zu begutachten und zu kommentieren, um schließlich selber eine Aufgabe mit authentischem Material erstellen zu können. Nicht zuletzt ist es zentral, dass die Studierenden sich auch der Veränderung ihrer eigenen Funktion und Rolle als Lehrperson im Lehr-Lernsetting der Aufgabenorientierung bewusst werden, da die Entwicklung der Lernenden vom fremd- zum selbstgesteuerten Lernen graduell verläuft und besonders in den ersten Jahren des Französischunterrichts eine große Herausforderung für Lernende und Lehrende darstellt. Die konkrete Umsetzung wird exemplarisch an zwei Aspekten dargelegt:

– Das zentrale Thema der Aufgabenorientierung ist der kontinuierliche, selbstregulierte Sprachkompetenzaufbau der Schüler*innen, ohne dabei die Inhalte zu vernachlässigen. Dieser Aufbau kann als zyklisches Vorgehen (*pre-task*, *task cycle* und *language focus*) in Anlehnung an das Modell von Jane Willis (1996) dargestellt werden. Unter anderem kann an diesem Modell kritisiert werden, dass es sich um eine anspruchsvolle, „rationale Auseinandersetzung mit Wissen“ handelt und der spielerische, fantasievolle Aspekt zu kurz kommt (Hutterli et al. 2008: 84). Dem setzt das erziehungswissenschaftlich geprägte *Luzerner Modell zur Entwicklung Kompetenzfördernder Aufgabensets* (LUKAS-Modell) (Luthiger et al. 2018), welches den Fokus auf die unterschiedlichen Aufgabentypen innerhalb einer komplexen Lernaufgabe richtet, ein flexibleres, kreativeres Vorgehen entgegen. Die Auseinandersetzung mit verschiedenen Merkmalen und Definitionen der *tâche*, welche die Entwicklung des Konzepts in den letzten Jahrzehnten aufzeigen, soll die Studierenden befähigen, die Aufgabenorientierung kritisch zu betrachten und an die jeweiligen Bedingungen der Klasse und des Unterrichts anzupassen.

– Dem Konzept der Aufgabenorientierung kann in der Ausbildung auf vielfältige Art Rechnung getragen werden. So können den Studierenden gemäß dem Prinzip des *didaktischen Doppeldeckers*[2] komplexe und anspruchsvolle Aufgaben vorgelegt werden, indem sie z.B. konkret eine Unterrichtssequenz in Form eines, ursprünglich den Erziehungswissenschaften entstammenden, *Microteaching* (Allen/Ryan 1972) mit ihren Kolleg*innen durchführen, videographieren und evaluieren oder eine herausfordernde *tâche* erfüllen, deren Produkt wiederum mit Lernenden der Sekundarstufe I bearbeitet werden könnte. Auf diese Art durchleben sie die verschiedenen Phasen einer Aufgabe selber und werden angeregt, anhand der metakognitiven und kriteriengeleiteten Reflexion ihr eigenes Tun zu reflektieren. Gleichzeitig sollen sie das Potenzial der in den Lehrmitteln präsentierten Aufgaben in Bezug auf den Einsatz in den verschiedenen Lernstadien, auf die kognitive Aktivierung und die kreativen Freiräume sowie in Bezug auf Vorteile und Stolpersteine der Differenzierungsmöglichkeiten erkennen und einschätzen können.

4.3 Mehrsprachigkeitsdidaktik

4.3.1 Definition des Konzepts

Die Mehrsprachigkeitsdidaktik hat in den letzten Jahrzehnten den Fachdiskurs rund um den außerschulischen und schulischen

2 Als *didaktischer Doppeldecker* wird das „Prinzip der Kongruenz von Lehr- und Lernprozessen in Lehrveranstaltungen bezeichnet: Der behandelte Lerngegenstand deckt sich mit den entsprechenden Lehr- und Lernaktivitäten." https://www.weiterbildung.uzh.ch/de/hochschuldidaktik/laz/az.html (konsultiert am 13.10.2020).

Fremdsprachenunterricht zunehmend geprägt (Neuner 2009, Manno/Greminger 2015, García García et al. 2020, Martinez 2020, Manno et al. 2020). Mit ihr ist die Intention verbunden, in Fremdsprachenunterricht und -forschung nicht länger den Fokus auf Einzelsprachen, sondern auf das komplexe Zusammenspiel zwischen Sprachen im mehrsprachigen Repertoire der Lernenden zu richten (Fäcke/Meißner 2019, Manno et al. 2020). Demzufolge soll eine solche Didaktik „sprachenübergreifende Konzepte zur Optimierung des Fremdsprachenlernens bieten, die Motivation für das Erlernen mehrerer Sprachen fördern und den Reichtum der Sprachen und Kulturen erfahren lassen" (Hutterli et al. 2008: 119) und zugleich eine funktionale Mehrsprachigkeit fördern, sprich „ein sprachliches Repertoire (…) entwickeln, in dem alle sprachlichen Fähigkeiten und Kenntnisse ihren Platz haben und zum Aufbau einer gemeinsamen mehrsprachigen Kompetenz beitragen" (Hutterli et al. 2008: 107).

Die zentrale Grundidee der Mehrsprachigkeitsdidaktik ist der positive Transfer sprachlicher Kenntnisse, Fertigkeiten und Lernstrategien – im Sinne einer Lernökonomie (Neuner 2009) und im Zuge der Öffnung der Disziplinen im neokommunikativen Paradigma (Nieweler 2017), dies basierend auf einem konstruktivistischen Lernverständnis. Es handelt sich dabei nicht um ein einheitliches Konzept. Zu den bedeutendsten mehrsprachigkeitsdidaktischen Ansätzen zählen die *Interkomprehension* verwandter Sprachen (Meißner/Tesch 2011), die *Tertiärsprachendidaktik* (Hufeisen/Neuner 2004), die *Begegnung mit Sprachen: ELBE* (*Éveil aux langues – Language Awareness*) (Candelier et al. 2007), die integrative Sprachendidaktik, das interkulturelle Lernen (Eberhardt 2020), Formen des bilingualen Sachfachunterrichts sowie die Sprachmittlung (Hallet et al. 2020). Auch das *Translanguaging* kann als mehrsprachigkeitsdidaktischer Ansatz eingeordnet werden, da es einen Zugang zu Multilingualismus darstellt, der nicht den Fokus auf Sprachen, sondern auf die Gewohnheiten mehrsprachiger Menschen legt (García/Otheguy 2020).

4.3.2 Implementierung in der Ausbildung

Mehrsprachigkeitsdidaktische Ansätze sind mittlerweile nicht nur fester Bestandteil zahlreicher, für die Sekundarstufe I konzipierter Fremdsprachenlehrmittel, sondern haben auch einen festen Platz in der Aus- und Weiterbildung von Fremdsprachenlehrpersonen (Egli Cuenat et al. 2018). Zukünftige Französischlehrpersonen sollen dazu befähigt werden, sowohl den Mehrwert einer integrierten Sprachdidaktik zu verstehen und anzuerkennen, als auch mehrsprachigkeitsdidaktische Elemente selbstverständlich und zielführend in den eigenen Unterricht zu integrieren.

Hierfür ist es notwendig, dass die Studierenden einerseits aktuelle mehrsprachigkeitsdidaktische Lehrmittel und Lernmaterialien für die Sekundarstufe I analysieren und im Anschluss daran selbst mehrsprachigkeitsdidaktische Lernaufgaben entwerfen. Auf der anderen Seite müssen in sprachwissenschaftlichen und fachdidaktischen Modulen die neuro- und psycholinguistischen Grundlagen des Mehrsprachenerwerbs vermittelt sowie die verschiedenen linguistischen und interkulturellen Ebenen thematisiert werden, welche für die Konzeption mehrsprachigkeitsdidaktischer Aufgaben infrage kommen. Es ist offensichtlich, dass dabei der Rückgriff auf bezugswissenschaftliche Konzepte unverzichtbar ist:

– Insbesondere die Frage nach dem Einfluss der vorhandenen Sprachen auf die Entwicklung von weiteren, nicht als Erstsprache erlernten Sprachen, ist für die Ausbildung zukünftiger Fremdsprachenlehrpersonen von Bedeutung. Hierzu gibt beispielsweise das Faktorenmodell von Hufeisen/Gibson (2003) hilfreiche Antworten. Das der angewandten Linguistik entstammende Modell, das unterrichtlich gesteuertes Fremdsprachenlernen fokussiert, umfasst eine mehrstufige Darstellung der verschiedenen Stadien in der Entwicklung der Mehrsprachigkeit und definiert die Faktorenkomplexe, die das Fremdsprachenlernen beeinflussen. Die Erkenntnis, dass das Sprachenrepertoire eines Menschen stets sämtliche Sprachen des individuellen Repertoires umfasst und zwischen diesen positive Transferaktivitäten auf der Ebene linguistischer Phänomene wie auch von Sprachlernstrategien stattfinden, kann für die Nachvollziehbarkeit und Anerkennung mehrsprachigkeitsdidaktischer Ansätze eine entscheidende Hilfe darstellen (Jessner 2013).

- Im Rahmen der Analyse in Französischlehrmitteln existierender mehrsprachigkeitsdidaktischer Lernaufgaben für die Sekundarstufe I lernen die Studierenden die unterschiedlichen sprachlichen Ebenen kennen, auf denen Sprachvergleiche oder Transferaktivitäten basieren können. Demzufolge wird in der Lehrer*innenausbildung die Relevanz sprachwissenschaftlicher Kenntnisse im Hinblick auf die Analyse und Konzeption sprachenübergreifender Aufgaben verdeutlicht: Die angehenden Lehrpersonen erkennen, dass mehrsprachigkeitsdidaktische Lernaufgaben vorwiegend den Vergleich lexikalischer Einheiten und grammatikalischer Strukturen betreffen und dass Gemeinsamkeiten und Unterschiede mithilfe phonologischer, morphologischer, syntaktischer und semantischer sowie über pragma- und soziolinguistische Kriterien beschrieben werden (Nieweler 2017).

5) Ausblick

Im vorliegenden Kapitel wollen wir darauf eingehen, in welchen Bereichen eine stärkere Verknüpfung fachdidaktischer Inhalte mit ihren Bezugsdisziplinen angestrebt werden sollte.

Die Miteinbeziehung erziehungs- und sprachwissenschaftlicher Hintergrundtheorien zur Aufgabenorientierung ist im Rahmen des Lehramtsstudiums für die Sekundarstufe I notwendig. Angesichts der Fülle an bezugsdisziplinären Konzepten zum *Tasked-based Language Learning*, welche darüber hinaus große inhaltliche Parallelen aufweisen, ist es zielführend die beiden oben genannten Modelle als Basis zu setzen und auf verschiedene Zugänge in Bezug auf die *tâche* (Ellis 2003, Müller-Hartmann & Schocker-v.Ditfurth 2011) und deren

Umsetzung im Unterricht zu fokussieren. Hilfreich könnte in Zukunft die Miteinbeziehung von erziehungswissenschaftlichen und psychologischen Theorien zur Selbststeuerung vor allem bei lernschwächeren Schüler*innen bis hin zur Passung für inklusiven Fremdsprachenunterricht (Suter 2019) sein, was die Behandlung von fachübergreifend zum Tragen kommenden Methoden der Binnendifferenzierung und von Funktionen der Lehrperson in kooperativen Unterrichtssettings beinhaltet; weiter ist auch die Diskussion von psycholinguistischen Konzepten wie Lerner- oder Interimssprache inklusive der daraus resultierenden fachdidaktischen Konsequenzen in Betracht zu ziehen.

Die Kenntnis von Modellen des multiplen Spracherwerbs sowie von Grundlagen der deskriptiven Linguistik stellt einen unverzichtbaren Bestandteil der fremdsprachendidaktischen Lehrer*innenausbildung dar. Die innerhalb der Sprachlehr- und -lernforschung prominente Interdependenz- und Schwellenhypothese des Psychologen Cummins (1982) ist beispielsweise in zahlreichen fachdidaktischen Handbüchern aufgeführt. Jedoch zeigen aktuelle empirische Studien deutlich, dass sich beim Mehrsprachenerwerb nicht nur Erst- und Zweitsprache, sondern sämtliche verfügbare Sprachen gegenseitig beeinflussen (Bayer 2012). An diesem Beispiel soll verdeutlicht werden, dass eine umfassende Rezeption früherer Spracherwerbsmodelle nicht per se einen Mehrwert aufweist. Hingegen könnte es sinnvoll sein, in Zukunft in sprachwissenschaftlichen wie fachdidaktischen Lehrveranstaltungen genauer die neuro- und psycholinguistischen Besonderheiten des Tertiärsprachenerwerbs (z.B. Hufeisen/Neuner 2004) sowie den Nutzen von sprachenübergreifend zum Einsatz kommenden Lernstrategien in den Blick zu nehmen. Mit Blick auf die Mehrsprachigkeitsdidaktik könnte dies dazu beitragen, die Studierenden noch stärker für den Nutzen und für eine adressatengerechte Einbindung sprachenübergreifender Lernaufgaben in den Französischunterricht zu sensibilisieren.

Die Bezugswissenschaften üben wie oben gezeigt einen zweifachen Einfluss auf die Ausbildung zukünftiger Französischlehrpersonen aus. Dies geschieht einerseits über die fachwissenschaftliche Ausbildung, andererseits über die rezipierten fremdsprachendidaktischen Theorien, die von den Bezugswissenschaften stammen oder die von ihnen beeinflusst werden. Neben den hier am Beispiel der Aufgabenorientierung und der Mehrsprachigkeitsdidaktik aufgezeigten Verbindungen fachdidaktischer und bezugsdisziplinärer Konzepte sehen wir zukünftig unterschiedliche Verknüpfungsmöglichkeiten. Generell wird im Hinblick auf die nächste Reakkreditierung eine gezieltere Fokussierung auf die Bedürfnisse zukünftiger Lehrpersonen angestrebt, und zwar auf folgenden Ebenen:

- Ab dem Studienjahr 2021/22 legen die Studierenden beispielsweise als Alternative zum internationalen Sprachzertifikat DALF C2 eine durch ein Projektkonsortium neu entwickelte Sprachkompetenzprüfung (z.B. Bleichenbacher et al. 2016) ab, welche die berufsspezifischen Sprachkompetenzen testet. Die Inhalte in Literatur- und Sprachwissenschaft werden bereits jetzt adressatengerecht ausgerichtet. Jedoch wird im Rahmen der geplanten berufsspezifischen Sprachkompetenzprüfung und der entsprechenden Anpassung der Ausbildung eine noch engere Absprache zwischen Fachdidaktik und Fachwissenschaft unerlässlich sein.
- Zugleich wird eine bessere Verlinkung der Fachdidaktik in den *Berufspraktischen Studien* angestrebt: ein stärkerer sprachlicher bzw. fachspezifischer Fokus sollte einzelnen Fächern ein klareres Profil geben, Forschungsprojekte in den Schulen ermöglichen sowie eine engere Zusammenarbeit zwischen den Dozierenden der Fachdidaktik und den Lehrpersonen im Feld, um die Nachhaltigkeit der Ausbildung im Feld zu fördern.

Somit bahnt sich nach derzeitigem Stand eine Schwerpunktverlagerung im Rahmen der Ausbildung von Französischlehrpersonen in unserer Institution an im Sinne einer gezielteren Abstimmung mit den Bezugsdisziplinen sowie mit dem berufspraktischen Studienbereich.

Bibliographie

Allen, Dwight W./Ryan, Kevin (1972): *Microteaching.* Weinheim: Beltz.

Ambühl, Hans-Jürgen/Stadelmann, Willi (2011) (Hrsg.): *Wirksame Lehrerinnen und Lehrerbildung – Gute Schulpraxis, Gute Steuerung. Bilanztagung II.* Bern: EDK.

Bayer, Nicole (2012): *Entwicklung der Sprachkompetenzen in der Erst- und Zweitsprache von Migrantenkindern. Ergebnisse aus Leistungsmessungen bei fremdsprachigen Zürcher Kindergartenkindern.* Saarbrücken: Südwestdeutscher Verlag für Hochschulschriften.

Bleichenbacher, Lukas/Kuster, Wilfrid/Klee, Peter (2016): „Sprachkompetenzen von Lehrpersonen, die Fremdsprachen unterrichten". *Babylonia 2/2016*, 6–7.

Bludau, Marc (2009): „Bezugsfelder eines professionellen Fremdsprachenunterrichts". In: Jung, Udo O.H. (Hrsg.): *Praktische Handreichung für Fremdsprachenlehrer.* Frankfurt am Main: Peter Lang.

Candelier, Michel/Camilleri-Grima, Antoinette/Castellotti, Véronique/De Pietro, Jean-François/Lőrincz, Ildikó/Meißner, Franz-Joseph/Noguerol, Artur/Schröder-Sura, Anna (2007): *Referenzrahmen für Plurale Ansätze zu Sprachen und Kulturen.* Graz. [http://archive.ecml.at/mtp2/publications/C4_RePA_090724_IDT. pdf]. (04.09.2021)

Caspari, Daniela/Klippel, Friederike/Legutke, Michael/Schramm, Karen (2016) (Hrsg.): *Forschungsmethoden in der Fremdsprachendidaktik – Ein Handbuch.* Tübingen: Narr Francke Attempto.

Christ, Herbert/Hüllen, Werner (1995): „Geschichte des Fremdsprachenunterrichts seit 1945". In: Bausch, Karl-Richard/Christ, Herbert/Krumm, Hans-Hürgen (Hrsg.): *Handbuch Fremdsprachenunterricht.* 3. Aufl. Tübingen: Francke, 565–572.

Cohn, Ruth/Terfurth, Christina (1997): *Lebendiges Lehren und lernen. TZI macht Schule.* Stuttgart: Klett-Cotta.

Cummins, James (1982): „Die Schwellenniveau- und Interdependenz-Hypothese: Erklärungen zum Erfolg zweisprachiger Erziehung".

In: Swift, James (Hrsg.): *Bilinguale und multikulturelle Erziehung.* Würzburg: Königshausen & Neumann, 34–43.

Cuq, Jean-Pierre/Gruca, Isabelle (2005): *Cours de didactique du français langue étrangère et seconde.* Grenoble: PUG.

David, Catherine (2019): „Perspective actionnelle et différenciation pédagogique en classe de français langue étrangère (FLE) et seconde (FLS): réalisation d'un journal en ligne dans une classe multilingue et multi-niveaux (A1-B2+)". *Babylonia* 1, 77–78.

Eberhardt, Jan-Oliver (2020): „Methoden des inter- und transkulturellen Lernens". In: Hallet, W., Königs, F. G. & Martinez, H. (Hrsg.): Handbuch Methoden des Fremdsprachenunterrichts. Stuttgart: Klett Kallmeyer, 178–183.

Edmonson, Willis/House, Juliane (1993): *Einführung in die Sprachlehrforschung.* Tübingen: Francke.

Egli Cuenat, Mirjam/Grossenbacher/Barbara, Gubler/Brigitta/Lovey, Gwendoline (2018): „Plurale Ansätze in Lehrwerken und Lernmaterialien. Einblicke in aktuelle Entwicklungen mit besonderem Fokus auf die Schweiz". In: Melo-Pfeifer, Silvia/Rössler, Andrea/Reimann, Daniel (Hrsg.): *Plurale Ansätze im Fremdsprachenunterricht in Deutschland.* Tübingen: Narr Francke Attempto.

Ellis, Rod (2003): *Task based Language Learning and Teaching.* Oxford: Metzler.

Erziehungsdepartement des Kantons Aargau (2018): *Aargauer Lehrplan Volksschule Sprachen.* Departement Bildung, Kultur und Sport.

Erziehungsdepartement des Kantons Basel-Stadt (2016): *Lehrplan 21 Sprachen.* Kanton Basel-Stadt. Basel: Erziehungsdepartement des Kantons Basel-Stadt.

Fäcke, Christiane/Meißner, Franz-Joseph (Hrsg.) (2019): *Handbuch der Mehrsprachigkeits- und Mehrkulturalitätsdidaktik.* Tübingen: Narr Francke Attempto.

Galisson, Robert (2002): „Didactologie: de l'éducation aux langues-cultures à l'éducation par les langues-cultures". *Revue de didactologie et de lexiculturologie des langues-cultures,* 497–510.

García García, Marta/Prinz, Manfred/Reimann, Daniel (Hrsg) (2020): *Mehrsprachigkeit im Unterricht der romanischen Sprachen –*

Neue Konzepte und Studien zu Schulsprachen und Herkunftssprachen in der Migrationsgesellschaft. Tübingen: Narr.

García, Ofelia/Otheguy, Ricardo (2020): „Plurilingualism and translanguaging: commonalities and divergences". *International Journal of Bilingual Education and Bilingualism*, 23:1, 17–35.

Hallet, Wolfgang/Königs, Frank, G. (Hrsg) (2019): *Handbuch Fremdsprachendidaktik.* 3. Auflage. Seelze: Klett/Kallmeyer.

Haß, Frank (2013): „Die Bezugsdisziplinen der Fremdsprachendidaktik". In: Hallet, Wolfgang & Königs, Frank G. (Hrsg.): *Handbuch Fremdsprachendidaktik.* Seelze: Friedrich Verlag.

Houssaye, Jean (1988): *Le triangle pédagogique.* Paris: Peter Lang. https://www.weiterbildung.uzh.ch/de/hochschuldidaktik/laz/az.html (konsultiert am 13.10.2020)

Hufeisen, Britta/Gibson, Martha (2003): „Zur Interdependenz emotionaler und kognitiver Faktoren im Rahmen eines Modells zur Beschreibung sukzessiven multiplen Sprachenlernens". *Bulletin VALS-ASLA* 78, 13–33.

Hufeisen, Britta/Neuner, Gerhard (2004) (Hrsg.): *Le concept de plurilinguisme – Apprentissage d'une langue tertiaire – l'allemand après l'anglais.* Strasbourg: Conseil de l'Europe.

Hutterli, Sandra/Stotz, Daniel/Zappatore, Daniela (2008): *Do you parlez andere lingue? Fremdsprachen lernen in der Schule.* Zürich: Verlag Pestalozzianum.

Jessner, Ulrike (2013): „Third language learning". In: Bryam, Michael/Hu, Adelheid (Hrsg.): *Routledge Encyclopedia of Language Teaching and Learning.* Oxon: Routledge, 724–728.

Karlen, Yves (2015): *Selbstreguliertes Lernen am Gymnasium. Eine Längsschnittuntersuchung bei Schülerinnen und Schülern der gymnasialen Oberstufe.* Dissertation Universität Zürich.

Lions-Olivieri, Marie-Laure/Liria, Philippe (2009): *L'approche actionnelle dans l'enseignement des langues, Douze articles pour mieux comprendre et faire le point.* Paris: Maison des langues.

Luthiger, Herbert/Wilhelm, Markus, Wespi/Claudia/Wildhirt, Susanne (Hrsg.) (2018): *Kompetenzförderung mit Aufgabensets. Theorie – Konzept – Praxis.* Bern: hep.

Manno, Giuseppe (2012): „Aufgabenorientierung im Französischunterricht“. In: Keller, Stefan/Bender, Ute (Hrsg.): *Aufgabenkulturen – Fachliche Lernprozesse herausfordern, begleiten, reflektieren.* Stuttgart: Klett, 128–141.

Manno, Giuseppe/Egli Cuenat, Mirjam/Le Pape Racine, Christine/Brühwiler, Christian (2020) (Hrsg.): *Schulischer Mehrsprachenerwerb am Übergang zwischen Primarstufe und Sekundarstufe.* Münster: Waxmann Verlag.

Manno, Giuseppe/Greminger Schibli, Carine (2015): „Les synergies offertes par la didactique intégrée des langues – profitons-en dans l’enseignement du français deuxième langue étrangère!“, In: Weil, Markus/Vanotti, Manuele (Hrsg.): *Weiterbildung und Mehrsprachigkeit.* Bern: hep-Verlag, 46–63.

Martinez, Hélène (2020): „123. Mehrsprachigkeit und ihre methodischen Implikationen“, In: Hallet, Wolfgang/Königs, Frank G./Martinez, Hélène (Hrsg.): *Handbuch Methoden im Fremdsprachenunterricht.* Stuttgart: Klett Kallmeyer, 420–423.

Martinez, Pierre (2004): *La didactique des langues étrangères.* Paris: PUF.

Meißner, Franz-Joseph/Tesch, Bernd (2011): „Interkomprehension und Kompetenzförderung mit Blick auf die Konstruktion von Lehrwerken“. In: Meißner, Franz-Joseph/Krämer, Ulrich (Hrsg.): *Spanischunterricht gestalten. Wege zu Mehrsprachigkeit und Mehrkulturalität.* Seelze: Friedrich Verlag, 82–127.

Müller-Hartmann, Andreas/Schocker-von Ditfurth, Marita (2011): *Teaching English: Task-Supported Language Learning.* Stuttgart: UTB

Neuner, Gerhard (2009): „Zu den Grundlagen und Prinzipien der Mehrsprachigkeitsdidaktik und des Tertiärsprachenlernens“. *Babylonia* 4, 14–17.

Nieweler, Andreas (2017) (Hrsg.): *Fachdidaktik Französisch – Das Handbuch für Theorie und Praxis.* Stuttgart: Klett.

Nieweler, Andreas (2006) (Hrsg.): *Fachdidaktik Französisch – Tradition, Innovation, Praxis.* Stuttgart: Klett.

Parchmann, Ilka/Bernholt, Sascha (2016): „Aufgaben als Brücken zwischen Lebenswelt und Fachunterricht“. In: Keller, Stefan/Reintjes,

Christian (Hrsg.): *Aufgaben als Schlüssel zur Kompetenz*. Münster: Waxmann.

Puren, Christian (2001): *La didactique des langues étrangères à la croisée des méthodes: essai sur l'éclectisme*. Saint-Cloud: Crédif (Collection CREDIF Essais).

Sauer, Esther/Wolff, Dieter (2018): *Grundlagen des Französischunterrichts mit Mille feuilles und Clin d'œil. Ein Studien- und Arbeitsbuch*. Bern: Schulverlag plus.

Stangl, Werner (2020): Stichwort: ‚*Fachdidaktik*'. *Online Lexikon für Psychologie und Pädagogik*. WWW: https://lexikon.stangl.eu/6492/fachdidaktik/ (20.05.2020)

Surkamp, Carola (2017) (Hrsg.): *Metzler Lexikon Fremdsprachendidaktik. Ansätze – Methoden – Grundbegriffe*. Stuttgart: Metzler.

Suter, Christoph (2019): *Inklusiver aufgabenorientierter Englischunterricht: Kooperative Entwicklung und Erprobung eines Unterrichtsmodells in der Praxis*. Stuttgart: J.B. Metzler.

Willis, Jane (1996): *A framework for tasked-based learning*. Oxford: Longman.

Wüest, Jakob (2001): *Der moderne Fremdsprachenunterricht* (*envol. Eine Einführung*). Zürich: Lehrmittelverlag des Kantons Zürich.

Rico Cathomas, Vincenzo Todisco, Dominique Caglia, Maria Chiara Moskopf-Janner, Susanne Oberholzer

PH Graubünden
(Rico.Cathomas@phgr.ch; Vincenzo.Todisco@phgr.ch; Dominique.Caglia@phgr.ch; MariaChiara.Moskopf@phgr.ch; Susanne.Oberholzer@phgr.ch)

Integrierte Mehrsprachigkeitsdidaktik: Auf dem Weg zu einer gestaltungsorientierten Definition

Zusammenfassung. Im Beitrag wird eine theoriegeleitete Weiterentwicklung des Begriffs *Integrierte Mehrsprachigkeitsdidaktik* (IMD) vorgestellt, deren zentrale Neuerung die Formulierung von *Gestaltungsfeldern* ist. Mit dem Begriff «Gestaltungsfeld» soll der Dynamik und den konstruktivistischen Handlungen beim Aufbau schulischer mehrsprachiger Kompetenzen Rechnung getragen werden. Sprachenlernen wird dabei als integrativer und vernetzter Prozess verstanden, bei dem im Kontext Schule, auf der Grundlage sprachspezifischer, individuumsbezogener, methodischer und curricularer Vorgaben, wirkungsvolle auf Mehrsprachigkeit ausgerichtete Lehr- und Lernprozesse gestaltet werden. Das daraus resultierende Arbeitsmodell soll schließlich dazu dienen, schrittweise und praxisbezogen eine Operationalisierung der IMD vorzunehmen.

Schlüsselwörter: integrierte Mehrsprachigkeitsdidaktik (IMD), funktionale Mehrsprachigkeit, Arbeitsmodell IMD, didaktisches Gestaltungsfeld, Bereichsdidaktik der Sprachen

Résumé. Cet article présente un développement théorique du terme Didactique intégrée du plurilinguisme (DIP), dont l'innovation centrale est la formulation de champs d'action. Le terme « champ d'action » vise à considérer les dynamiques et les actions constructivistes impliquées dans le développement des compétences plurilingues en milieu scolaire. L'apprentissage des langues est compris comme un processus intégratif et en réseau dans lequel des processus d'enseignement et d'apprentissage efficaces, axés sur le plurilinguisme, sont conçus dans le contexte scolaire sur la base de caractéristiques spécifiques à la langue, centrées sur la personne, méthodologiques et curriculaires. Enfin, le modèle de travail qui en résulte sera utilisé pour opérationnaliser la DIP d'une manière progressive et orientée vers la pratique.

Mot clés : didactique intégrée du plurilinguisme (DIP), plurilinguisme fonctionnel, modèle opérationnel DIP, champ d'action de la didactique, didactique du secteur des langues

Abstract. The article presents a theory-driven, further development of the term integrated didactics of multilingualism (IDM) with its crucial novelty constituting the formulation of a didactic design field. The term «design field» is supposed to lend credibility to the dynamics and the constructivist approaches in establishing multi-linguistic competences in school. Learning languages is seen as an integrative and connected process creating effective learning processes aimed at multilinguality in a school related context based on language specific, individual, methodological and curricular prerequisites. The resulting working model is ultimately meant to serve and implement a gradual and practice oriented operationalization of IDM.

Keywords: integrated didactics of multilingualism (IDM), functional multilingualism, working model IDM, didactic design field, special didactics of (foreign) languages

1 Einleitung

Die Mehrsprachigkeitsdidaktik ist keine Neuerfindung; sie fand vor über 30 Jahren Eingang in den wissenschaftlich-didaktischen Diskurs (z. B. Flügel & Sitta, 1992; EDK, 1998). Ihr wurde von verschiedener Seite Aufmerksamkeit zuteil, nicht zuletzt in der Schweiz, die mit ihrer institutionellen Mehrsprachigkeit auf Bundes- und teils auch auf Kantonsebene für einen auf Mehrsprachigkeit basierten didaktischen Ansatz in der Schule prädestiniert ist. So finden sich bereits im Gesamtsprachenkonzept der EDK von 1998 (EDK, 1998) Begriffe wie «koordinierte Didaktiken» (S. 22) und «mehrsprachiger Unterricht» (S. 24). Die Termini Mehrsprachigkeitsdidaktik bzw. Didaktik der Mehrsprachigkeit werden in Wissenschaft und Praxis auf verschiedene Weise benutzt und haben – je nach Kontext, didaktischer Intention und didaktischem Modell – eine andere Bedeutung[1].

1 Kennzeichnend für den Diskurs ist die Vielfalt bezüglich Terminologie: Seit den 90er-Jahren werden eine Reihe verschiedener und teils gegensätzlicher Begriffe verwendet, so z. B. *Integrierte Didaktik Muttersprache/Zweitsprache* (Flügel &

In Anlehnung an den im Gemeinsamen Europäischen Referenzrahmen für Sprachen (GER) (Europarat, 2001, S. 17) und im Referenzrahmen für Plurale Ansätze zu Sprachen und Kulturen (REPA) (vgl. Candelier et al., 2007, Meißner & Schröder-Sura, 2009) formulierten Begriff der Mehrsprachigkeit sowie bezugnehmend auf die anschließenden damit verbundenen Arbeiten zur Mehrsprachigkeitsdidaktik (*didactique plurilingue*) (z. B. García, 2009, Beacco & Byram, 2007, Candelier & Castellotti, 2013, Candelier & Schröder-Sura, 2016, Fäcke & Meißner, 2019), die von einem sprachenübergreifenden Lehr- und Lernverständnis sowie Kompetenzbegriff ausgehen, wird im vorliegenden Beitrag eine theoriegeleitete Weiterentwicklung der Mehrsprachigkeitsdidaktik in Richtung einer *Integrierten Mehrsprachigkeitsdidaktik* (IMD)[2] vorgestellt. Daraus entsteht eine entsprechende Arbeitsdefinition für die «Sonderprofessur für Integrierte Mehrsprachigkeitsdidaktik», die im Jahr 2018 an der Pädagogischen Hochschule Graubünden (PHGR) eingerichtet worden ist. Ziel der Sonderprofessur ist es u. a., den Begriff der IMD theoretisch zu schärfen, empirisch zu validieren und die IMD im Kontext Schule zu etablieren. Der offiziell dreisprachige Kanton Graubünden bietet sich als Sprach- und somit Forschungslabor für die IMD an, da er sich – aufgrund der regionalen sprachlichen Vielfalt und der relativen Autonomie der Gemeinden bezüglich Festlegung der Schulsprachen – durch eine Vielzahl verschiedener Schulmodelle auszeichnet[3]. Die Arbeitsdefinition stellt somit den Startpunkt

---

Sitta, 1992), *Allgemeine Sprachendidaktik* (Cathomas & Carigiet, 2002), *Integrale Sprachendidaktik* (Cathomas, 2003), *Integrierte Sprachendidaktik* (Le Pape Racine, 2007), *Didaktik der Mehrsprachigkeit* (Wiater, 2006, Sauer & Saudan, 2008) oder eben *Mehrsprachigkeitsdidaktik* (Fäcke & Meißner, 2019). Im angloamerikanischen Raum ist *Translanguaging* als Sprachpraxis und pädagogischer Ansatz verbreitet (García, 2009, García et al., 2017).

2 Wird im Beitrag die Abkürzung IMD verwendet, ist damit die integrierte Mehrsprachigkeitsdidaktik gemäß der hier präsentierten Definition gemeint.

3 Je ein Schulmodell mit jeweils Deutsch, Italienisch, Rätoromanisch als Schulsprache mit zwei Fremdsprachen auf Primarstufe (Modell 3/5) in den drei Sprachregionen, verschieden ausgeprägte obligatorische zweisprachige Schulen in romanischen Sprachgrenzgemeinden (Samedan, Bever etc.) und in der italienischsprachigen Gemeinde Bregaglia (Maloja) (vgl. Todisco, 2013) sowie fakultative zweisprachige Klassenzüge an drei deutschsprachigen Schulen.

für weiterführende Forschung und Entwicklung zum Thema in einem mehrsprachigen Umfeld dar.

Der Beitrag gliedert sich wie folgt: In Abschnitt 2 werden die Arbeitsdefinition und das Arbeitsmodell vorgestellt. Abschnitt 3 ist den theoretischen Grundlagen für eine Operationalisierung des Begriffs IMD gewidmet. In Abschnitt 4 wird die integrierte Betrachtungsweise mit dem individuumsbezogenen, dem sprachlichen, dem methodischen und dem curricularen Gestaltungsfeld präsentiert. Den Abschluss bildet Abschnitt 5 mit einem Ausblick.

2 Arbeitsdefinition und -modell einer IMD

Wie eingangs gezeigt, haben sich im Zusammenhang mit der Mehrsprachigkeitsdidaktik verschiedene Termini etabliert. Hier wird der Terminus *Integrierte Mehrsprachigkeitsdidaktik* verwendet, der folgendermaßen definiert wird:

> Die Integrierte Mehrsprachigkeitsdidaktik (IMD) ist eine Bereichsdidaktik der Sprachen, deren Gegenstand die theoretischen und praktischen Gemeinsamkeiten des Lehrens und Lernens von Sprachen auf der Grundlage der allgemeinen Gütekriterien wirkungsvollen Unterrichts sind. Ihr Forschungs- und Entwicklungsbereich sind die Gestaltungsfelder des Sprachenunterrichts im mehrsprachigen schulischen Kontext und deren individuumsbezogenen, sprachlichen, methodischen und curricularen Implikationen. Die IMD ist dem sprachpolitischen Ziel einer kompetenzorientierten, funktionalen Mehrsprachigkeit verpflichtet.

Diese Arbeitsdefinition ist in erster Linie dem Lehrplan 21 verpflichtet, in dem die Schul- und Fremdsprachen in einem einzigen Fachbereich «Sprachen» zusammengeführt werden und die funktionale Mehrsprachigkeit als Bildungsziel definiert wird (EKUD GR, 2016, S. 5 und 8). Begrifflich orientiert sich die Arbeitsdefinition an Sauer und Saudan (2008), und theoretisch ist sie eine Weiterentwicklung der von Cathomas (2015, S. 153) erarbeiteten «Kennzeichen einer integrierenden Mehrsprachigkeitsdidaktik» sowie der fünf von Neuner (2009, S. 14–15) skizzierten Ebenen (gesellschaftlich-politische, institutionelle, fachliche, unterrichtliche und lernbezogene) eines Modells der Mehrsprachigkeitsdidaktik. Neu sind in der hier vorgeschlagenen Arbeitsdefinition in erster Linie die Gestaltungsfelder, die in Abschnitt 4 erläutert werden.

Die Arbeitsdefinition kann angepasst und verfeinert werden, wenn die Forschungs- und Entwicklungsarbeit der Sonderprofessur neue Erkenntnisse ans Licht bringt und/oder sich Erkenntnisse aus den Implementierungsbestrebungen in der Schule ergeben.

Das Arbeitsmodell (Abb. 1) zeigt die von der Sonderprofessur formulierte IMD-Definition in verdichteter Form und stellt den theoretischen Bezugsrahmen für die aktuelle und künftige Forschungs- und Entwicklungsarbeit an der PHGR dar.

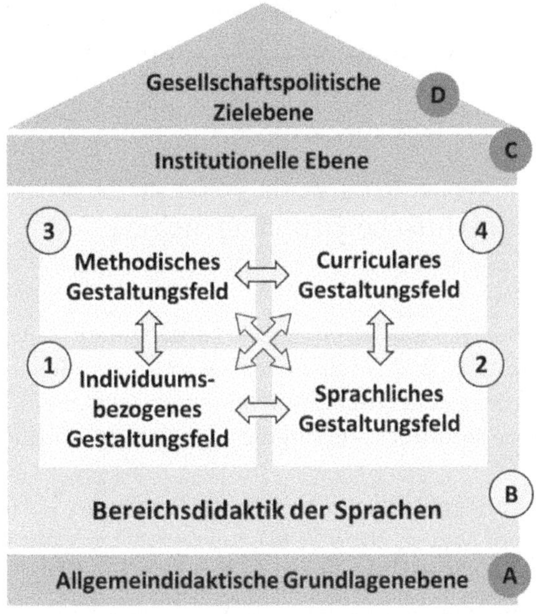

Abb. 1: Das Arbeitsmodell: Ausgangslage (A–D) und Gestaltungsfelder (B1–4) einer Integrierten Mehrsprachigkeitsdidaktik (IMD)

Das Fundament des «Hauses der IMD» bildet die allgemeindidaktische Grundlagenebene (A); überdacht wird die Bereichsdidaktik der Sprachen (B) zunächst von einer institutionellen Ebene (C), d. h. dem jeweiligen schulischen Kontext, und schließlich von einer gesellschaftspolitischen Zielebene (D), die die schulpolitischen Ziele bezüglich Mehrsprachigkeit einer Gesellschaft umfasst. Im Zentrum des Hauses befindet sich die Bereichsdidaktik der Sprachen, die aus vier verschiedenen Perspektiven betrachtet werden kann: einer individuumsbezogenen (B1), einer sprachlichen (B2), einer methodischen (B3) und einer curricularen (B4). Diese vier Perspektiven stellen die sogenannten Gestaltungsfelder dar, die nicht getrennt voneinander agieren, sondern miteinander in Beziehung treten. Die vier Ebenen des Hauses (A–D) bilden zusammen die IMD.

Arbeitsdefinition und Arbeitsmodell bilden zusammen und in gegenseitiger Wechselwirkung die Grundlage der Forschungs- und Entwicklungsarbeit der Sonderprofessur IMD an der PHGR. Das theoriegestützte Arbeitsmodell, dessen zentrale Elemente im Folgenden präsentiert werden, soll es erlauben, die IMD oder Teile davon zu operationalisieren und im Unterricht umzusetzen.

3 Allgemeindidaktische Grundlagenebene

Gemäß dem hier präsentierten Verständnis bilden allgemeindidaktische Prinzipien, d. h. Prinzipien des wirkungsvollen Lehrens und Lernens, das Fundament jeden Sprachenunterrichts. Insofern ist guter Sprachenunterricht immer auch guter Unterricht (Cathomas, 2015, S. 151).

Didaktik, verstanden als «Theorie und Praxis des Lernens und des Lehrens» (Jank & Meyer, 2019, S. 14), befasst sich sowohl mit der Theoriebildung als auch mit der empirischen, praktischen Theorieüberprüfung. Die Zugänge stehen in einem Wechselverhältnis: «Nur durch empirische Forschung können theoretisch-konzeptionelle Entwürfe rational begründet und auf ihre Tauglichkeit im Praxisfeld überprüft werden, umgekehrt ist jede Empirie auf die sorgfältige theoretische Modellierung ihrer Gegenstände angewiesen.» (Budde et al., 2012, S. 14)

Die «Tätigkeit des Lehrens» wird in der IMD als eine «Gestaltungsprofession» verstanden (vgl. Staub, 2001, S. 182). Dieser Ansatz ähnelt dem im angloamerikanischen Raum weit verbreiteten Verständnis der Didaktik als *Instructional Design* (vgl. etwa Zierer & Seel, 2012). Die Didaktik wird als «Designprofession» gesehen, die sich mit der Frage auseinandersetzt, wie «in der Realität mittels eingreifender Handlungen, ausgehend von einer gegebenen Situation, wünschbare Veränderungen bewirkt werden können» (Staub, 2001, S. 182). Designprofessionen sind in spezifischen Situationen immer wieder mit neuen Herausforderungen konfrontiert, deren Lösungen nicht auf einfache Weise durch direkten Rückgriff auf wissenschaftliche Theorien gefunden oder hergeleitet werden können. Vielmehr bleiben die in einer bestimmten praktischen Situation jeweils eingesetzten Handlungs- und Verhaltensweisen als Folge der Dynamik und Komplexität (unterrichtlichen) Handelns immer auch vorläufig und ambig (vgl. Schön, 1987, S. 157). Insofern setzt sich die zu untersuchende didaktische Praxis aus einer Vielzahl von individuell gefärbten und sozial ausgehandelten Aktivitäten zusammen und wird somit ein zentraler Bestandteil eines hybriden, immer wieder aktualisierten Gestaltungsfeldes, in dem fortlaufend explizite und/oder implizite Erfahrungswelten erzeugt werden[4].

Da das jeweilige Instruktionsverhalten erfahrener Lehrkräfte flexibel ist und nur begrenzt explizit reflektiert wird, werden auch wesentliche implizite Gestaltungselemente unterrichtlichen Handelns aktiviert. Praktisches Können ist nicht einfach reine Wissensanwendung. Es geht vielmehr um die kreative, kontext- und beziehungssensible Generierung von nachhaltigen Lehr- und Lerngelegenheiten. Lehrpersonen tun nicht einfach, was sie «wissen», sondern reagieren

4 Vgl. hierzu auch den Ansatz der sogenannten «Praxeologie», der etwa in Hu (2019) und in Deppermann et al. (2016) ausführlich beschrieben wird, und Forschungsansätze, die Tulodziecki et al. (2013) unter dem Begriff «Gestaltungsorientierte Bildungsforschung» zusammenfassen.

und gestalten Unterricht oftmals intuitiv, assoziativ, prozedural und episodisch mit einer nicht immer von außen zugänglichen Logik (Neuweg, 2011, S. 36).

Aber auch «intuitiv-improvisierendes» Gestalten «[unterliegt –] wie jedes professionelle Handeln [–] einer Begründungsverpflichtung», die mindestens in ihren wesentlichen Entscheidungen theoriegeleitet sein muss, wie Neuweg (2011, S. 41) treffend ausführt. Die theoretische Erkenntnisebene hat die bedeutsame aufklärerische Aufgabe, Kontext-, Bildungs-, Hintergrunds-, Erklärungs-, Reflexions- und Begründungswissen aufzubauen (Neuweg, 2011, S. 40).

4 Integrierte Betrachtungsweise

Der seit den 40er-Jahren des letzten Jahrhunderts dominierende formalistisch-strukturalistische Ansatz der Sprachendidaktik hat sich in den 70er-Jahren über die sogenannte kommunikative Wende zu einem kommunikativen Ansatz entwickelt (Chini & Bosisio, 2014, S. 195–217). Eine Fremdsprache zu lehren bedeutet demnach nicht mehr ausschließlich, deren grammatikalische Regeln zu vermitteln, sondern den kommunikativen Bedürfnissen der Lernenden gerecht zu werden. Die scharfe Trennung zwischen formalistisch und kommunikativ geprägtem Fremdsprachenunterricht wurde zu Beginn der 90er-Jahre durch den integrierten Ansatz aufgeweicht (Chini & Bosisio, 2014, S. 217).

Mit dem Attribut *integriert* wird der Fokus auf die Vernetzung der Sprachen gelegt. Entsprechend ist das Ziel der IMD eine «vernetzende, Sprachen miteinander verbindende, synergetisch auf Mehrsprachigkeit ausgerichtete und auf die lernrelevanten Vorkenntnisse der Schülerinnen und Schüler zurückgreifende integrative Steuerung» (Meißner, 2019, S. 409)[5].

5 Eine solche integrierte Betrachtungsweise hat, begünstigt durch die europäische Sprachenpolitik, schließlich zu den Pluralen Ansätzen geführt, zu denen

Als *Bereichsdidaktik* (der Sprachen), die sich einerseits an der *allgemeinen Didaktik* orientiert und andererseits Erkenntnisse aus den einzelnen *Fachdidaktiken* der Sprachen mit einschließt (Ebene B), basiert die IMD wie eben ausgeführt auf theoretisch begründeten und evidenzbasierten allgemeinen Gütekriterien wirkungsvollen Unterrichts (Ebene A). Ein sogenannter bereichsdidaktischer Ansatz bietet sich an, um allfällige Überschneidungen und Redundanzen in den verschiedenen Sprachdidaktiken zu minimieren.

Nachfolgend werden in Anlehnung an Cathomas (2015, S. 152–153) das individuumsbezogene, das sprachliche, das methodische und das curriculare Gestaltungsfeld vorgestellt. In der IMD werden diese nicht separat, sondern als dynamische, interagierende Bereiche verstanden. Jedes dieser vier Gestaltungsfelder besteht seinerseits aus einer Anzahl an Unterkategorien, die dem jeweiligen Kontext bzw. der jeweiligen Forschungsfrage entsprechend ausgewählt und angepasst werden müssen (vgl. für einen Überblick der Kennzeichen Cathomas, 2015, S. 153).

4.1 Individuumsbezogenes Gestaltungsfeld

Lernen ist aus neuropsychologischer Perspektive ein ständiger konstruktiver Prozess, in welchem davon ausgegangen wird, dass jeder Lernende seinen je individuellen Zugang zur Welt hat und diese in Interaktion mit seiner Umwelt (mit-)gestaltet (Roth, 2011, S. 242–244). Dabei dienen die subjektiven Vorerfahrungen und das vorhandene Vorwissen als Basis für den Aufbau neuen Wissens und Könnens.

Affekte und Emotionen spielen beim Lernen eine äußerst bedeutsame Rolle (Damasio, 2000; Roth, 2011, v. a. S. 178–196). Positive oder negative Erfahrungen beeinflussen das Selbstkonzept der Lernenden und haben auch einen wesentlichen Einfluss auf das Lernen von Sprachen (Böttger & Sambanis, 2017, S. 48). Daher ist es lernpsychologisch

---

die interkulturelle Herangehensweise (vgl. Byram, 2010), die integrierte Fremdsprachendidaktik (z. B. Cavalli, 2005), die Interkomprehension (vgl. Candelier et al., 2007) und der Éveil aux langues gezählt werden können (Chini & Bosisio, 2014, S. 222–223).

bedeutsam, die vorhandenen sprachlich(-kulturell)en Ressourcen der SchülerInnen aktiv zu nutzen, wie dies u. a. auch der pädagogische Ansatz des *Translanguaging* postuliert (vgl. García et al., 2017, S. 49–50). Translanguaging hat allerdings auch eine Kehrseite, wie verschiedene Studien zeigen. Einerseits kann eine unkontrollierte Dynamik in heterogenen Klassen dazu führen, dass gesellschaftlich dominante Sprachen auch im Klassenzimmer die Oberhand gewinnen und Minderheitensprachen an den Rand gedrängt werden (Hamman, 2018; Caglia & Knoll, eingereicht). Andererseits hat der Einbezug von Herkunftssprachen während den Schullektionen u. a. zur Folge, dass SchülerInnen sich exponiert fühlen (Barras et al., 2019; Peyer et al., 2020).

Offenbar besteht im individuumsbezogenen Gestaltungsfeld noch Wissens- und Handlungsbedarf. Es fehlt in der bisherigen Konzipierung der Mehrsprachigkeitsdidaktik eine wissenschaftliche Grundlage, damit im Unterricht die interkulturelle Sensibilität und methodische Effizienz gestärkt werden kann.

4.2 Sprachliches Gestaltungsfeld

Angesichts der häufiger auftretenden individuellen Mehrsprachigkeit von Schulkindern, des stärkeren Fokus auf innere Mehrsprachigkeit und der mehrsprachigen Schulpraxis gilt es, eine Mehrsprachigkeitskompetenz ins Auge zu fassen, die man unter der funktionalen Mehrsprachigkeit (s. 4.4) subsumieren und mit Berthele (2010, S. 225) als «dynamisches Repertoire» definieren kann, das nicht mehr einzig der formalen Korrektheit des Sprachgebrauchs verpflichtet ist. Dies setzt ein Umdenken voraus, das «der monolingualen oder multipel monolingualen Sichtweise den Begriff der (mehrsprachigen) kommunikativen Kompetenz gegenüber[stellt]» (Berthele, 2010, S. 226). Aus dieser Perspektive heraus ist es opportun, das Gemeinsame der Sprachen als Potential zu erkennen: Die konsequente Nutzung der Verwandtschaft oder Ähnlichkeit zwischen Sprachen kann als mögliche Ressource für einen leichteren Zugang zur Mehrsprachigkeit verstanden werden. Insbesondere in der Vergangenheit wurden jedoch bevorzugt die Probleme statt der Chancen eines mehrsprachigen Repertoires thematisiert (vgl. u. a. Brohy, 2009; Cathomas & Carigiet, 2008): Das Hinweisen auf und das Beherrschen von «falschen Freunden» (Interferenzen) war wichtiger als das Finden der «guten Freunde», also jenes sprachlichen Vorwissens oder jener Transferprozesse, die als Grundlage für das Entschlüsseln und Aufbauen von neuem Sprachenwissen dienen können. So wird heute in der Sprachlehr-Lernforschung davon ausgegangen, dass während des Zweit- oder Drittsprachenerwerbs immer auch auf das Vorwissen in der Erstsprache zurückgegriffen wird bzw. dass eine korrelative Interdependenz zwischen Erst- und Zweitsprachenkompetenz besteht (Bayer, 2011, S. 49–51). Diese positiven Transfers könnten gemäß den mehrsprachigkeitsdidaktischen Ansätzen der *Interkomprehension* «den Lernenden [helfen], einen unbekannten fremdsprachlichen Text schneller zu entschlüsseln» (Hufeisen, 2005, S. 28)[6]. In diesem Sinn ist die IMD eine «Didaktik, die die monolingualen Grenzen überschreitet und die Sprachkompetenz als Ganzes betrachtet» (Berthele, 2010, S. 236).

4.3 Methodisches Gestaltungsfeld

Das methodische Gestaltungsfeld beschäftigt sich mit der «Wie-Frage» des Lehrens und Lernens (Jank & Meyer, 2019, S. 24–25). Methoden systematisieren und strukturieren den Lehr- und Lernweg. Dieser kann in verschiedenen Phasen, wie Einstiegs-, Erarbeitungs- oder Ergebnissicherungsphase gegliedert werden. Lernen kann induktiv-entdeckend oder deduktiv initiiert werden. Lernen kann als Frontalunterricht, in Gruppenformaten oder als Einzelarbeit organisiert werden (Meyer, 2015).

Auch im (Fremd-)Sprachenunterricht findet sich eine Vielzahl verschiedener Methoden. «Die historische Entwicklung des

6 Vgl. hierzu Fäcke & Meißner (2019, S. 289–329 und S. 333–415). Für eine kritische Reflexion des Ansatzes der Interkomprehension vgl. die psycholinguistischen Studien von Vanhove & Berthele (2015, 2018) sowie Lambelet & Mauron (2017).

Fremdsprachenunterrichts lässt sich durchaus auch an der Aufeinanderfolge von Methoden ablesen» (Jung, 2001, S. 137). Zudem wird im Sprachenunterricht oftmals zwischen erwerbsorientierten Ansätzen, wie etwa Immersion, Embedding und bilingualem Sachunterricht/CLIL, und nicht-erwerbsorientierten Formaten, wie *Éveil aux langues* und Begegnung mit Sprachen/Language awareness (ELBE), unterschieden (vgl. u. a. Schader, 2012, S. 60–64). Den meisten entsprechenden Überlegungen zur integrierten Mehrsprachigkeitsdidaktik gemein ist das Bestreben, die spielerischen, unbewussten Methoden des Sprachenlernens durch die reflexive Beschäftigung mit Sprachen zu ergänzen sowie die Wissenskonstruktion durch Lernerautonomie und Einbezug authentischer Materialien zur Förderung einer «Diskursfähigkeit», die über die traditionelle kommunikative Kompetenz hinausgeht, zu ermöglichen (Wolff, 2002, S. 11; s. auch Dausend, 2014). Der integrierte Sprachenunterricht überwindet also die Abgrenzung zwischen bewussten und unbewussten Methoden.

4.4 Curriculares Gestaltungsfeld

Das curriculare Feld beschreibt die im schulischen Kontext umgesetzte organisatorische Gestaltung von bildungspolitisch festgelegten Standards und Konzepten in Lehrplänen, Stundentafeln und Lehrmitteln. Konkret geht es beispielsweise um die Frage, «welche bereits bestehenden [zeitlichen; die Autorenschaft] Gefäße des Unterrichts für das Sprachenlernen besser genutzt werden könnten» (Cathomas, 2015, S. 149, der sich auf Krumm, 2004 bezieht). Gelmi (2005) weist darauf hin, dass der integrative Sprachenunterricht ein planerisches Umdenken erfordert und einer Koordination der Stundentafel in Richtung fächer- und stufenübergreifendes Lernen und Lehren bedarf, wobei die Frage offen ist, wie sich das Konzept der IMD in das herkömmliche Schulsystem integrieren lässt. Die Herstellung von Beziehungen zwischen den Sprachen bzw. ein sprachenübergreifendes Lehren und Lernen der Sprachen ist nämlich einerseits von der horizontalen Kohärenz abhängig, der «Koordination der Inhalte, Ziele und Methoden in allen Sprachfächern, inklusive Schulsprache» (Egli Cuenat et al., 2010, S. 111), andererseits aber auch von der vertikalen Kohärenz, d. h. dem koordinierten Sprachenangebot zwischen den verschiedenen Schulstufen. Diese curricularen Grundbedingungen für einen wirkungsvollen Sprachenunterricht finden sich auch im Gesamtsprachenkonzept der EDK (1998), im Gemeinsamen Europäischen Referenzrahmen für Sprachenkompetenz (GER) von 2001 und der aktualisierten Version (Council of Europe, 2018).

Auf der gesellschaftspolitischen (D) wie auch auf der institutionellen Ebene des schulischen Kontexts (C), um den es hier primär geht, hat sich in den letzten Jahrzehnten eine sogenannte «funktionale Sichtweise der Mehrsprachigkeitskompetenz» etabliert. Gemäss Definition des GER, welche die EDK (2004) und der Lehrplan 21 (LP21) (EKUD GR, 2016) übernommen haben, bezeichnet funktionale Mehrsprachigkeit die Fähigkeit, «Sprachen zum Zweck der Kommunikation zu benutzen und sich an interkultureller Interaktion zu beteiligen» (Trim et al., 2001, S. 163). Im LP21 wird sie als «vielfältiges, dynamisches Repertoire mit unterschiedlich weit fortgeschrittenen Kompetenzen in verschiedenen Kompetenzbereichen bzw. Sprachen [...], um in unterschiedlichen Situationen sprachlich erfolgreich handeln zu können» (EKUD GR, 2016, S. 58), verstanden. Damit fällt die jahrzehntelang verbreitete Vorstellung, eine (Fremd-)Sprache gelte nur dann als gelernt, wenn sie formal möglichst einwandfrei beherrscht wird[7].

7 Berthele (2010, S. 227) reflektiert hierzu kritisch über die beiden Extrempositionen der «Enthusiast/-innen einerseits, die Loblieder auf möglichst frühe Mehrsprachigkeit singen, ohne dabei der sprachsoziologischen Normativität und der bildungssoziologischen Filterfunktion von formaler Sprachrichtigkeit in westlichen Gesellschaften Rechnung zu tragen, und [der] Normativist/-innen andererseits, die primär ‹perfekte› Sprachkenntnisse zumindest in der Schulsprache einfordern, bevor das mehrsprachige Repertoire aufgebaut werden kann und soll». Mitgedacht und berücksichtigt werden müssen in diesem Zusammenhang auch die laufenden Diskussionen zur Bedeutung der sogenannten «Bildungssprache» (vgl. etwa Feilke 2013).

5 Ausblick

Die Forschungsarbeit der Sonderprofessur IMD widmet sich den aus theoretischem Wissen und praktischem Können generierten dynamischen und zyklisch verlaufenden impliziten und expliziten Gestaltungsprozessen des Lehrens und Lernens von Sprachen.

Die Operationalisierung der vier Gestaltungsfelder steht noch aus (vgl. Abb. 1); die Aufgaben der Sonderprofessur in diesem Bereich sind vielfältig. So gilt es aus *individuumsbezogener* Perspektive, Wissen zu generieren, welche mehrsprachigkeitsdidaktischen Methoden in den Lernmaterialien für das Sprachenlernen nützlich sind und wie diese bei den SchülerInnen ein positives Selbstkonzept bezüglich der Mehrsprachigkeit fördern können. Aus *methodischer* Perspektive geht es um geeignete Verfahren, um das Prinzip der Sprachenordnung einzuführen sowie bewusste und unbewusste Strategien für das wirksame Sprachenlernen zu kombinieren. Aus der *sprachlichen* Perspektive muss der Frage nachgegangen werden, wie die IMD mit möglichen Anfangsvorteilen von SchülerInnen umzugehen hat bzw. wie sie auch SchülerInnen mit geringeren sprachlichen und kognitiven (Start-)Kompetenzen möglichst erfolgreich in ihrem Spracherwerb unterstützt. Die *curriculare* Perspektive betreffend wird die Frage zu beantworten sein, wie die vertikale Kohärenz mit einer auf die Lernfortschritte aufbauenden Kontinuität über die Schulstufen und Schnittstellen hinweg erreicht werden kann (vgl. das Konzept des Gesamtsprachencurriculums nach Hufeisen, 2011).

Wichtig ist dabei, dass die Perspektiven miteinander verknüpft werden: So kombiniert die Frage nach Methoden, die Vorurteile über bestimmte Sprachen nicht verstärken, sondern hinterfragen, die methodische mit der individuumsbezogenen Perspektive. Die Frage, wie eine horizontale Kohärenz mit gewinnbringenden Sprachvergleichen sowie transcurricularem und interkulturellem Lehren und Lernen der Sprachen (vgl. Dausend, 2014) u. a. in Lehrmitteln umgesetzt werden kann, verknüpft die methodische mit der curricularen Perspektive. Die Frage, ob und mit welchen Methoden die Kennzeichen des «linguistischen Zugangs» (Cathomas, 2015, S. 152–153) mit den systematischen

Sprachvergleichen, dem «systematisierte[n] Nachdenken über [...] Gemeinsamkeiten und Unterschiede zwischen den Sprachen (Metalinguistik)» und dem «Einüben von Sprachlernstrategien» für alle SchülerInnen und in jeder Altersstufe für den Spracherwerb von Vorteil sind, kombiniert die methodische mit der sprachlichen Perspektive. Die Verknüpfung dieser vier Perspektiven im Rahmen der IMD bietet schließlich eine Basis, um diese erfolgreich zu implementieren.

All dem übergeordnet situiert sich die plurilinguale Perspektive, welche den monolingualen Habitus der Schule verneint und aufgrund eines integrierten Ansatzes «das Dogma der absoluten Einsprachigkeit im (Fremd-)Sprachenunterricht hinterfragt» (Berthele, 2010, S. 236).

Das mit der Definition verknüpfte Arbeitsmodell (Abb. 1) dient als Ausgangslage für die Weiterentwicklung und Operationalisierung der IMD. Diese wird sich empirisch mit den verschiedenen Gegenständen des Modells auseinandersetzen, wobei die verschiedenen Bezüge und mögliche Synergien zwischen den einzelnen Sprachen ein wichtiges Element der IMD darstellen.

Langfristiges Ziel der Sonderprofessur an der PHGR ist es, mehrsprachigkeitsdidaktische Konzepte zu entwickeln, die nicht nur auf die schulsprachlichen Begebenheiten des Kantons Graubünden abgestimmt sind, sondern auch im nationalen und internationalen Kontext eingesetzt werden können.

Literaturverzeichnis

Barras, M., Peyer, E. & Lüthi, G. (2019). Mehrsprachigkeitsdidaktik im schulischen Fremdsprachenunterricht: Die Sicht der Lehrpersonen. *Zeitschrift für Interkulturellen Fremdsprachenunterricht, 24*(2), 377–403.

Bayer, N. (2011). *Entwicklung der Sprachkompetenzen in der Erst- und Zweitsprache von Migrantenkindern: Ergebnisse aus Leistungsmessungen bei fremdsprachigen Zürcher Kindergartenkindern.*

Dissertation Universität Zürich. https://opac.nebis.ch/exlibris/aleph/u23_1/apache_media/18QDBCGD8Y17HTLVGX3Q6IYY631P8E.pdf (04.09.2021)

Beacco, J.-C. & Byram, M. (2007). *From linguistic diversity to plurilingual education. Guide for the development of language education policies in Europe.* Council of Europe; Language Policy Division. https://rm.coe.int/16802fc1c4 (04.09.2021)

Berthele, R. (2010). Mehrsprachigkeitskompetenz als dynamisches Repertoire – Vorüberlegungen zu einer integrierten Sprachendidaktik. In F. Bitter Bättig & A. Tanner (Hg.), *Sprachen lernen – Lernen durch Sprache* (S. 225–239). Seismo.

Böttger, H. & Sambanis, M. (2017). *Sprachen lernen in der Pubertät.* Narr Francke Attempto.

Brohy, C. (2009). Integrierte (Sprachen-)Didaktik und ganzheitliches Curriculum – ein Atelierbericht. In A. Metry, E. Steiner & T. Ritz (Hg.), *Fremdsprachenlernen in der Schule* (S. 181–193). hep.

Budde, M., Riegler, S. & Wiprächtiger-Geppert, M. (2012). *Sprachdidaktik.* de Gruyter.

Byram, M. (2010). Linguistic and intercultural education for *Bildung* and citizenship. *The Modern Language Journal, 94*(2), 317–321.

Caglia, D. & Knoll, A. (eingereicht). «E sin rumantsch?» Vom Umgang mit Mehrsprachigkeit, Rätoromanischförderung und der Dominanz des Deutschen in mehrsprachigen Schulklassen im Kanton Graubünden. *Schweizerische Zeitschrift für Bildungswissenschaften.*

Candelier, M., Camilleri-Grima, A., Castellotti, V., Pietro, J.-F. de, Lörincz, I., Meißner, F.-J., Schröder-Sura, A. & Noguerol, A. (2007). *Le CARAP – Un cadre de référence pour les approches plurielles des langues et des cultures. Compétences et ressources.* Série de rapports Recherche et Développement du CELV. https://carap.ecml.at/Portals/11/documents/C4pub2007F_20080228_FINAL.pdf (04.09.2021)

Candelier, M. & Castellotti, V. (2013). Didactique(s) du/des plurilinguisme(s). In J. Simonin & S. Wharton (Hg.), *Sociolinguistique du contact. Dictionnaire des termes et concepts* (S. 179–221). ENS Édition.

Candelier, M. & Schröder-Sura, A. (2016). Mehrsprachigkeitsdidaktik et Didactique du plurlinguisme: Structure du champ et terminologie – Quelques repères. *Synergies Pays germonophones* (9), 33–46. http://gerflint.fr/Base/Paysgermanophones9/candelier_schroder.pdf (04.09.2021)

Cathomas, R. (2003). Einblicke in eine integrale Sprachendidaktik. *Babylonia, 3–4*, 64–67.

Cathomas, R. (2015). Das Projekt «Schritte in die Mehrsprachigkeit»: Ein (geglückter) Versuch, die theoretischen Grundlagen einer integrierenden Mehrsprachendidaktik aus der Praxis und für die Praxis zu entwickeln. In C. Villiger & U. Trautwein (Hg.), *Zwischen Theorie und Praxis: Ansprüche und Möglichkeiten in der Lehrer(innen)bildung* (S. 147–167). Waxmann.

Cathomas, R. & Carigiet, W. (2002). *Einführung in eine allgemeine Sprachendidaktik. Der sprachdidaktische Würfel.* Bildung Sauerländer.

Cathomas, R. & Carigiet, W. (2008). *Top-Chance Mehrsprachigkeit: Zwei- und mehrsprachige Erziehung in Familie und Schule.* Schulverlag.

Cavalli, M. (2005). *Éducation bilingue et plurilinguisme des langues. Le cas du Val d'Aoste*. Éditions Didier.

Chini, M. & Bosisio, C. (2014). *Fondamenti di glottodidattica: Apprendere e insegnare le lingue oggi.* Carocci.

Council of Europe. (2018). *Common European Framework of Reference for Languages: Learning, Teaching, Assessment: Companion Volume with new Descriptors.* www.coe.int/lang-cefr (04.09.2021)

Damasio, A. R. (2000). *Ich fühle, also bin ich. Die Entschlüsselung des Bewusstseins.* List.

Dausend, H. (2014). *Fremdsprachen transcurricular lehren und lernen: Ein methodischer Ansatz für die Grundschule.* Narr.

EDK. (1998). *Welche Sprachen sollen die Schülerinnen und Schüler der Schweiz während der obligatorischen Schulzeit lernen? Bericht einer von der Kommission für Allgemeine Bildung eingesetzten Expertengruppe «Gesamtsprachenkonzept» (15. Juli 1998)*. Bern.

EDK. (2004). *Sprachenunterricht in der obligatorischen Schule: Strategie der EDK und Arbeitsplan für die gesamtschweizerische Koordination. Beschluss der EDK (25. März 2004)*. https://edudoc.ch/record/30008?ln=de (04.09.2021)

Egli Cuenat, M., Manno, G. & Le Pape Racine, C. (2010). Lehrpläne und Lehrmittel im Dienste der Kohärenz im Fremdsprachencurriculum der Volksschule. *Beiträge zur Lehrerinnen- und Lehrerbildung, 28*(1), 109–124.

EKUD GR. (2016). *Lehrplan 21 Graubünden*. gr-d.lehrplan.ch

Europarat. (2001). *Gemeinsamer europäischer Referenzrahmen für Sprachen: Lernen, Lehren, Beurteilen (GER)*. Langenscheidt.

Fäcke, C. & Meißner, F.-J. (Hg.). (2019). *Handbuch Mehrsprachigkeits- und Mehrkulturalitätsdidaktik*. Narr Francke Attempto.

Feilke, H. (2013). Bildungssprache und Schulsprache – am Beispiel literal argumentativer Kompetenzen. In M. Becker-Mrotzek, K. Schramm, E. Thürmann & H. J. Vollmer (Hg.), *Sprache im Fach: Sprachlichkeit und fachliches Lernen* (S. 113–130). Waxmann.

Flügel, C. & Sitta, H. (1992). Theoretische Probleme einer integrierten Didaktik Muttersprache/Zweitsprache. In R. Gelmi & A. Saxalber (Hg.), *Integrierte Sprachdidaktik: Muttersprache – Zweitsprache. Theoretische Beiträge. / Didattica linguistica integrata: madrelingua – seconda lingua. Apporti teorici* (S. 9–21). Pädagogisches Institut.

García, O. (2009). Education, multilingualism and translanguaging in the 21st century. In T. Skutnabb-Kangas, R. Phillipson, A. K. Mohanty & M. Panda (Hg.), *Linguistic diversity and language rights. Social justice through multilingual education* (S. 140–158). Multilingual Matters.

García, O., Ibarra Johnson, S. & Seltzer, K. (2017). *The translanguaging classroom: Leveraging student bilingualism for learning*. Caslon.

Gelmi, R. (2005). Integrative Sprachdidaktik. Einige Überlegungen. In H.-L. Krechel (Hg.), *Mehrsprachiger Fachunterricht in Ländern Europas* (S. 143–148). Narr.

Hamman, L. (2018). Translanguaging and positioning in two-way dual language classrooms: a case for criticality. *Language and Education, 32*(1), 21–42. https://doi.org/10.1080/09500782.2017.1384006 (04.09.2021)

Hu, A. (2019). Sprachlichkeit, Identität, Kulturalität. In C. Fäcke & F.-J. Meißner (Hg.), *Handbuch Mehrsprachigkeits- und Mehrkulturalitätsdidaktik* (S. 17–24). Narr Francke Attempto.

Hufeisen, B. (2005). Fit für Babel. *Gehirn&Geist*(6), 28–33.

Hufeisen, B. (2011). Gesamtsprachencurriculum. Weitere Überlegungen zu einem prototypischen Modell. In R. S. Baur & B. Hufeisen (Hg.), *«Vieles ist sehr ähnlich»: Individuelle und gesellschaftliche Mehrsprachigkeit als bildungspolitische Aufgabe* (S. 265–282). Schneider Hohengehren.

Jank, W. & Meyer, H. (2019). *Didaktische Modelle* (13. Aufl.). Cornelsen Scriptor.

Jung, L. (2001). *99 Stichwörter zum Unterricht – Deutsch als Fremdsprache*. Hueber.

Krumm, H.-J. (2004). Von der additiven zur curricularen Mehrsprachigkeit. In K.-R. Bausch, F. G. Königs & H.-J. Krumm (Hg.), *Mehrsprachigkeit im Fokus. Arbeitspapiere der 24. Frühjahrskonferenz zur Erforschung des Fremdsprachenunterrichts* (S. 105–112). Narr.

Lambelet, A. & Mauron, P.-Y. (2017). Receptive multilingualism at school: an uneven playing ground? *International Journal of Bilingual Education and Bilingualism, 20*(7), 854–867. https://doi.org/10.1080/13670050.2015.1114583 (04.09.2021)

Le Pape Racine, C. (2007). Integrierte Sprachendidaktik. Immersion und das Paradoxe an ihrem Erfolg. *Beiträge zur Lehrerinnen- und Lehrerbildung, 25*(2), 156–167.

Meißner, F.-J. (2019). Mehrsprachigkeitsdidaktik und Interkomprehension: Forschungsstand und Perspektiven. In C. Fäcke & F.-J.

Meißner (Hg.), *Handbuch Mehrsprachigkeits- und Mehrkulturalitätsdidaktik* (S. 408–413). Narr Francke Attempto.

Meißner, F.-J. & Schröder-Sura, A. (2009). *RePa. Referenzrahmen für Plurale Ansätze zu Sprachen und Kulturen: Überarbeitete Fassung auf der Grundlage der 2. Version des CARAP – Juli 2007.* http://archive.ecml.at/mtp2/publications/C4_RePA_090724_IDT.pdf (04.09.2021)

Meyer, H. (2015). *Unterrichts-Methoden II. Praxisband* (15. Auflage). Cornelsen.

Neuner, G. (2009). Zu den Grundlagen und Prinzipien der Mehrsprachigkeitsdidaktik und des Tertiärsprachenlernens. *Babylonia, 4*, 14–17.

Neuweg, G. H. (2011). Distanz und Einlassung: Skeptische Anmerkungen zum Ideal einer «Theorie-Praxis-Integration» in der Lehrerbildung. *Erziehungswissenschaft, 22*(43), 33–45.

Peyer, E., Barras, M. & Lüthi, G. (2020). Including home languages in the classroom: a videographic study on challenges and possibilities of multilingual pedagogy. *International Journal of Multilingualism*, 1–16. https://doi.org/10.1080/14790718.2020.1736080 (04.09.2021)

Roth, G. (2011). *Bildung braucht Persönlichkeit: Wie Lernen gelingt* (2. Aufl.). Klett-Cotta.

Sauer, E. & Saudan, V. (2008). *Aspekte einer Didaktik der Mehrsprachigkeit: Vorschläge zur Begrifflichkeit. Dokument der Arbeitsgruppe Rahmenbedingungen (August 2008).* https://www.fremdsprachenunterricht.ch/services/downloads/download/668/get (04.09.2021)

Schader, B. (2012). *Sprachenvielfalt als Chance: Das Handbuch. Hintergründe und 101 praktische Vorschläge für den Unterricht in mehrsprachigen Klassen.* Orell Füssli.

Schön, D. A. (1987). *Educating the reflective practitioner: Toward a new design for teaching and learning in the professions.* Jossey-Bass.

Staub, F. C. (2001). Fachspezifisch-pädagogisches Coaching: Theoriebezogene Unterrichtsentwicklung zur Förderung von Unterrichtsexpertise. *Beiträge zur Lehrerbildung, 19*(2), 175–198.

Todisco, V. (2013). *Scuola bilingue e plurilinguismo a Maloja*. Südostschweiz Buchverlag.

Trim, J., North, B., Coste, D. & Sheils, J. (2001). *Gemeinsamer europäischer Referenzrahmen für Sprachen: Lernen, lehren, beurteilen*. Langenscheidt.

Tulodziecki, G., Grafe, S. & Herzig, B. (2013). *Gestaltungsorientierte Bildungsforschung und Didaktik: Theorie – Empirie – Praxis*. Klinkhardt. http://www.content-select.com/index.php?id=bib_view&ean=9783781553187 (04.09.2021)

Vanhove, J. & Berthele, R. (2015). The lifespan development of cognate guessing skills in an unknown related language. *International Review of Applied Linguistics in Language Teaching, 53*(1), 1–38. https://doi.org/10.1515/iral-2015-0001 (04.09.2021)

Vanhove, J. & Berthele, R. (2018). Testing the interdependence of languages (HELASCOT project). In R. Berthele & A. Lambelet (Hg.), *Heritage and school language literacy development in migrant children: Interdependence or independence?* (S. 97–118). Multilingual Matters.

Wiater, W. (2006). Didaktik der Mehrsprachigkeit. In W. Wiater (Hg.), *Didaktik der Mehrsprachigkeit: Theoriegrundlagen und Praxismodelle* (S. 57–72). Verlag Ernst Vögel.

Wolff, D. (2002). Fremdsprachenlernen als Konstruktion. Einige Anmerkungen zu einem viel diskutierten neuen Ansatz in der Fremdsprachendidaktik. *Babylonia*, *4*(02), 7–14.

Zierer, K. & Seel, N. M. (2012). General didactics and instructional design: Eyes like twins. A transatlantic dialogue about similarities and differences, about the past and the future of two sciences of learning and teaching. *Springerplus*, *17*, 1–15. https://doi.org/10.1186/2193-1801-1-15 (04.09.2021)

Kathrin Jonas Lambert & Antje Barabasch

Eidgenössisches Hochschulinstitut für Berufsbildung (EHB)
(Kathrin.JonasLambert@hefp.swiss; Antje.Barabasch@ehb.swiss)

Bilingualen Berufskundeunterricht in der Schweizer Berufsbildung umsetzen

Zusammenfassung. In diesem Beitrag reflektieren wir die Bedeutung von bilingualem Unterricht in der Berufsbildung Schweiz. Nachdem wir auf dessen institutionelle Entstehungsgeschichte eingegangen sind, beschreiben wir, wie sich der Ansatz des bilingualen Unterrichts lerntheoretisch entwickelt hat. Durch die Modellierung von bilingualem Unterricht als CLIL, wird die grundsätzliche Bedeutung von Sprache beim Wissenserwerb herausgebildet. Wir begründen und illustrieren anhand eines konkreten Unterrichtsbeispiels, wie man bilingualem Unterricht/CLIL Aufgaben- und handlungsorientiert gestalten kann und welche Rolle scaffolding dabei spielt. Wir diskutieren abschliessend, welche Kriterien ausschlaggebend für die erfolgreiche Einführung von bilingualem Unterricht in der Berufsbildung sind.

Schlüsselwörter: Bilingualer Unterricht/CLIL, Berufsbildung, Diskursfähigkeit, scaffolding, Aufgaben- und Handlungsorientierung

Résumé. Dans cet article, nous réfléchissons à l'importance de l'enseignement bilingue dans la formation professionnelle en Suisse. Après avoir retracé son histoire institutionnelle, nous décrivons comment l'approche de l'enseignement bilingue s'est développée en termes de théorie de l'apprentissage. En modélisant l'enseignement bilingue comme CLIL, l'importance fondamentale de la langue dans l'acquisition des connaissances est établie. Nous justifions et illustrons à l'aide d'un exemple concret d'enseignement comment l'enseignement bilingue/CLIL peut être conçu d'une manière orientée vers les tâches et les activités et quel rôle joue l'échafaudage dans ce contexte. Enfin, nous discutons des critères qui sont décisifs pour l'introduction réussie de l'enseignement bilingue dans l'enseignement professionnel.

Mots clés : Enseignement bilingue/EMILE, formation professionnelle, compétences discursives, scaffolding, orientation tâches

Abstract. In this paper we reflect on the importance of bilingual teaching in VET programs in Switzerland. After going into its institutional history, we describe how the approach of bilingual teaching has developed in terms of learning theory. By modelling bilingual teaching as CLIL, the fundamental importance of language in the acquisition of knowledge is developed. We justify and illustrate with the help of a concrete lesson example how bilingual teaching/CLIL can be designed in a task- and activity-oriented way and what role scaffolding plays in this. Finally, we discuss which criteria are decisive for the successful introduction of bilingual teaching in vocational education and training.

Keywords: Bilingual teaching/CLIL, vocational training, discourse skills, scaffolding, task orientation

1. Einführung: Sprachen in der Schweizer Berufsbildung

In der Schweiz, einem Land mit vier offiziellen Landessprachen (Deutsch, Französisch, Italienisch und Rätoromanisch), kommt der Fremdsprachenvermittlung eine besondere Bedeutung zu. In der Berufsbildung ist die Fremdsprachenvermittlung jedoch wenig verankert (Lambert & Pession, 2018). In 176 von 222 Berufsausbildungen ist bis heute kein Fremdsprachenunterricht vorgeschrieben[1]. Aufgrund der gedrängten Stundenpläne in der schulischen Bildung sind grundlegende Veränderungen, wie die vermehrte Einplanung von Fremdsprachenlektionen, schwer umsetzbar. Deshalb ist die Überlegung, wie Fremdsprachenkenntnisse im Rahmen anderer Fächer vermittelt werden können, naheliegend. Beim bilingualen Unterricht und dem zugrunde liegenden „*two for one*"-Ansatz werden Sprache und Inhalt bzw. Kompetenzen gleichzeitig erlernt. Dies hat ökonomische und organisatorische Vorteile. Gemäss Brohy und Gurtner (2011)

1 Gemäß einer Antwort des Regierungsrats des Kantons Bern auf einen parlamentarischen Vorstoß (Postulat 243-2010) wird „nur in 16 Berufen aus dem technischen Bereich (zehn Prozent aller Lernenden), in sieben Berufen aus den Bereichen Kaufleute und Detailhandel (19 Prozent aller Lernenden) sowie in drei Berufen aus den Bereichen Dienstleistungen, Gesundheit und Soziales (vier Prozent aller Lernenden) der Fremdsprachenunterricht explizit in den Bildungsverordnungen aufgeführt und somit in den Kanon der obligatorischen Unterrichtsfächer integriert". Im Kanton Bern wird bei rund einem Drittel der Lernenden auf den in der Volksschule erworbenen Fremdsprachenkenntnissen aufgebaut (BBT, 2012). Jeder Beruf besitzt eine Bildungsverordnung (Bivo). Die Bivo enthält die grundsätzlichen Regelungen zu einem Beruf. Dazu gehört ein Bildungsplan, der die Ausbildungsinhalte beschreibt.

gilt bilingualer Unterricht als lernfördernd sowohl bezüglich des Zuwachses an fachlichen als auch sprachlichen Inhalten und Kompetenzen.

Allerdings steht der bilinguale Berufskundeunterricht vor verschiedenen Herausforderungen. Häufig haben die Lehrpersonen in der Berufsbildung, systemisch bedingt, selbst wenig Fremdsprachen gelernt[2]. Dazu kommt, dass Lehrpersonen oftmals davon ausgehen, dass ihre fremdsprachlichen Kompetenzen vornehmlich ausschlaggebend für die Qualität des bilingualen Unterrichts sind, was sie daran hindert, diese einzusetzen. Die Lernenden wiederum zeichnen sich durch eine große sprachliche Heterogenität aus. Zunächst ist es deshalb erforderlich, Lehrpersonen in der Didaktik des bilingualen Unterrichts auszubilden.

Bilingualer Unterricht basiert auf einem methodisch-didaktischen Ansatz, der auf das Modell des *content and language integrated learning* (CLIL) zurückzuführen ist. In diesem Kapitel zeigen wir exemplarisch auf, wie man berufskundlichen Unterricht gemäß dieses Ansatzes inszenieren kann. Wir erläutern zunächst die Bedeutung des bilingualen Unterrichtens in der Berufsbildung der Schweiz und dessen institutionelle Entstehungsgeschichte. Danach beschreiben wir, wie sich der Ansatz des bilingualen Unterrichts lerntheoretisch entwickelt hat. Wir begründen anschließend, wie man bilingualen Unterricht/CLIL, ausgehend vom Konzept der Diskursfähigkeit, aufgaben- und handlungsorientiert modellieren kann und welche Rolle *scaffolding* dabei spielt. In einem weiteren Schritt zeigen wir, wie sich nach dem CLIL-Modell kompetenzorientierter Berufskundeunterricht inszenieren lässt. Wir diskutieren abschließend, welche Kriterien ausschlaggebend sind für die erfolgreiche Einführung von bilingualem Unterricht in der Berufsbildung.

2. Institutionelle Entstehungsgeschichte von 1999 bis 2020

Um die eingangs geschilderte Fremdsprachenlücke in der Berufsbildung Schweiz zu verringern und das Ausbildungspotential der Lernenden zu

2 Viele Schweizer Lehrpersonen an Berufsschulen haben kein Hochschulstudium absolviert und nur wenige Jahre Fremdsprachenunterricht auf Sekundarstufe 1 besucht (Barabasch & Fischer, 2019).

erhöhen, wurde 1999 das Pilotprojekt „bi-li" ins Leben gerufen, an dem 25 Berufsschulklassen der Kantone Zürich, St. Gallen, Zug, Schwyz und Graubünden teilnahmen. Damals waren im Hinblick auf das neue Berufsbildungsgesetz von 2004 Ideen zur Modernisierung der Berufsbildung gefragt und durch sogenannte „Lehrstellenbeschlüsse"[3] finanziert. Das Projekt sollte den Lernenden das Weiterlernen oder wenigstens Beibehalten einer zweiten Sprache durch deren Anwendung im Unterricht ermöglichen. Die Erfahrungen und Schlussfolgerungen wurden im Buch „Die Lehre zur Sprache bringen" (O'Dwyer & Nabholz, 2004) publiziert, dem ersten Referenzwerk für bilingualen Unterricht in der Berufsbildung. Im September 2006 beschloss die Bildungsdirektion des Kantons Zürich, das Projekt bis 2011 umzusetzen. Nach den positiven Ergebnissen der Evaluationsstudie (Brohy & Gurtner, 2011) wurde bilingualer Unterricht im Kanton Zürich 2011 offiziell in der Berufsbildung eingeführt.

2003 wurden von der schweizerischen Berufsbildungsämter-Konferenz (SBBK) begleitend Empfehlungen für die Einführung von bilingualem Unterricht formuliert, die 2020 angepasst und neu aufgelegt wurden (SBBK, 2020). Dazu gehört, dass im bilingualen Unterricht neben der lokalen Standardsprache eine zweite Sprache verwendet werden soll, und zwar eine der Sprachen der Volksschule, also Englisch oder Französisch in der Deutschschweiz, Englisch oder Deutsch in der Romandie, Französisch, Englisch oder Deutsch im Tessin. Welche Lehrqualifikationen die bili-Lehrpersonen erfüllen müssen, soll von den Kantonen bestimmt werden, wobei man sich grundsätzlich einig ist, dass es einer didaktischen Zusatzqualifikation bedarf.

Heute entscheiden sich mehr und mehr Schulen und Lehrpersonen für bilingualen Unterricht, und dessen Einführung ist ein fester Bestandteil des öffentlichen Bildungsdiskurses geworden. Bisher wird die mehrsprachige Berufsmaturität im Rahmenlehrplan geregelt. Immer mehr Kantone haben eine Fachstelle, die den bilingualen Unterricht fördert und reglementiert[4].

3 Lehrstellenbeschlüsse sind leitgebende politische Entscheidungen und Empfehlungen zur Gestaltung der Berufsbildung, die von Regierungsorganisationen entwickelt werden.

4 Zu diesen Kantonen gehörten 2020 das Tessin, Luzern, Zürich, Bern, Waadtland und Fribourg. Diese Kantone haben (jeweils unterschiedliche) Konzepte

Im Kanton Luzern wurden im Jahr 2020 zum Beispiel rund 20 % der Berufslernenden bilingual unterrichtet. Die Eidgenössische Hochschule für Berufsbildung (EHB) arbeitet seit 2015 als Kompetenzzentrum des Bundes für bilingualen Unterricht in der Berufsbildung und bietet die Didaktik des bilingualen Unterrichts nicht nur als Weiterbildungslehrgang an, sondern hat das Fach in die Lehrerausbildung integriert. Trotz allem ist man von einer flächendeckenden Einführung des bilingualen Unterrichts noch weit entfernt.

3. Handlungsorientierte Didaktik des bilingualen Unterrichts

3.1 Steht die fachliche Einbettung im bilingualen Berufskundeunterricht für Handlungsorientierung?

Die Förderung beruflicher Handlungskompetenzen, wie zum Beispiel das korrekte Ausführen einer Röntgentechnik, ist die zentrale Zielsetzung der berufskundlichen Bildung. Die Einbettung des bilingualen Unterrichtes in authentische Berufskontexte, wie dem der Röntgentechnik, erhöht die Relevanz der Fremdsprache und soll einen großen Einfluss auf die Motivation der Lernenden haben. Aber wird bilingualer Berufskundeunterricht durch diese Einbettung in bedeutungsvolle Lernkontexte zwingend auch als handlungsorientierter Unterricht inszeniert? Bonnet, Breidbach und Hallet (2009) weisen darauf hin, dass es sich bei dieser methodischen Schlussfolgerung, nach der bilingualer Unterricht per se authentisch und handlungsorientiert ist, um einen Trugschluss handelt. Bilingualer Unterricht kann ihrer Ansicht nach in der Praxis sogar stark stoff- und

---

entwickelt, nach denen sie bilingualen Unterricht umsetzen und dafür, welche Zusatzausbildungen sie von ihren Lehrpersonen erwarten. Darüber hinaus wird auch an Berufsfachschulen anderer Kantone, die (noch) auf eine kantonale Umsetzungsstrategie verzichten, bilingual unterrichtet.

lehrerzentrierte Züge aufweisen. Auch Dalton-Puffer (2013) postuliert, dass bilingualer Unterricht häufig inhaltsgerichtet ist und Sprache vor allem auf lexikalischer Ebene thematisiert. Daraus kann man ableiten, dass handlungsorientierter bilingualer Unterricht sich nicht zwingend aus der fachrelevanten Einbettung ableiten lässt. Er findet erst dann statt, wenn er als solcher inszeniert ist und es den Lernenden anhand relevanter Aufgaben erlaubt, situativ eingebettetes Wissen in kooperativen Lernszenarien auszuhandeln. Im Folgenden illustrieren wir, wie man Sprachhandlungen im bilingualen Unterricht modellieren kann.

3.2 Herausbildung des bilingualen Unterrichts als CLIL

> *Language is thus deeply implicated in construing our experience of the world and making it possible for us to share these construals with others. And, what else should teaching be about but stimulating minds to accommodate new meanings and alternative cognitions about the world in addition to the ones that are already there? As a consequence, language all but defines school as an institution* (Ehlich & Rehbein, 1986; zitiert in Dalton-Puffer, 2013).

Um zu verstehen, warum sprachliche Handlungsorientierung ein so wichtiges Konzept für den bilingualen Unterricht ist, blicken wir kurz auf seine jüngere Geschichte zurück. Breidbach (2013) weist darauf hin, dass diese durch eine klassische und eine integrative Phase geprägt ist. In der klassischen Phase, Mitte der 80er bis in die 90er Jahre, war der bilinguale Unterricht eine Reaktion auf den Fremdsprachenunterricht, dessen kommunikative Erfolge in der Kritik standen. Hindert der Fremdsprachenunterricht die Kommunikation durch den Fokus auf normativen Sprachgebrauch, gilt im bilingualen Unterricht das Prinzip *fluency before accuracy*. Die Fremdsprache, bzw. ihr korrekter Gebrauch, ist nicht Gegenstand des Unterrichts, sondern sie wird als Kommunikationsmedium ohne Anspruch auf korrekten Sprachgebrauch eingesetzt. Grundlegend für diesen Ansatz war, dass die Lernenden vor allem mitteilungs- und nicht vornehmlich sprachorientiert kommunizieren (Bonnet, Breidbach & Hallet, 2009).

Die integrative Phase, auf die sich das Zitat oben bezieht, basiert darauf, dass Aushandlung, Vermittlung und Kontrolle von Wissen grundsätzlich diskursiv stattfinden – sei es rezeptiv, produktiv, mündlich oder schriftlich. Aus dieser Sicht kommt der Sprache eine Doppelfunktion zu. Sie ist nicht bloß Kommunikationsvektor, sondern auch Interaktions- und Erkenntnismedium (Bonnet & Breidbach, 2013).

Die damit einhergehende inhärente Integration von kognitiven/inhaltlichen und sprachlichen Aspekten stellt die theoretische Basis der Didaktik des bilingualen Unterrichts dar. Dieses sich gegenseitige Bedingen von Sprach- und Sachfachlernen im bilingualen Unterricht wurde als *content and language integrated learning (CLIL)* modelliert (Marsh u.a., 2010). Laut Wolff (2013) ist folgende Formulierung allgemein akzeptiert und dient als Grundlage für die meisten europäischen Auslegungen von bilingualem Unterricht: *CLIL (Content and language integrated learning) is a dual focussed approach, in which an additional language is used for the learning and teaching of both content and language.*

Die Schottin Do Coyle (2007) hat den CLIL-Ansatz für die Unterrichtsplanung modelliert und mit dem 4C-Modell den bis heute ausschlaggebenden methodisch-didaktischen Rahmen konzipiert. Dass eine CLIL-Lektion weder eine Sprachstunde noch eine in einer Fremdsprache vermittelte Fachstunde ist, soll durch das 4C-Modell, das auf die sprachliche und inhaltliche Rückkopplung eingeht, überwunden werden. Dabei stehen die 4 Cs für *content, cognition, communication and culture* und eine erfolgreiche CLIL-Lektion sollte folgende Elemente der 4Cs kombinieren:

- Inhalt *(content)*: Fortschritt in Wissen, Fertigkeiten und Verständnis in Bezug auf spezifische Elemente des Lehrplans,
- Kommunikation *(communication)*: mit der Sprache lernen und gleichzeitig den Gebrauch der Sprache erlernen
- Kognition *(cognition)*: Entwicklung von Denkfähigkeiten, Konzeptbildung
- Kultur *(culture)* miteinander verbinden: Auseinandersetzung mit alternativen Perspektiven und gemeinsamen Verständnissen, auch bezogen auf den Umgang mit Andersartigkeit und Selbst.

Für Do Coyle handelt es sich bei den 4Cs um ein Planungsinstrument, das an ein breites Spektrum von Fächern angepasst werden kann. Dieses

Modell ist in der deutschsprachigen Fachdiskussion durch das Konzept „Diskursfähigkeit“ erweitert worden. Bonnet, Breidbach und Hallet (2009) verstehen unter Diskursfähigkeit die wechselseitige Beziehung zwischen dem Gegenstand des Lernens *(content, cognition)* und dessen Versprachlichung *(communication, culture).* Wir verstehen in der weiteren Diskussion den Begriff Diskursfähigkeit als allgemeines Konzept von Sprachhandlungen, die sich auf konkrete Situationen beziehen.

3.3 Modellierung von Sprachhandlungen: cognitive discourse function (CDF)

Die Unterrichtspraxis vieler bili-Lehrpersonen hat, wie wir eingangs geschildert haben, auch im bilingualen Unterricht oft einen ausgeprägten inhaltlichen Fokus. Um sprachhandelnden Unterricht zu inszenieren, fragt Dalton-Puffer (2013), wie Sprachhandlungen kognitiv, unabhängig von den Inhalten, auf die sie sich beziehen, sichtbar gemacht werden können. Dabei kommt sie zu dem Schluss, dass überfachliche kognitive Prozesse über Verben, wie Beschreiben, Analysieren, oder Vergleichen abgebildet werden. Bei diesen Verben handelt es sich um sogenannte *cognitive discourse functions (CDFs) – unlike cognition (they) are visible, traceable and documentable in the observation of classroom discourse* (Dalton-Puffer, 2013). Dabei ist es unwichtig, ob wir Diskursfähigkeit auf akademische oder alltagssprachliche Sprachhandlungen beziehen – beide werden ausgebildet *within a matrix of social interaction* (Cummins, 2000, 74). CDFs erlauben auf der erkenntnistheoretischen Seite, den kognitiven Anspruch einer Sprachhandlung festzulegen und weisen zudem daraufhin, dass (Sprach-) Handlungen in kooperativen Settings stattfinden. Dies geht auch aus der grammatikalischen Struktur vieler CDFs hervor. CDFs erfüllen die Funktion eines *Transportmittels für fachliche Erkenntnisse,* indem sie fachspezifische Denkprozesse intersubjektiv zugänglich machen (Vanderbecke & Wilden, 2017). Darüber hinaus können sie verschiedenen Anforderungsniveaus zugeordnet werden, aus denen sich Aufgaben ableiten lassen. In dieser Funktion erlauben sie die Unterrichtsabfolge zu strukturieren und (Sprach-)Handlungssituationen zu inszenieren. Somit erfüllen CDFs als Bindeglied zwischen Sprache, Kognition und Inhalten auch ihre didaktische Funktion, die, wie eingangs erwähnt, ihre Modellierung ursprünglich motiviert hatte.

3.4 Sprachhandlungen unterstützen und inszenieren: Scaffolding

Eine Hauptschwierigkeit des bilingualen Unterrichts liegt darin, dass über CDF definierte (Sprach)Handlungssituationen zunehmend komplexer werden und den sprachlich-diskursiven Mitteln der Lernenden in der Zielsprache nicht entsprechen. Vor diesem Hintergrund kommt dem Begriff *Scaffolding* eine zentrale didaktische und methodische Rolle im Unterricht zu (Wood, Bruner & Ross, 1976). *Scaffolding* basiert auf der Theorie der *proximal zone of development* von Vygotsky (1978). Demzufolge findet erfolgreiches Lernen am ehesten dort statt, wo Lernende vor Herausforderungen stehen, die etwas über ihrem aktuellen Entwicklungsstand liegen und sich somit in der sogenannten Zone der nächsten Entwicklung befinden. Der Ursprung des Begriffs *Scaffolding* liegt in der Erforschung des natürlichen Spracherwerbs, wo gezeigt werden konnte, dass kompetentere Sprecher Kindern ein provisorisches Sprachgerüst zur Verfügung stellen, welches ihnen hilft, den nächsthöheren Entwicklungsstand zu erreichen. In den 1990er Jahren wurde diese Theorie von Pauline Gibbons (2002) auf den Zweitspracherwerb angewendet.

> *[...] knowledge is collaboratively constructed rather than simply passed on or handed from teacher to learner. That is, knowledge is constructed in and through joint participation in activities, where all participants are actively involved in negotiating meaning. Clearly, learners construct new and extended understandings through their collaborative participation in scaffolded activities. But, in doing so, they are doing more than simply absorbing information or digesting chunks of knowledge. Their active participation, with support from the teacher, enables them to construct and, potentially, transform understandings.* (Hammond, 2001, 121)

Auch hier wird das Zusammenspiel von Sprachen als Erkenntnis- und Interaktionsmedium deutlich: Ohne das kooperative Setting kann die *zone of proximal development* nicht erreicht werden. Hammond und Gibbons (2005) erweitern das Modell, das sich bislang auf die Relation „Novize – Experte" bezog, auf die Interaktion in einer Peer-Gruppe. Auch Lernende können sich gegenseitig implizite Sprachvorbilder bieten, indem sie Feedback geben und in der Interaktion die weitere Spracherprobung anregen. Damit liegt in der Interaktion zwischen Schülerinnen und Schülern eine bedeutende Ressource. In diesem Sinne bieten auch Kleingruppensituationen eine wertvolle Unterstützung.

Wenn CDFs die Funktion des Transportmittels fachlicher Inhalte zukommt, kann man *Scaffolding* als eine provisorisch auf- und wieder abbaubare Brücke zwischen dem aktuellen und zukünftigen, nächsthöheren Entwicklungsstand sehen. Für die bili-Lehrperson bedeutet dies, dass sie von der Alltagssprache ausgehend hin zur Fach- und Bildungssprache[5] ihre Lernenden durch ein flexibles Aufgabennetz stützen muss, in dem die Lernenden sprachlich (ver-)handeln können. Typische Scaffolds im bilingualen Unterricht sind Modellierung, Strukturübungen, Lückentexte, Lernkooperationen, Zuordnungsübungen, Support durch Visualisierungen, Inputreduktion, Einsatz digitaler Medien zum Einüben von Vokabular etc. Anhand dieser Aufgabentypen finden die Lernenden Unterstützung, wenn sie sich mit Fachinhalten auseinandersetzen. *Scaffolding* erlaubt es die sprachlichen und kognitiv-inhaltlichen Aspekte des bilingualen Unterrichts/CLIL zu integrieren und stellt den methodisch-didaktischen Mittelpunkt des handlungsorientierten bilingualen Unterrichts/CLIL dar (Thürmann, 2013).

5 Die Alltagssprache, auch BICS *(basic interpersonal communication skills)* orientiert sich an der Mündlichkeit. Aufgabe der schulischen Bildung ist es, die Sprachregister auf die Fachsprache und Bildungssprache, die sich im Bereich vom CALP *(cognitiv academic language proficiency)* befinden, auszuweiten.

4. Sprachliches Handeln im bilingualen Berufskundeunterricht

4.1 Handlungskompetenzorientierter Berufskundeunterricht: HKO[6]

Welche Sprachhandlungen zeichnen den bilingualen Unterricht/CLIL in der Berufsbildung aus? Die Berufsbildung ist grundsätzlich kompetenzorientiert. Hier sollen die Lernenden anhand konkreter Handlungssituationen praxisnahes und nachhaltiges Wissen erwerben, das für die Ausübung ihrer Berufstätigkeit notwendig ist. Ziel ist es also nicht, dass sie Faktenwissen ansammeln, sondern dass sie dieses in konkreten Arbeitssituationen, wie zum Beispiel beim Ausführen einer Röntgentechnik, anwenden können. Sie sollen zum Beispiel erklären können, wie sie die Rechtwinkel- und Halbwinkeltechnik beim Röntgen an einem Schädelmodell umsetzen. Im Unterricht wird die berufliche Handlungskompetenz ausprobiert und analysiert, um den Transfer des Gelernten in die reale Situation vorzubereiten. Dafür wird der Unterricht in folgende Phasen strukturiert: Vorbereiten und Situieren, Erarbeiten und Anwenden, Üben, Transfer, und Auswerten. Der hier skizzierte berufskundliche Unterricht wird als handlungskompetenzorientierter Unterricht, kurz HKO, modelliert (Vonlanthen, 2019).

4.2 Sprachhandlungen im bilingualen HKO: Ein Beispiel

Wir beziehen uns auf ein Unterrichtsbeispiel, um zu illustrieren, anhand welcher Aufgaben Sprachhandlungen im HKO inszeniert werden können. Als Grundlage dienen die Unterrichtsunterlagen für den Kompetenznachweis im Wahlfach bilinguale Didaktik[7] von Mandra (2020). Er

6 Dieser Abschnitt bezieht sich auf ein Beispiel aus der Deutschschweiz. Er ist aber in seinem konzeptionellen und epistemologischen Ansatz repräsentativ für die gesamte Schweizer Berufsbildung.

7 Das EHB bietet seit 2019 im Diplomstudiengang Berufskunde die Vertiefung „Bilinguale Didaktik“ als Wahlfach an.

ist Lehrperson und Fachschaftsleiter im Fach Dentalassistent/in EFZ. Die hier diskutierte bili-Lektion war Teil seiner Abschlussarbeit.

Die Stunde wurde mit dem Kompetenzziel konzipiert, dass die Lernenden die Rechtwinkeltechnik und die Halbwinkeltechnik an einem Schädelmodell mit den geeigneten Hilfsmitteln umsetzen und auf Englisch und Deutsch ihr Vorgehen erklären können. Entsprechend den zitierten Phasen des HKO-Modells wird die Unterrichtssequenz wie folgt situativ eingebettet: *Nancy Wilson (29 Jahre) ist vor zwei Wochen von London in die Schweiz zu ihrem Freund gezogen. Da sie starke Zahnschmerzen hat, wurde ein Termin für eine Kontrolle vereinbart. Im Terminplan hat die Arbeitskollegin vermerkt „Pat. Spricht nur Englisch*“. Um sich den Gegenstand des Unterrichts zu erarbeiten, schauen die Lernenden als ersten Input individuell das Video an und lösen dann in kooperativen Settings die nachfolgenden Aufgaben.

1. Teil – Bitewing projection – Erarbeiten und Anwenden, Üben

1.1 Watch the YouTube Video and answer the questions.

If you want to watch the video again, scan the QR code.

1.2 Which image shows the bitewing projection? Mark the correct projection with an "x".

☐ 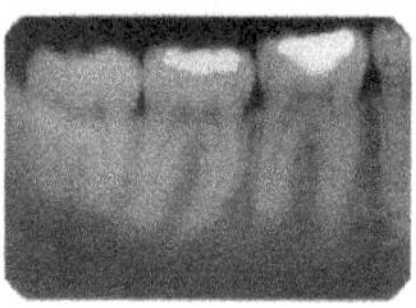 ☐ 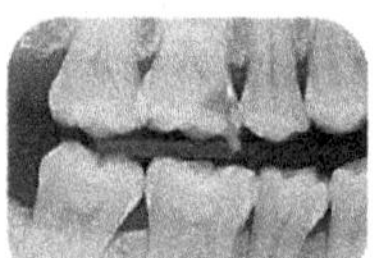 ☐ 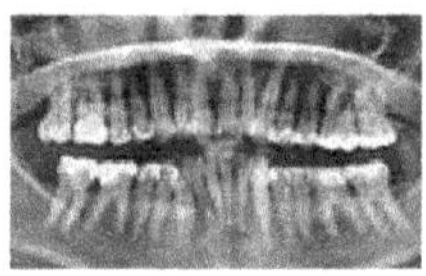

1.3 Why do we take bitewing projections?

- to detect interproximal caries
- to detect interproximal calculus
- to see the bone level around teeth
- to periapical periodontitis

1.4 Link each expression with one matching picture.

1.5 Where would you place the xcp film holder to take a bitewing projection?

Mark the area in the picture.

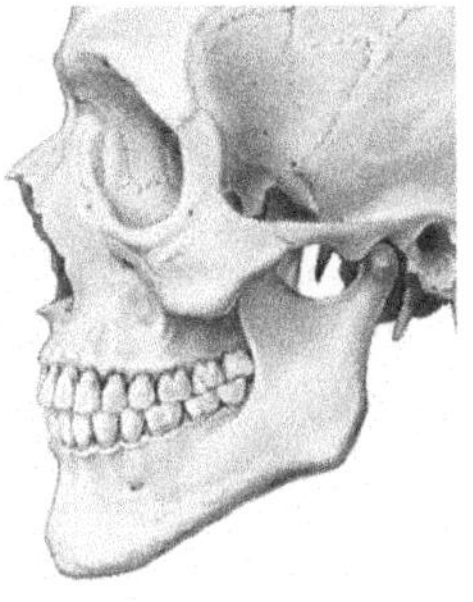

How is the area described in the video?

___Between…____

____

____

____

Die HKO Phase „Erarbeiten und Anwenden“ (3.1–3.4) entspricht den Diskursfunktionen „Beschreiben und Erklären“. Damit die Aufgaben auch fremdsprachlich zu bewältigen sind, sind sie stark gestützt. Die sprachlich reduzierten Aufgabenstellungen und die bildlichen Stützen, die Zuordnungsübungen sowie die Vielfalt der Inputquellen und der (aus-)handlungsorientierte Ansatz sind ein typisches Beispiel für den Einsatz von Scaffolds im bilingualen Unterricht, die es ermöglichen Inhalte sprachlich auszuhandeln.

2. Teil – Bitewing Projection – Üben, Transfer, Auswerten

2.1 *Show a friend, how to take an intraoral radiograph with the bisecting technique.*
Use the tools shown in the picture on the right.
Explain what you are doing in English.

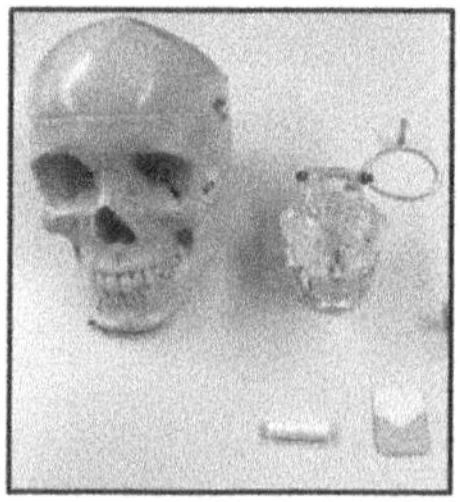

2.2 *What are the most important things you have learned for the everyday practical situation? What are the links between the bisecting technique and patients with a strong choking reflex?*

2.3 *Scan the QR Code to play a game to test your new skills.*

Die HKO Phase „Üben" bezieht sich auf die CDF „erklären, analysieren und vergleichen". Die begleitenden Abbildungen, Zuordnungen und verschiedenen Darstellungsebenen ermöglichen diese anspruchsvollen Sprachhandlungen auch in der Fremdsprache.

4.3 Beurteilung des Unterrichts aus der Perspektive der Lehrperson

Die Unterrichtsgestaltung von Mandra beruht auf einer klaren Strukturierung der Unterrichtinszenierung hinsichtlich des Kompetenzziels. Er hat den Gegenstand des Unterrichts auf verschiedene Weisen dargestellt (multimodal, verschiedene Aufgabentypen). Hilfreich ist, dass er immer wieder die Fachterminologie in die verschiedenen Diskursfunktionen (Beschreiben, Zuordnen, Erklären) eingearbeitet und den Zugang zu den Aufgaben durch sich wiederholende Abbildungen erleichtert hat. In der Unterrichtssequenz werden berufsrelevante Handlungssituationen eingeübt und sprachlich in kooperativen Settings ausgehandelt. In diesen interaktiven Aushandlungsprozessen können die Lernenden ihre Vorstellungen explizit machen und Hypothesen formulieren. Wir haben hier ein Beispiel dafür, dass fachliche Bedeutungen im bilingualen Unterricht nicht durch die Einführung eines wissenschaftlichen Terminus oder durch das Lernen von Fachvokabular angeeignet werden, sondern im Verlauf einer interaktionalen Interpretation (Bonnet, Breidbach & Hallet, 2009). Der Unterricht von Mandra stellt somit einen Gegenentwurf zu der eingangs von Dalton-Puffer erwähnten bilingualen Unterrichtssituation dar, in der der Sprache durch das inhalts- und nicht kompetenzorientierte Curriculum vor allem eine lexikalische Rolle zukam.

4.4 Beurteilung des Unterrichts aus der Perspektive der Lernenden

Die oben beschriebene Stunde war die erste bili-Erfahrung der Klasse von Mandra. Obwohl das allgemeine Sprachniveau der Lernenden bei A2/B1 liegt, konnten sie sich gut am Unterrichtsgeschehen beteiligen. Die anspruchsvolle Fachsprache, die sie auf Deutsch kannten und der sie auf Englisch zum ersten Mal begegneten, war kein Hindernis. In einem anschließenden Gespräch beschrieben sie das aufgabengesteuerte Lernen in kooperativen Settings als angenehm und lernfördernd. Das gesetzte Kompetenzziel (*explain how to take an intraoral radiograph*) haben sie gut und dank der Aufgaben spielerisch erreicht.

Maillat (2010) vergleicht bilingualen Unterricht mit dem Tragen einer „Maske". Die Tatsache, dass man in der Fremdsprache jemand anders sein/werden kann[8], hilft Hemmungen abzubauen und sich sprachlich und fachlich mehr (zu)zutrauen. Christiane Dalton-Puffer (2020) spricht auch von einer emotionalen Sicherheit, die die bilinguale Lernumgebung auszeichnet und kommunikationsfördernd wirkt. Dass fremdsprachliche Kommunikation Spass macht und Hemmungen abbaut, ist ein wichtiges Argument für die Sprachförderung im bilingualen Unterricht. Im Klassenzimmer von Mandra ist es durchaus möglich, dass ein Teil der Lernenden besser Englisch spricht als die Lehrperson. Kommunikation kann also unabhängig vom traditionellen Rollenverständnis stattfinden.

5. Umsetzung des bilingualen Unterrichts in der Berufskunde

Die Schweizer Berufsbildung weist noch immer eine sogenannte Fremdsprachenlücke aus. Kann diese durch bilingualen Unterricht gefüllt werden, so wie es in politischen Richtlinien, wie den *Stossrichtungen*

8 Diese spontane und erste Reaktion der Schüler und Schülerinnen von Mandra entspricht Studienergebnissen (Brohy & Gurtner 2011). Auch die Ergebnisse einer internen Umfrage, die 2015 am Zentrum für Ausbildung im Gesundheitswesen ZAG weist darauf hin. Evaluation Bilingualer Unterricht – PDF Free Download (docplayer.org) (16.2.2021)

zur Förderung der Mobilitätsaktivitäten und des schulischen Fremdsprachenerwerbs in der Berufsbildung eingefordert wird (BBT, 2012)? Einer Studie von Badertscher und Bieri (2009) zufolge unterrichten Lehrpersonen ihren bilingualen Unterricht wenig oder gar nicht anders als den Regelunterricht in der Erstsprache (L1). Wie schon in der Einleitung erwähnt, besteht der Unterschied zwischen Regelunterricht und bilingualem Unterricht für viele Lehrpersonen vor allem im Gebrauch der Fremdsprache.

In diesem Beitrag versuchten wir aufzuzeigen, wie handlungsorientierter bilingualer Unterricht/CLIL für die Berufsbildung modelliert und umgesetzt werden kann. Aufgrund der Ausführungen von Mandra (2020) wissen wir, dass Lernende fachlich und sprachlich in der Lage waren, *to explain how to take an intraoral radiograph with the bisecting technique amongst others.* Eine grundlegende Bedingung für die erfolgreiche Einführung von bilingualem Unterricht in der Berufsbildung ist, dass die Lehrpersonen wissen, wie sie Sprachhandlungen inszenieren können. Die hierfür notwenigen Zusatzqualifikationen in bilingualer Didaktik werden von den Kantonen reglementiert. Hier gibt es Handlungsbedarf, da nur wenige Kantone eine Policy für die Implementierung von bilingualem Unterricht implementiert haben.

Aus der Forschungsperspektive wäre es wünschenswert, mehr wissenschaftliche Studien, die die sprachlichen und inhaltlichen Lernerfolge verschiedener Kontrollgruppen in der Berufsbildung vergleichen, durchzuführen. Es wäre zu prüfen, ob bilingualer Unterricht auch in Grundbildungen erfolgreich ist, in denen kein zusätzlicher Fremdsprachenunterricht angeboten wird. Und treffen die Resultate der Studie von Badertscher und Bieri (2009) auch dann zu, wenn die Lehrpersonen eine Zusatzausbildung in bilingualer Didaktik absolviert haben?

Im Rahmen des Projekts „Beurteilung berufsspezifischer Sprachkompetenzen von Lehrpersonen, die Fremdsprachen unterrichten" wurden Aktivitäten für Fremdbeurteilung und Instrumente zur Selbstbeurteilung von fremdsprachlichen Kompetenzen entwickelt[9]. Anhand

9 Projektträger waren die Pädagogische Hochschule St. Gallen (PHSG), Scuola universitaria professionale della Svizzera italiana (SUPSI), Haute école pédagogique Vaud (HEPL), Université de Lausanne (UNIL) – Centre des langues,

von pädagogischen Szenarien wird illustriert, wie berufsspezifische Sprachkompetenzen im Rahmen der Aus- und Weiterbildung von Fremdsprachenlehrpersonen gefördert und beurteilt werden können. Die Ausweitung dieses Instrumentariums für sprachlich und didaktische Referenzsituationen im bilingualen Berufskundeunterricht könnte eine gute Orientierungshilfe für einsteigende bili-Lehrpersonen bieten und erlauben die sprachliche Ausbildung der bili-Lehrpersonen gezielt auf die effektiven Bedürfnisse der Berufspraxis auszurichten.

Bilingualer Unterricht ist eine große Chance für die Berufsbildung. Für die erfolgreiche Umsetzung von bilingualem Unterricht ist jedoch eine entsprechende Qualifizierung der Lehrpersonen erforderlich. Diesem Umstand muss in der Aus- und Weiterbildung Rechnung getragen werden. Weiterhin müssen die Kantone durch die Einrichtung entsprechender Fachstellen die schulische Einführung unterstützen und die Aus- und Weiterbildung der Lehrpersonen fördern.

Bibliographie

Badertscher, H., & Bieri, T. (2009). *Wissenserwerb im Content and Language Integrated Learning. Empirische Befunde und Interpretationen*. Bern: Haupt.

Barabasch, A., & Fischer, S. (2019). Die Berufsschullehrpersonenausbildung in der Schweiz und in Deutschland. In A. Barabasch & C. Baumeler (Eds.), *Berufsfelddidaktik in der Schweiz* (Spezial Issue 16, pp. 1–17), bwp@ Berufs- und Wirtschaftspädagogik – online. Abgerufen von https://www.bwpat.de/spezial16/barabasch_fischer_spezial16.pdf (16.2.2021)

Universität Freiburg (UNIFR), siehe Berufsspezifische Sprachkompetenzprofile für Lehrpersonen für Fremdsprachen | Pädagogische Hochschule St. Gallen (phsg.ch) (16.2.2021)

BBT (Bundesamt für Berufsbildung und Technologie) (2012). *Stossrichtungen zur Förderung der Mobilitäten und des schulischen Fremdsprachenerwerbs in der Berufsbildung.* Abgerufen von 28781.pdf (admin.ch) (16.2.2021)

Bonnet, A., & Breidbach, S. (2013). Bilingualer Unterricht: Bildungstheoretische Grundlegung des Bilingualen Unterrichts. In W. Hallet & F. G. Königs (Eds.), *Handbuch Bilinguale Didaktik. Content and Language Integrated Learning* (pp. 26–32). Seelze: Klett Kallmeyer.

Bonnet, A., Breidbach, S., & Hallet, W. (2009). Fremdsprachlich handeln im Sachfach: Bilinguale Lernkontexte. In G. Bach & J.-P. Timm (Eds.), *Englischunterricht. Grundlagen und Methoden einer handlungsorientierten Unterrichtspraxis* (Vol. 1540, pp. 172–196). Tübingen: Francke.

Breidbach, S. (2013). Geschichte und Entstehung des Bilingualen Unterrichts in Deutschlang: Bilingualer Unterricht und Gesellschaftspolitik. In W. Hallet & F. G. Königs (Eds.), *Handbuch Bilinguale Unterricht. Content and Language Integrated Learning* (pp. 11–17). Seelze: Klett Kallmeyer.

Brohy, C., & Gurtner, J.-L. (2011). *Evaluation des bilingualen Unterrichts (bili) an Berufsfachschulen des Kantons Zürich.* Freiburg: Universität Freiburg.

Coyle, D. (2007). Content and language integrated learning. Towards a connected research agenda for CLIL pedagogies. *International Journal of Bilingual Education and Bilingualism 10*(5), 543–562.

Cummins, J. (2000). *Language, power, and pedagogy. Bilingual children in the crossfire.* Clevedon: Multilingual Matters.

Dalton-Puffer, C. (2013). Construct of cognitive discourse functions for conceptualising content-language integration in CLIL and multilingual education. *European Journal of Applied Linguistics 1*(2), 216–253.

Dalton-Puffer, C. (2020). CLIL in der Praxis: Was sagt die Forschung? Abgerufen von CLIL in der Praxis: Was sagt die Forschung? – DEUTSCH INTEGRIERT IN DEN SACH- UND FACHUNTERRICHT – Christiane Dalton-Puffer: Goethe-Institut (16.2.2021).

Ehlich, K., & Rehbein, J. (1986). *Muster und Institution. Untersuchungen zur schulischen Kommunikation*: Gunter Narr Verlag.

Gibbons, P. (2002). *Scaffolding language, scaffolding learning. Teaching ESL in the mainstream classroom*. Portsmouth, NH: Heinemann.

Hammond, J. (2001). *Scaffolding: teaching and learning in language and literacy education*. Newtown NSW: Primary English Teaching Association.

Hammond, J., & Gibbons, P. (2005). Putting scaffolding to work. The contribution of scaffolding in articulating ESL education. *Prospect 20*(1), 6–30.

Lambert, K., & Pession, L. (2018). Zweisprachiger Unterricht – nous aimons ce que nous faisons. Ein Gespräch. *Babylonia, 2.*

Maillat, D. (2010). The Pragmatics of L2 in CLIL. In C. Dalton-Puffer, T. Nikula, & U. Smit (Eds.), *Language use in content-and-language integrated learning (CLIL)* (pp. 39–58). Amsterdam: Benjamins.

Mandra, G. (2020). Die Planung und Umsetzung eines handlungskompetenzorientierten und bilingualen Unterrichts zu den intraoralen Röntgentechniken *KNW 2, Modul E 2019/21* (unveröffentlichte Studienunterlagen).

Marsh, D., Mehisto, P., Wolff, D., & Frigols Martín, M. J. (2010). *Europäisches Rahmenprogramm für die Ausbildung von CLIL-Lehrkräften*. Graz.

O'Dwyer, E. J., & Nabholz, W. (2004). *Die Lehre zur Sprache bringen. Schweizer Handbuch zum bilingualen Unterricht an Berufsschule*. Bern: hep Verlag.

SBBK (Schweizerische Berufsbildungsämter-Konferenz) (2020). Empfehlung: Die zweite Sprache in der Berufsbildung. Abgerufen von 20099-19889-1-20-06-12_empfehlung_sbbk_bili.pdf (16.2.2021)

Thurman, E. (2013). Scaffolding. In W. Hallet & F. G. Königs (Eds.), *Handbuch Bilinguale Unterricht. Content and Language Integrated Learning*. Seelze: Klett Kallmeyer.

Vanderbecke, M., & Wilden, E. (2017). Sachfachliche Diskursfähigkeit durch fremdsprachliche affordances in bilingualen

Schülerprojekten. *Zeitschrift für Fremdsprachenforschung, 28*(1), 3–27.

Vonlanthen, M. (2019). *Die Grundstruktur des kompetenzorientierten Unterrichts. Studiendokument.* Zollikofen: Eidgenössisches Hochschulinstitut für Berufsbildung (EHB).

Vygotsky, L. S. (1978). *Mind in society. Development of higher psychological processes*: Harvard University Press.

Wolff, D. (2013). CLIL als europäisches Konzept. In W. Hallet & F. G. Königs (Eds.), *Handbuch Bilinguale Unterricht. Content and Language Integrated Learning* (pp. 18–25). Seelze: Klett Kallmeyer.

Wood, D., Bruner, J., & Ross, G. (1976). The role of tutoring in problem solving. *Journal of child psychology and psychiatry, 17*, 89–100.

3. Du rejet des modèles aux pratiques réflexives

Alessandra Keller-Gerber

Université de Fribourg
(alessandra.keller-gerber@unifr.ch)

Lire les étonnements en classe de didactique pour *faire dire ses étonnements* en classe de langue…

Zusammenfassung. Die Autorin macht sich ihre Erfahrung bei der Gestaltung eines intensiven FLE-Immersionskurses für Mobilitätsstudenten zunutze und schlägt den Didaktikstudent*innen vor, über die Bedingungen des Aufbaus einer autobiografischen Kompetenz im Sprachunterricht nachzudenken. Dieser Kontext des Cross-Teaching führt zukünftige Ausbilder*innen, die im Bachelor FLE eingeschrieben sind, dazu, die Geschichte des Erstaunens auf der diskursiven Ebene zu modellieren und die Möglichkeiten ihrer Didaktisierung für den Sprachunterricht zu hinterfragen.

Schlüsselwörter: Erstaunen, Geschichtenerzählen, akademische Mobilität, autobiographische Kompetenz, reflexive Praktiken im Sprachunterricht

Résumé. Profitant de son expertise dans la conception d'un stage intensif de FLE en immersion pour les étudiant·e·s de mobilité, l'auteure propose à des étudiant·e·s de didactique de réfléchir aux conditions de construction d'une *compétence autobiographique* en classe de langue. Ce contexte d'enseignements croisés mène des futur·e·s formateurs·trices inscrit·e·s en Bachelor FLE à modéliser le *récit de l'étonnement* sur le plan discursif et à s'interroger sur les possibilités de sa didactisation pour la classe de langue.

Mots clés : étonnement, récit, mobilité académique, compétence autobiographique, pratiques réflexives en classe de langue

Abstract. Drawing on her expertise in the design of an intensive FLE immersion course for mobility students, the author suggests reflecting on the conditions for building autobiographical competence in the language classroom. The participants – all future teachers interested in methodology and enrolled in a Bachelor FLE programme – benefit insofar from this cross-teaching context that they model the narrative of astonishment on the discursive level, and question the possibilities of adaptation for teaching languages.

Keywords: astonishment, storytelling, academic mobility, autobiographical competence, reflective practice in the language classroom

La Suisse est faiblement représentée dans le matériel pédagogique destiné à apprendre/enseigner le FLE (français langue étrangère) – en particulier considérant des publics-cibles de FOU (français sur objectif universitaire). Détentrice d'une double qualification sur le plan professionnel – formatrice en didactique pour de futur·e·s enseignant·e·s de FLE inscrit·e·s au Département de Plurilinguisme de l'Université de Fribourg (CH) et responsable pédagogique d'un stage intensif de FLE réservé aux étudiant·e·s en échange international dans cette même université –, nous avons croisé les *objectifs spécifiques* de ces deux publics[1] : depuis 2015, nous proposons aux étudiant·e·s de didactique – souvent mobiles et allophones eux·elles-mêmes – des séminaires où se formulent des projets pédagogiques à destination du stage intensif. Ces projets, concrétisés sous la forme de fiches pédagogiques, iront alimenter une banque de données de matériel en ligne à usage des étudiant·e·s de mobilité durant leur séjour en Suisse (Keller-Gerber, 2020)[2].

Une seconde interrogation, centralisant nos recherches depuis quelques années, vient se fixer dans ce cadre : apprend-on à parler de soi en classe de langue ? L'analyse de matériel pédagogique récent montre que c'est plutôt un *faux self* qui se construit dans ces contextes

1 Nous jouons ici sur la notion de *public spécifique*, centrale dans les méthodologies pour l'enseignement et l'apprentissage des langues étrangères *sur objectifs spécifiques* (Parpette, Mangiante, 2012). Nous avons montré, dans des travaux antérieurs, que la mobilité académique était à considérer, en elle-même, comme un « objectif spécifique » (Keller-Gerber, 2020).

2 La banque de fiches est actuellement hébergée sur la plateforme moodle du Site unifr.ch (à usage interne). Les auteurs·trices ont la possibilité de mettre à l'épreuve leurs projets pédagogiques durant les cours intensifs et reçoivent une attestation pour ces expériences d'enseignement de terrain sous tutorat.

(Anquetil *et al.*, 2017, Keller-Gerber sous presse). Or la mobilité – qu'elle soit nationale, ou internationale – amène d'emblée les locuteurs·trices à se (re)positionner dans la société d'adoption. Certain·e·s expriment d'ailleurs le sentiment de discontinuité identitaire que le voyage provoque, d'autant plus s'ils·elles se retrouvent en immersion en contexte allophone (Molinié, 2002). Comment faire alors pour que la classe de langue devienne un lieu où naissent et s'exercent – de manière opératoire et non stéréotypée – des « figures [de soi] » renégociées, et reformulées, en langue-cible (Guénoun, 2015)?

Dans cet article, nous décrirons ce dispositif de formation en emboîtement : l'étudiant·e de mobilité devenant le·la destinataire d'un atelier de didactique. Nous suivrons, comme fil conducteur, la réflexion menée avec les futur·e·s enseignant·e·s concernant la place et le statut du biographique en classe de FLE. Nous commencerons par retracer brièvement l'évolution des pratiques réflexives en lien avec l'appropriation langagière afin de situer la notion que nous formulerons ici, le *récit de l'étonnement*[3]. Nous montrerons comment cette notion s'avère opératoire par l'analyse, faite en séminaire, d'un corpus de témoignages d'étudiant·e·s internationaux·ales durant leur séjour en Suisse. Nous discuterons, finalement, de la manière dont les projets pédagogiques, pensés en classe de didactique, pourraient être recentrés, grâce à ce type d'analyse, afin de cibler plus clairement *la mise en récit d'un soi qui s'adapte durant l'expérience de mobilité.*

3 Christine Develotte (2006) a travaillé sur la notion de « journal d'étonnement », dispositif méthodologique visant à développer la compétence interculturelle. Dans notre description du *récit de l'étonnement*, nous nous distinguons néanmoins de cette démarche (voir : https://journals.openedition.org/lidil/25).

1. Partie méthodologique : démarches réflexives et didactique des langues

Au début du XXe siècle, la subjectivité apparaît comme un paradigme éducatif dans tous les domaines des sciences humaines et sociales. De récepteur·trice passif·ve, l'apprenant·e devient un·e acteur·trice principal·e dans son appropriation de nouvelles connaissances, qu'il·elle co-construit avec d'autres (nommé·e·s aussi *co-acteurs·trices*) (Perregaux, 2002 ; Gohard-Radenkovic, 2004 ; Molinié, 2015). S'insérant nécessairement dans un projet, toute découverte – pour faire son entrée dans l'encyclopédie personnelle de connaissances – sera mise en relation avec le *déjà connu*, en fonction de *ce qu'il reste à connaître* ; elle sera contextualisée dans l'espace et dans le temps en termes de portée. Des stratégies d'apprentissage, déjà testées ailleurs, se réactiveront améliorant, dans un processus en spirale, les mécanismes de l'appropriation.

Mais ces processus ne pourraient advenir en dehors des mots. La notion de représentation – entendue comme la « partie observable », « la mise en discours », des attitudes et dispositions – est opératoire dans ce contexte (Perregaux, 2002, p. 84). Les représentations portent les traces d'une prise de conscience de la transformation et c'est cette prise de conscience des mécanismes qui gèrent, et qui génèrent, le changement que l'on nomme réflexivité. Pour acquérir une posture réflexive, décentrée, décontractée, permettant d'appréhender l'évolution tout en préservant une nécessaire unité du soi, il faut que l'apprenant·e se mette en intrigue (Baroni, Giroud, 2010) ; qu'il·elle relie les figures d'un *soi du passé, d'un soi en train d'apprendre* et *d'un soi en devenir* (se fantasmer, bientôt, *plus cultivé·e*). Et pour résoudre les discordances, pour réconcilier ces différentes figures en mouvement – et attribuer, finalement, les mérites de l'effort accompli à un soi réunifié – le discours fait office de liant : il est la trace de l'émergence de points de vue qui, réactualisés à chaque prise de parole ou en pensée, liment aussi les dissonances – chaque nouvelle version de soi chassant potentiellement l'ancienne. C'est ce processus que l'on appelle, depuis Ricœur, *l'identité narrative* (Ricœur, 1985, 1990 ; Kaufmann, 2004 ; Baroni, Giroud, 2010).

En didactique des langues – que ce soit comme outil de recherche, pour saisir la manière dont les sujets se mettent en discours face/au sein d'une réalité étudiée, ou comme méthode d'enseignement –, le récit d'apprentissage fait son apparition dans les années 1970. Il est en phase avec l'analyse des besoins, principe central des méthodologies communicatives : pour se lancer dans une formation, l'étudiant·e devra faire état de ses connaissances en amont, dans un but d'auto-évaluation ; les formateurs·trices, de leur côté, prendront toujours plus en compte les témoignages et motivations des publics-cibles pour la constitution de programmes *sur objectifs spécifiques* (Parpette, Mangiante, 2012). C'est dans ce contexte qu'a été diffusée la notion de biographie langagière, au travers du *Portfolio Européen des Langues* (PEL) notamment, invitant l'usager·ère à se raconter, par ses langues, en construisant un répertoire de données-expériences (voyages et rêves de voyages, liens généalogiques avec d'autres pays) ou de données certifiantes (diplômes, titres de formations suivies). Ce type d'instrument est pensé pour être évolutif et suivre le·la scripteur·trice tout au long de la vie. S'il est tenu à jour il peut, par exemple, se constituer en script prêt à l'emploi valorisant un profil plurilingue lors d'un entretien d'embauche.

En fonction des époques, des visées pédagogiques ou de recherche, les pratiques réflexives en vogue en didactique se sont déclinées en formes discursives et iconiques de différents types – des appellations laissant transparaître, en elles-mêmes, aussi bien les méthodologies adoptées que les consignes données aux narrateurs·trices : parcours ou trajectoires de vie, de langues et d'apprentissages, récits de langues et de mobilité, portraits des langues ou cartes de mobilités, etc.[4]. En classe ou face à un·e chercheur·euse, la production du discours (qu'il soit oral, écrit, dessiné ou photographié) n'est souvent qu'une première étape ; confié à un tiers ou déposé dans un cahier, il déclenche le processus. Mais l'émergence d'un regard méta-, d'un *discours sur*, advient surtout lors des relectures solitaires, ou en dialogue avec d'autres, dans des séquences de discours liant. Ces séquences sont attribuables au

4 Voir, entre autres, les nombreux travaux de Muriel Molinié ou d'Aline Gohard-Radenkovic.

décalage ressenti entre la « galerie de soi(s) passés », incarnés dans le récit, et ce que le·la narrateur·trice pense être devenu·e au moment où il·elle se raconte (Keller-Gerber, 2017, p. 97).

Nous constatons, dans nos propres pratiques, que si les étudiant·e·s en échange parlent assez facilement des capitaux de mobilité correspondant à l'avant-séjour – en réinvestissant des pans de récit qu'ils·elles avaient peut-être formulés ailleurs durant leur passé scolaire, dans des formats de type PEL –, ils·elles ne sont pas armé·e·s pour parler d'une mobilité en cours (Murphy-Lejeune, 2003)[5]. Certains progrès sont certes objectivables – comme les paliers linguistiques dépassés ou des notes et crédits obtenus lors d'examens – mais les acquis expérientiels se dissolvent systématiquement en déclarations convenues de type : « j'ai découvert une autre culture », « j'ai vu des manières de vivre différentes », « j'ai appris beaucoup de choses » (Dervin, 2007)[6].

2. Partie théorique : dans le cadre du récit de vie…

> *Se raconter, c'est bâtir une histoire qui dirait qui nous sommes, ce que nous sommes, ce qui s'est passé et pourquoi nous faisons ce que nous faisons* (Bruner, 2002, p. 58)[7].

5 En s'inspirant de la notion de *capital* telle qu'entendue par Bourdieu, l'auteure conçoit celle de *capital de mobilité* afin d'évaluer l'évolution de compétences / attitudes / aptitudes et dispositions / acquis de toute sorte, durant le séjour de mobilité.

6 Citations reprises d'un corpus de textes rédigés par des étudiant·e·s de mobilité, affichés par le Service des relations internationales de l'Université de Fribourg en mars 2019.

7 Le XXe siècle a été qualifié d'ère du récit de vie (Kaufmann, 2004). Ce type de discours – sous toutes ses formes – répondrait aux besoins de se dire de l'homme « moderne ». Avec l'avènement des réseaux sociaux, cette pratique s'accentue par des mises en scène de soi hybrides, mêlant l'iconique au verbal. Quand elle se dicte des objectifs, la didactique des langues ne peut plus faire abstraction de ces évolutions d'ordre anthropologique. Mais l'analyse de matériel pédagogique

Composer un récit de vie, c'est faire sa rétrospective à un moment précis ; c'est s'observer évoluer de l'extérieur, sur une longue durée, comme si l'on était un·e autre (Ricœur, 1990 ; Kaufmann, 2004) ; c'est une démarche verbale/discursive comparable à l'autoportrait en peinture, dans la mesure où l'image de soi mise en texte – celle qui sera tendue au public une fois l'auteur·trice satisfait·e du résultat – se construira par strates, dissimulant peut-être des zones blanches (Bourdieu, 1986). S'il·elle arrive à poser un point final, c'est que l'auteur·trice aura atteint une forme de cohérence identitaire au sein de cette « galerie » d'images de soi(s) s'enchaînant chronologiquement (Keller-Gerber, 2016, p. 97).

Le flux du récit en lui-même a donc une fonction performative : le·la peintre pose son pinceau, l'auteur·trice arrête de se ciseler en mots, au moment où l'œuvre, soudainement, reflète une totalité satisfaisante à leurs yeux. Mais contrairement à l'autoportrait peint – qui s'appréhende d'un coup d'œil, dans sa totalité – le récit de vie « ne valorise pas l'actualité immédiate, mais *le déroulement* d'une trajectoire » (Zarate, 1986, p. 86, nos italiques) : à la lumière d'une problématique significative au moment où il·elle se raconte, le·la narrateur·trice sélectionnera des scènes de sa vie passée, susceptibles d'en illustrer les enjeux, et en taira d'autres. En s'observant dans l'acte de réagir face à d'autres dans des scènes mentalement rejouées, il·elle redonnera vie à des dialogues qu'il·elle avait gardés en mémoire (Vincent, 2004 ; Lucius-Hoene, Deppermann, 2004). Le rythme de la narration – fait d'arrêts sur image où l'on s'immisce, peut-être, pour commenter, et d'accélérations sur des pans de vie semblant peu porteurs pour la thèse développée – est en lui-même signifiant : il dénote le positionnement de l'auteur face à son histoire, au moment où s'énonce le récit (Genette, 1983)[8]. Quantifier les portions de discours successivement attribuées à différents thèmes, ou épisodes – en termes de minutes pour un récit oral ou de lignes pour

---

récemment publié pour le FLE/FLS prouve que la pratique d'une *compétence autobiographique* en classe de langue ne semble pourtant pas aller de soi (voir note 3).

8 Nous nous référons ici à la narratologie de Jean Genette, articulant ses catégories d'analyse sur la triade histoire – récit – narration.

un récit écrit – est un geste opératoire en vue de son analyse (Baudoin, 2010).

La transposition, du vécu au raconté, donne aux expériences mises en scène la forme de défis. Ces épreuves, surtout si leur description résulte d'une somme d'expériences parallèles, prendront une forme typifiée – comme si l'auteur avait trouvé, peut-être dans l'acte de se raconter, la tactique idéale pour les surmonter (Baudouin, 2010). Par l'explicitation des opérations qu'il requiert – la description de ces gestes en enchaînement que le personnage principal (*son soi passé*) ne questionnait pas forcément au moment de l'action, mais que le·la narrateur·trice (*son soi présent dans l'écriture*) questionne par le simple fait d'en parler rétrospectivement –, l'exercice est, en lui-même, une expérience de décalage (Lucius-Hoene, Deppermann, 2004).

2.1. … le récit de l'étonnement

C'est à la lecture d'un reportage de Marie Maurisse – concernant les immigrés français hautement qualifiés établis en Suisse – que nous nous sommes interrogée sur l'intérêt, dans un cadre didactique, de prendre en compte non seulement le récit de vie dans son ensemble mais aussi des focalisations sur des fragments de narration, des bribes d'expérience, des éclats de souvenirs, des arrêts sur image en lien avec une expérience en cours. Voici l'extrait d'un entretien portant sur les aspects plaisants, et moins plaisants, de la vie en Suisse :

> Une seule chose, mais qui est à double tranchant : la tranquillité. C'est très calme et très reposant, et à la fois c'est trop calme et trop reposant. Ici, quand c'est limité à 50 kilomètres-heure, les gens roulent à 40, parce qu'il faut faire attention… Le pire c'est que je m'y suis mise, à leur rythme, alors qu'en France, au volant, j'insultais tout le monde… (Maurisse, 2016, p. 111).

Au gré de nos lectures, nous avons ensuite pu repérer des éléments récurrents, sur le plan discursif, dans des séquences ayant les mêmes visées : quand, en parlant de leurs expériences à l'étranger, des narrateur·trice·s reviennent sur un moment / une scène qui les a étonné·e·s. Ce second extrait illustre cette question ; il est tiré de l'essai intitulé

Nâââande !??? Tribulations d'une Japonaise à Paris (Nakamura, 2012, p. 15) :

> Cette petite voix je la dois à tous les Parisiens que je fréquente : Achille, Agnès, Amandine, Amélie [...] qui ont su m'accueillir dans leur cercle d'amis, même si c'était parfois à coup de grandes tapes sur le dos. Pour tous ces repas enfumés où vous étiez tous en train de brailler en mangeant de la viande saignante ; pour ces rendez-vous où vous êtes arrivés en retard sans mot d'excuse ; pour toutes les fois où vous vous êtes mouchés bruyamment sous mon nez ; pour tous ces week-ends à la campagne où vous me proposiez de me laver dans une salle de bains gelée à la propreté douteuse ; pour toutes ces cigarettes jetées allumées de notre balcon ; pour tous ces dîners où Gautier a interrompu les conversations pour chanter l'« Aigle noir » avec de grands mouvements de bras, merci.

Nous définirons ici le *récit de l'étonnement* comme une séquence narrative, généralement courte (voire très courte), fonctionnant nécessairement sur la base de références partagées entre un·e narrateur·trice se présentant comme un·e *initié·e* (mais qui ne l'était évidemment pas dans la scène qu'il·elle représente, provoquant ainsi son étonnement), et un·e interlocuteur·trice familier·ère au monde décrit. Le discours mesure l'écart entre un moi d'avant – appréhendant le monde par le prisme des représentations liées au monde d'avant (cercles de départ) – et le moi *enculturé*, dont on entend la voix, qui semble vouloir dire « je suis à ma place, ici, maintenant » (Gohard-Radenkovic, 2002, 2008). La scène s'articule autour d'un nœud – un fait déclenchant l'étonnement – suivi d'indications liées à l'impact du nœud sur l'état d'âme du·de la narrateur·trice ; dans les deux exemples ci-dessus, les nœuds sont implicites, puisqu'il s'agit de situations itératives. Les co-actants·trices – les interlocuteurs·trices du passé dont les voix sont mises en scène – sont dépeint·e·s en quelques traits et les objets prennent la valeur d'indices culturels symboliques (viande rouge = sauvagerie). Le dépassement du trouble permet au·à la narrateur·trice d'adopter un regard amusé sur la scène qu'il·elle choisit de faire revivre – l'humour étant ici un ingrédient performatif, indicateur du changement de perspective et de l'aptitude au décentrement. Les objets, stéréotypant initialement – par effet de métonymie – les membres de la société d'adoption, se transforment en « trophées » de la mobilité ; ils symbolisent l'entrée dans le nouveau cercle social (Keller-Gerber, 2016, p. 165).

Il s'agit d'un discours fortement ancré dans sa situation d'énonciation – les épisodes ne pourraient pas être réinvestis, tel quels, dans une conversation advenant de retour dans le cercle de départ, par exemple. L'image de soi que tend, indirectement, le·la narrateur·trice à son interlocuteur·trice – les Suisses sont lents et d'un calme énervant dans le premier extrait ; les Français·es sont bruyant·e·s, sales, mangeur·se·s de viande rouge dans le second – pourrait passer pour un stéréotype négatif. Nous estimons, en fait, que ce n'est pas le cas car il ne s'agit pas d'une image figée ; c'est au contraire une image tendue à ces mangeur·euse·s de viande rouge dont on désire la connivence (la narratrice japonaise les remercie, d'ailleurs, dans son texte). La critique – présente en filigrane – se dirige éventuellement vers le *monde d'avant* qui n'avait pas préparé à l'expérience du décentrement, en posant des tabous et des limites à ne pas dépasser, selon un mètre rigide de normes.

3. L'analyse, en classe de didactique, de récits de l'étonnement produits en classe de langue

Afin de mettre à l'épreuve les propositions théoriques et méthodologiques à peine esquissées (correspondant aux séances « outils d'analyse » de l'atelier de didactique), nous avons proposé aux étudiant·e·s, futur·e·s formateur·trice·s de FLE, l'analyse d'un corpus de journaux de bord qui avaient été rédigés par les participant·e·s de stages intensifs antérieurs, s'étant déroulés entre 2008 et 2019[9]. L'objectif était de voir si la notion de récit de l'étonnement était pertinente pour la relecture d'un tel corpus. Le fait que ces écrits préexistent aux observations – qu'ils n'aient pas été provoqués pour les besoins l'analyse – nous permettait

9 Ce sont des « journaux d'observation », tels qu'entendus par Geneviève Zarate (1988, p. 114) : il s'agit, dans ces écrits, de « rendre explicites les conditions de production de la description d'un fait culturel [, d']induire une réflexion sur la genèse d'une description, sur la construction d'un savoir, et sur la relativité des représentations sociales ».

d'évaluer l'apparition spontanée d'une mise en mots de l'étonnement chez des étudiant·e·s étranger·ère·s fraîchement arrivé·e·s en Suisse. Contre toute attente, les séquences correspondant totalement, ou en grande partie, au récit de l'étonnement furent très fréquentes – ce corpus mériterait d'être analysé de manière plus systématique dans le cadre d'une recherche. N'étant aujourd'hui encore qu'à l'amorce du questionnement – et pour des questions d'espace –, nous nous limiterons ici à l'exposition de quelques résultats.

Nous illustrerons, dans un premier temps, la trame d'un récit de l'étonnement à partir de cinq exemples, afin d'en décrire le développement prototypique (correspondant au schéma classique du récit, la pentade dramatique[10]) (Bermejo Berros, 2007 ; Adam, 2005 ; Bruner, 2002). Nous commenterons, ensuite, la grille d'analyse conçue en atelier par les étudiant·e·s de didactique afin d'interpréter les données recueillies. Nous discuterons, enfin, de l'intérêt d'une mise en mots des étonnements pour la construction d'une *compétence culturelle* en classe de langue, opératoire pour un positionnement de soi dans la société-cible (Zarate, 1986 ; Zarate, 1995)[11].

3.1. La pentade dramatique d'un récit de l'étonnement

Lors de leur lecture du corpus, les étudiant·e·s de didactique ont repéré des séquences qu'ils·elles pouvaient qualifier de récit de l'étonnement. La première consigne que nous leur avons donnée fut d'en reconstruire la trame ; l'encadré de la page suivante en présente cinq exemples (figure 1)[12].

10 Appelé, selon les auteurs, *pentade dramatique* ou *schéma narratif*, il s'agit d'un modèle permettant de décrire le mouvement prototypique d'une narration en cinq phases (situation initiale / complication / actions / résolution / situation finale).

11 À notre connaissance, depuis les travaux de Geneviève Zarate sur le sujet, la question de la construction de *compétences culturelles* en classe de langue est restée un domaine peu exploré en didactique des langues.

12 Le texte 3 de la figure 1 semble comporter une incongruité, l'étudiant allemand expliquant qu'il ramène sa voiture en Italie. D'après les documents administratifs à notre disposition, l'étudiant en question s'est effectivement défini de nationalité allemande, bien que résidant en Italie.

1. Anna apprend en arrivant en Suisse qu'elle devra partager sa machine à laver avec tous les habitants de l'immeuble et faire sécher son linge « en public ». Elle s'inquiète car elle pense que cette pratique n'est pas hygiénique « on mélange les microbes » et se gêne « d'exposer [s]a lingerie devant tout le monde ». Mise devant le fait accompli, elle se raisonne (laver ses petites culottes à la main pendant six mois serait encore moins hygiénique). Une colocataire suisse allemande lui explique que les machines, dans les immeubles, sont de très performantes (bien plus que celles qu'un particulier peut se permettre d'installer). Si elle y réfléchit, aujourd'hui, les machines à laver dans les cuisines en Allemagne, bricolées sous l'évier, prennent beaucoup de place, font du bruit et ne sont pas très esthétiques... (Étudiante de mobilité allemande, SA20)

2. Nicolas vit mal le fait de ne pas partager ses repas avec ses colocataires : chacun a son étage dans le frigo, chacun mange quand il veut : « préparer des pâtes pour une personne, ça ne sert à rien de sortir la casserole ! ». Durant les premières semaines de sa mobilité, le fait de manger seul en présence d'autres personnes – se réfugiant, finalement, dans sa chambre, « comme pour [se] cacher » – le mettait très mal à l'aise. Il avait l'impression que cela s'apparentait à de l'indifférence et que les colocataires « devenaient chaque jour plus des inconnus ». Et puis, un jour, il a été invité par l'un d'eux : « il s'est occupé de moi, avait acheté du vin. Depuis, on se donne des rendez-vous, régulièrement, pour manger ensemble et on se fait des surprises ». (Étudiant de mobilité italien, SP18)

3. Luca a toujours adoré les voitures puissantes. A 18 ans, il s'est acheté sa première voiture : « c'était un nouveau symbole de moi, de mon évolution, elle devait un peu me ressembler ». Il est venu à Fribourg avec sa voiture, mais fut bien embarrassé car le parking pour la garer coûtait très cher, et il ne l'utilisait presque jamais puisque la ville est « à mesure d'homme ». Il essaya, « pour draguer un peu », de proposer des tours en voiture aux filles, mais « à Fribourg, elles préfèrent les promenades dans la nature proche ! ». Finalement, il s'est mis à marcher et apprécie, d'ailleurs, que « le piéton est un roi en Suisse ». La voiture, il devra la ramener en Italie, « le plus vite possible ». Il ira en train après (Étudiant de mobilité allemand, SA19).

4. Durant le stage intensif de septembre, une année, les étudiants se sont réveillés un matin dans une ville où des affiches avaient été collées durant la nuit : ces affiches représentaient les étrangers comme des moutons noirs, auxquels on tirait des coups de pieds pour les « éjecter ». En classe, ce jour-là, Emna raconte qu'il fallut discuter car certains étudiants qui – à peine arrivés en Suisse – se sont sentis visés par ces images et étaient choqués. Elle-même, musulmane pratiquante voilée, constate que dans son pays « on n'aurait pas le droit d'exprimer une opinion politique de manière si directe ». Et puis, dans la classe, une camarade suisse a expliqué qu'elle était fière de vivre dans un pays où « règne la liberté d'expression » - même si, bien sûr, elle détestait ces affiches. Une conférence de droit concernant le système politique suisse et ses campagnes de « votation » a permis à Emna de voir, dans la ville, que d'autres partis politiques exprimaient aussi leur positionnement, et répondaient aux « affiches racistes » (Etudiante de mobilité turque, SA14).

5. Paolo, étudiant italien arrivé depuis peu en Suisse, est invité pour un diner dans une famille. Il se prépare pour la soirée – comme il le ferait en Italie – en soignant sa tenue, en particulier concernant le choix des chaussures (une paire de mocassins qu'il réserve pour les « grandes occasions »). Sa surprise fut grande quand, en arrivant sur le pas de la porte, ses hôtes lui indiquèrent le « coffre à chaussures » sur le palier et lui proposèrent d'enfiler des pantoufles usagées, sales et trouées. N'étant pas en mesure de refuser, il enfila ces pantoufles, se senti très mal à l'aise dans son costume toute la soirée – et un peu dégouté aussi. Mais finalement, en rentrant en Italie pour les vacances de Pâques, savez-vous ce que Paolo ramena dans ses bagages ? « Des pantoufles avec une croix suisse ! » ; durant son séjour, il finit par reconnaître que c'est bien confortable, « surtout quand il fait froid », de rentrer à la maison et d'« enfiler ses pantoufles » (Etudiant italien, SP18).

Dans un second temps, correspondant au premier degré de l'analyse, nous leur avons proposé de confronter les trames qu'ils avaient recomposées. Ceci amena la classe à réaliser que le récit de l'étonnement correspond tout à fait au canevas prototypique de la pentade dramatique (Bermejo Berros, 2007 ; Adam, 2005 ; Bruner, 2002). Nous nous limiterons, ici, à l'exposition de deux exemples (tableau 1).

Tableau 1. La pentade dramatique du récit de l'étonnement (produit en classe de langue)

	SITUATION INITIALE / VALEURS DE DÉPART	**NŒUD / TROUBLE**	**ACTIONS / RÉFLEXIONS**	**SITUATION FINALE / RETOUR AU CALME**	**RÉSOLUTION / CONSTAT DE TRANSFORMATION**
1. La chambre à lessive	Laver le linge : intime / caché	En Suisse : chambres à lessive communes > choc / honte	Discussion + colocataire / observations / comparaisons CH / Allemagne	Découvert des avantages : esthétique / fonctionnel / écologique	Laver son linge « en public » devient « normal »
4. Les affiches politiques dans la ville	Arrivée en Suisse des étudiants étrangers dans un contexte festif ; l'Universitémet tout en œuvre pour que les étudiants étrangers se sentent bien	Réveil dans un nouveau paysage urbain, un matin, des affiches perçues comme « racistes » avaient été posées > choc / désespoir / sentiment d'être rejetés	Exposition du mal-être en classe de langue / partage Intervention d'une étudiante suisse expliquant sa vision de « la liberté d'expression »	Comparaison avec la situation dans le pays d'origine : serait-ce possible d'exprimer ses idées de cette manière en ville ?	De retour dans la ville, les étudiants découvrent qu'aux côtés des affiches « racistes », on en voit d'autres qui les combattent. « C'est le débat démocratique ! »

Afin de donner corps à son propre processus de découverte – à sa transformation –, le·la narrateur·trice met donc en dialogue un soi d'avant (dont les valeurs et attitudes sont périmées) et un soi qui peut aujourd'hui, gentiment, s'en moquer. Un premier regard fait état de ce qu'il voyait dans la scène représentée, insistant surtout sur des aspects qui pourraient s'apparenter à de la naïveté – laver le linge est un geste intime (récit 1) – et pointe ce qu'il·elle perçoit ensuite, mais toujours dans la scène racontée, comme des anomalies – la honte de devoir étendre ses sous-vêtements en public. Ce regard étonné n'est qu'une feinte ; il est un point de départ pour montrer le chemin parcouru : l'adhésion à l'idée que les machines à laver individuelles, dans les immeubles, sont peu écologiques et moins performantes. Face aux Suisses, c'est le discours qui marque l'entrée dans la communauté ; face aux membres du cercle de départ, c'est s'assumer changé, au retour…

L'objet du récit ne sont donc plus des images figées – qu'elles soient positives, « j'ai appris beaucoup de choses » ou négatives « je ne me suis pas intégré ». C'est la mise en scène d'un processus d'acquisition, dans l'épreuve, de nouveaux savoir-être attribués (par l'auteur·trice) à la nouvelle sphère culturelle – et de la manière dont ceux-ci pourront être réinvestis dans d'autres cadres. Le discours liant réveille « ces moments privilégiés mais fugitifs, où l'on importe des catégories construites ailleurs » pour les regarder se désemplir et se remplir de nouvelles significations (Zarate, 1995, p. 118–119). Il est le lieu du réflexif dans la mesure où, par son fonctionnement même, il intègre l'idée que ces nouvelles vérités, successivement déposées dans le discours, sont obsolètes (Thievenaz, 2014). Nommer ces phases des narrations, au sein d'un tableau à double entrée, a permis de révéler les moments de délibération – correspondant ici aux « actions/réflexions » (entre-soi, avec d'autres) – rendant possible le passage du choc (subi) à la transformation (énoncée). C'est la volonté d'exposer cette transformation qui, en soi, est le moteur du récit de l'étonnement.

3.2. *Lecture interprétative des données et composition d'une grille d'analyse*

Les étudiant·e·s de didactique, Suissesses et Suisses pour la majorité, étaient à la fois amusé·e·s et interpellé·e·s par les témoignages des étudiant·e·s étranger·ère·s que nous leur avons soumis. D'un côté, les problèmes soulevés les étonnaient à leur tour – dans le sens qu'ils pointaient, chez eux·elles, des « évidences invisibles », des aspects de leur propre monde qu'ils·elles n'avaient jamais questionnés (Caroll, 1987). De l'autre, ils·elles auraient eu envie de répondre *a posteriori* à ces narrateur·trice·s étonné·e·s, pour « défendre un peu le point de vue d'un·e Suisse ! ». Ces réactions – où s'exprime (aussi) l'agacement de voir l'autre critiquer son pays (qui l'accueille !) – sont à prendre en compte dans le processus de formation en didactique des langues et des cultures.

Afin d'arriver à une objectivation croisée, un second type de tableau permettant de traiter le corpus de manière transversale fut composé, reprenant le cadre théorique du séminaire : une grille d'analyse mettant en miroir l'étonnement des étudiant·e·s étranger·ère·s et les tentatives d'explicitation des significations qu'y percevaient les étudiant·e·s suisses. Le schéma ci-dessous distingue les données tirées des récits, incluant parfois même des citations littérales, des considérations et hypothèses se rapportant à la vision des étudiant·e·s suisses sur ces situations (en grisé) (tableau 2).

Tableau 2. Analyse des éléments constitutifs du récit de l'étonnement (en classe de didactique)

	L'ÉTONNEMENT	VOIX TIERCES EXPLICITES (OU IMPLICITES)	PRATIQUES SOCIALES ET LEURS SYMBOLES (EFFETS DE MÉTONYMIE)	NOUVELLE IMAGE DE SOI / « TROPHÉES DE LA MOBILITÉ »
2. Chacun son étage dans le frigo	- La déception de ne pas être accueilli à table. - Le sentiment de gêne au moment de préparer son repas. - L'idée qu'un frigo compartimenté, « c'est étrange », « pas rationnel » et « égoïste ».	- En Italie en général, dans le cercle familial, on ne mange pas en solitaire si quelqu'un d'autre est présent. - L'étudiant était peut-être peu habitué à cuisiner avant de partir de son foyer natal ? - En Suisse, dans la colocation, chacun cuisine pour soi sans proposer aux autres.	- Le frigo = « un coffre-fort privé, certains ont des bonnes choses, d'autres des choses budget, comme la bouteille de Chanel à la salle de bain ! », on affiche des disparités sociales et économiques. - La chambre = pour se réfugier « manger sur son lit, c'est triste » / ça efface les frontières espace de nuit et espace de jour. - Les listes de course personnelles > on a « cinq bouteilles de lait ouvertes dans le frigo ! » > gaspillage. - Se servir dans le frigo : pratiques différentes dans différents pays (films américains, les familles ne mangent pas ensemble).	- On peut imaginer des surprises… On peut s'inviter… - Les listes de course deviennent des « listes de fête ! ». La bouteille de vin > geste de galanterie « pour s'inviter ». - On réinvente d'autres formes de convivialité.

L'agacement exprimé par les étudiant·e·s en didactique – même s'il peut faire sourire quand on l'analyse avec distance – correspond à un sentiment diffus dans la société suisse ; le débat à ce sujet fut virulent, par exemple, à la parution de *Bienvenue au Paradis* de Marie Maurisse (Maurisse, 2016)[13]. Contrairement à d'autres figures d'étranger·ère·s en Suisse, l'étudiant·e et le·la travailleur·euse hautement qualifié·e bénéficient d'une image de migrant·e·s de choix, souvent *invisibles* car ne posant pas de problèmes, pouvant être confondu·e·s avec les autochtones (Keller-Gerber, 2017). Occupant des postes valorisés dans la société, sur les plans social et économique, l'on attendrait d'eux·elles qu'ils·elles renvoient une image positive de leur situation privilégiée – dans des récits destinés à l'exportation mais aussi, en guise de contre-don, pour les Suisses et Suissesses eux·elles-mêmes, par effet miroir. Dans le parcours des étudiant·e·s de mobilité, qui nous concerne en particulier, tout est fait pour que le regard – et donc les récits – s'emplissent de détails pittoresques et de vie fluide : l'arrivée est monitorée par l'administration universitaire, qui lisse les tracas de l'arrivée ; des sorties « culturelles » – touristiques, en fait – parsèment l'agenda du semestre, avant même que l'étudiant·e ne soit arrivé·e sur le territoire. Les cours offerts par les Centres de langue universitaires ont un rôle central à jouer dans cette mise en scène du pays d'accueil : que l'apprenant·e pointe, en langue-cible, des détails qui sortiraient de ce cadre lissé n'est généralement pas prévu en classe de langue. Pourtant, il faudra bien vivre au quotidien, mais cette vie réelle – faite d'expériences liées aux sens et à la corporalité, à la perception du temps, à des croyances et à des manques – paraît encore difficile à didactiser (Keller-Gerber, sous presse).

13 Voir, à ce sujet, l'émission de débat politique *Infrarouge*, sur la RTS : https://www.rts.ch/play/tv/infrarouge/video/infrarouge?urn=urn:rts:video:7789376.

4. Conclusion et perspectives

> *Le commencement de toutes les sciences, c'est l'étonnement de ce que les choses sont ce qu'elles sont* (Aristote, cité par Thievenaz, 2014, p. 5).

Les liens entre étonnement et découverte remontent à Aristote : surpris face à un événement qu'il ne s'explique pas d'emblée, ou qui contredit ses évidences, l'homme et la femme se mettent à la recherche de nouvelles vérités. Le verbe « tonner », inclus dans « étonner », souligne l'état de déstabilisation violente que ce sentiment engendre (Seguin, 1981). Car si l'on se met en quête – et que l'on se met à chercher –, le moteur du mouvement nous est externe, il est involontaire, ce sont des forces liées au nouveau contexte, créant un différentiel par rapport aux attentes.

La question de l'étonnement n'a, à notre connaissance, été conceptualisée que récemment dans le domaine de la formation des adultes (Thievenaz, 2014). Dans le cadre méthodologique qui est le nôtre – les pratiques réflexives en didactique des langues –, cette notion amène une focale nouvelle : elle guide l'émergence d'une parole sur soi sur des moments précis (mais initialement subis), où le·la locuteur·trice ne s'est pas senti·e en phase avec son nouveau milieu. La démarche didactique de l'étonnement invoque des temporalités, des lieux, des personnes et leurs voix qui – mises en miroir – permettent de dénouer le trouble, par l'expression des écarts entre la représentation d'un *soi du passé* et d'un *soi qui écrit (ou qui parle).*

La classe de langue est rarement le lieu où les étonnements sont libres de s'exprimer. Certain·e·s ont même démontré qu'elle est le lieu par excellence du *non-étonnement* ; c'est l'endroit d'une mise en scène ethno-centrée de la culture-cible, rassurante autant pour l'apprenant·e (qui consomme des données solidifiées) que pour l'enseignant·e (qui les maîtrise) (Zarate, 1995 ; Anquetil *et al.*, 2017). Dans le contexte de la mobilité académique, ces valorisations stériles sont relayées par d'autres demandes de dire : les administrations de départ et d'arrivée, les équipes pédagogiques – commanditaires des séjours – validant les semestres passés à l'étranger en échange de rapports écrits où l'enchantement est de mise, plutôt que l'étonnement franc.

C'est en nous posant la question de l'existence d'une matrice du récit de l'étonnement – et de son exploitation en classe de langue – que nous avons réfléchi, en atelier de didactique, aux conditions d'émergence de telles séquences. Après s'être étonné·e·s des étonnements des autres sur leur propre monde, les futur·e·s didacticien·ne·s ont cherché à objectiver le fonctionnement de ces discours. La prochaine étape, pour l'atelier de didactique, sera la formulation de consignes amenant, plus systématiquement, l'expression de l'étonnement au centre des apprentissages de la langue-cible chez les apprenant·e·s en situation d'immersion.

BIBLIOGRAPHIE

Adam, J.-M. (2005). *Les textes types et prototypes. Récit, description, argumentation, explication et dialogue*. Paris : Armand Colin.

Anquetil, M., Derivry, M., Gohard-Radenkovic A. (2017). En finir avec le Je contraint et réifié dans l'objet PEL : pour une didactique de la biographie langagière comme processus relationnel. *Revue TDFLE, 70* [en ligne].

Baudouin, J.-M. (2010). *De l'épreuve autobiographique*. Berne : Peter Lang.

Bermejo Berros, J. (2007). Les récits et la pensée narrative. In J. Bermejo Berros, *Génération Télévision. La relation controversée de l'enfant avec la télévision*. Louvain-la-Neuve, Belgique : De Boeck Supérieur, 137–186.

Baroni, R., Giroud, A. (2010). L'identité narrative en question. Biographie langagière et réaménagement identitaire. *Enjeux, 78*, 63–95.

Bourdieu, P. (1986). L'illusion biographique. *Actes de la recherche en sciences sociales, 62–63*, 69–72.

Bruner, J. (2002). *Pourquoi nous racontons-nous des histoires* ? Paris : Retz.

Caroll, R. (1987). *Évidences invisibles. Américains et Français au quotidien.* Paris : Seuil.

Dervin, F. (2007). Erasmus : 20 ans d'hypermobilité/hypomobilité existentielle. *Synergies Pays riverains de la Baltique. Hypermobilité(s)*, *4*, 63–78.

Develotte, C. (2006). Le Journal d'étonnement. *Lidil*, 34 [en ligne].

Gérard, G. (1983). *Discours du récit.* Paris : Points.

Guénoun, T. (2015). Le personnage, figure de l'autre en soi. *Recherches en psychanalyse*, *1*(1), 50–58 [en ligne].

Gohard-Radenkovic, A. (2002). La culture universitaire comme culture en soi ? *Travaux neuchâtelois de linguistique*, *36*, 9–24.

Gohard-Radenkovic A. (2004). Représentations des « nouveaux arrivants » et enjeux de leur intégration au Québec. In E. Murphy-Lejeune (dir.). *Nouvelles mobilités, nouveaux voyageurs.* Lecce : Alliance française, 37–53.

Gohard-Radenkovic, A., Murphy-Lejeune, E. (2008). Mobilités et parcours. In G. Zarate, D. Levy, C. Kramsch (dir.), *Précis du plurilinguisme et du multiculturalisme.* Paris : Archives contemporaines, p. 126–170.

Kaufmann, J.-M. (2004). *L'invention de soi. Une théorie de l'identité.* Paris : Armand Colin.

Keller-Gerber, A. (2016). *D'étudiant étranger à travailleur hautement qualifié en Suisse. « Être dit » dans la presse et « se dire » dans des récits d'établissement.* Berne : Peter Lang.

Keller-Gerber, A. (2017). Poursuivre sa carrière à l'étranger. Histoires de parcours d'étudiants immigrants en Suisse : du récit de mobilité au récit d'établissement. *Mobilités internationales : brain drain, brain gain ? Évolution des situations et des conceptions. Journal of International Mobility. Moving for Education, Training and Research. Journal of International Mobility*, *5*, 93–114.

Keller-Gerber, A. (2020). Didattiziamo Friborgo : costruire competenze culturali con studenti in mobilità in Svizzera. *Babylonia*, *20*(1), 98–103.

Keller-Gerber, A. (sous presse). L'étrange absence du « je », de l' « ici » et du « maintenant » dans les méthodes du FLE/FLS d'hier et d'aujourd'hui. *Documents pour l'Histoire du Français Langue Étrangère ou Seconde*. 66/67.

Lucius-Hoene, G., Deppermann, A. (2004). Narrative identity empirized: a dialogical and positioning approach to autobiographical research interviews. *Narrative Inquiry, 10*(1), 199–222.

Maurisse, M. (2016). *Bienvenue au Paradis ! Enquête sur la vie des Français en Suisse*. Paris : Stock.

Molinié, M. (2002). Discontinuité socio-linguistique et cohérence biographique. *Bulletin suisse de linguistique appliquée VALS ASLA. Biographie langagière, 76*, 99–113.

Murphy-Lejeune, E. (2003). *L'étudiant européen voyageur, un nouvel étranger*. Paris : Didier.

Nakamura, E. (2012). *NÂÂÂNDE !? Tribulations d'une Japonaise à Paris*. Paris : Pocket.

Parpette, C., Mangiante, J.-M. (2012) *Le français sur objectifs universitaires*. Paris : PUG.

Perregaux, C. (2002). (Auto)biographies langagières en formation et à l'école : pour une autre compréhension du rapport aux langues. *Bulletin suisse de linguistique appliquée VALS ASLA. Biographie langagière, 76*, 81–94.

Ricœur, P. (1985). *Temps et récit III. Le temps raconté*. Paris : Seuil.

Ricœur, P. (1990). *Soi-même comme un autre*. Paris : Seuil.

Thievenaz, J. (dir.) (2014). *S'étonner pour apprendre. Éducation permanente, dossier*, 200.

Seguin J.-P. (1981). Le sens du mot "étonner" dans la langue classique et postclassique : essai de réajustement. *L'Information grammaticale, 10*, 35–36.

Vincent, D. (2004). Discours rapporté, représentations sociales er présentation de soi. In J. Lopez Munoz, S. Marnette, L. Rosier (dir.). *Le discours rapporté dans tous ses états, actes du colloque international (Bruxelles novembre 2001)*. Paris : L'Harmattan, 23–44.

Zarate, G. (1986). *Enseigner une culture étrangère*. Paris : Hachette.

Zarate, G. (1988). Le journal d'observation ou la mise en question de l'évidence immédiate dans la formation FLE. In G. Zarate (dir.),

Études de linguistique appliquée. Observer et décrire les faits culturels, *69*, 111–120.

Zarate, G. (1995). *Représentation de l'étranger et didactique des langues*. Paris : Didier.

Laura Loder Buechel

Zurich University of Teacher Education
(laura.loder@phzh.ch)

Anti-bias Education in English Language Teaching: Unpacking Textbooks, Packing a New Suitcase

Zusammenfassung. Die ersten Seiten des in der Ostschweiz verwendeten Lehrplans (Lehrplan21) fordern humanitäre und demokratische Werte, Kontexte und Inhalte auf allen Schulstufen und in jedem Schulfach, also auch im Englischunterricht. Werkzeuge wie die «Dispositions for Culturally Responsive Pedagogy Scale» und das «Teaching Tolerance Social Justice Framework» gehören zur Bewusstseinsbildung und Planung in die Hände jetziger und zukünftiger Lehrer und werden hier mit dem größeren Ziel beschrieben, klare Anti-Bias-Perspektiven in den Englischunterricht zu integrieren.

Schlüsselwörter: Anti-Vorurteilsbildung, Englischunterricht, Lehrveranlagungen, soziale Gerechtigkeit

Résumé. Les premières pages du programme d'études utilisé en Suisse orientale (Lehrplan 21) font appel à des valeurs, des contextes et des contenus humanitaires et démocratiques à tous les niveaux scolaires et dans toutes les matières scolaires, y compris dans la salle de classe EFL (English as a foreign language). Des outils tels que «Dispositions for Culturally Responsive Pedagogy Scale» et le «Teaching Tolerance Social Justice Framework» doivent être mis à la disposition des enseignants actuels et futurs pour la sensibilisation et la planification et sont décrits ici dans le but plus large d'intégrer des perspectives anti-biais claires dans les leçons d'EFL.

Mots clés : Éducation anti-biais, enseignement de l'anglais, dispositions pédagogiques, justice sociale

Abstract. The first pages of the curriculum used in eastern Switzerland call for humanitarian and democratic values, contexts, and content on all school levels and in every school subject, thereby including the EFL classroom. Tools such as the Dispositions for Culturally Responsive Pedagogy Scale and the Teaching Tolerance Social Justice Framework belong in the hands of current and future teachers for awareness-raising and planning and are described here with the larger aim of integrating clear anti-bias perspectives into EFL lessons.

Keywords: Anti-bias education, ELT, teacher dispositions, social justice

1. Introduction

When my daughter brought Figure 1 home from school – on a test from the textbooks used in her secondary school – I was appalled. How can it be that such a text was used by children in 2019? Why wasn't it unpacked?

In line with French, German, Italian and Austrian national and local curricula which emphasize the transmission of humanitarian values to combat any form of discrimination and promote fairness, the first pages of the curriculum used in parts of Switzerland (LP21, D-EDK, 2015) also call for values, contexts, and content on all school levels and in every school subject that are Christian, humanitarian, and democratic. These tenets have their roots in philosophies of education and though there may be differences in the exact role educationalists see themselves in, most teachers in central Europe accept promoting such

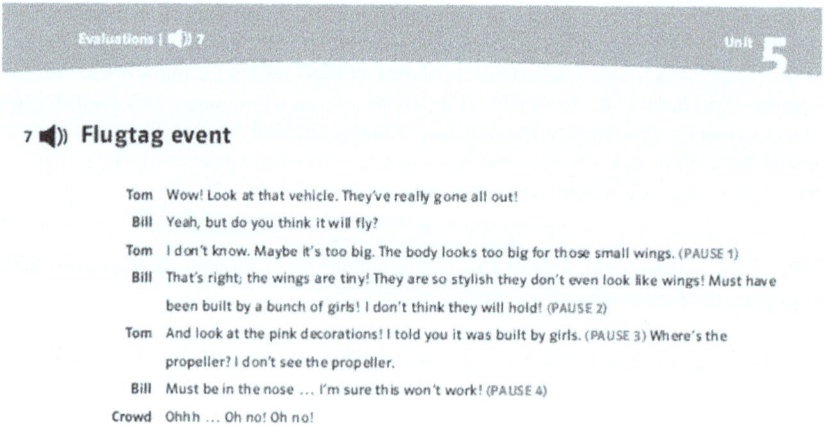
Evaluations | 7 Unit 5

7 Flugtag event

Tom	Wow! Look at that vehicle. They've really gone all out!
Bill	Yeah, but do you think it will fly?
Tom	I don't know. Maybe it's too big. The body looks too big for those small wings. (PAUSE 1)
Bill	That's right; the wings are tiny! They are so stylish they don't even look like wings! Must have been built by a bunch of girls! I don't think they will hold! (PAUSE 2)
Tom	And look at the pink decorations! I told you it was built by girls. (PAUSE 3) Where's the propeller? I don't see the propeller.
Bill	Must be in the nose ... I'm sure this won't work! (PAUSE 4)
Crowd	Ohhh ... Oh no! Oh no!

Figure 1: Eighth grade listening test (Williams and Kocher-Klicker, 2011, p. 32.)

values as core underpinnings of their profession. These values are the larger, ideological aims of education whose research fields can come under myriad names: multicultural, plurilingual or intercultural education, non-color-blind curricula, critical pedagogy, culturally responsive teaching, and here, anti-bias education. As they set the premises for public-school education in general, they also apply to the English as a Foreign Language (EFL) classroom and through an anti-bias approach to EFL, these principles can be turned into actions.

The basic tenets of anti-bias education on which this paper are focused stem from Derman-Sparks' legacy of research that reflect at its base the research on child identity and cognitive and emotional development and UNICEF's Rights of the Child. The original Derman-Sparks (1989) definition of an anti-bias curriculum is: "…an active/activist approach to challenging prejudice, stereotyping, bias, and the 'isms.' In a society in which institutional structures create and maintain sexism, racism, and handicappism, it is not sufficient to be non-biased (and also highly unlikely), nor is it sufficient to be an observer. It is necessary for each individual to actively intervene, to challenge and counter the personal and institutional behaviors that perpetuate oppression" (p. 3). Though there have been numerous other definitions, they do not stray content-wise from the Derman-Sparks' definition and all mention the role of being active challengers of injustice, critical and analytical thinkers about and proponents of social change and encourage using tools and methods that promote such core values mentioned in the curricula in order to "interrupt and change oppressive patterns and behaviors in themselves and in the institutions and communities in which they participate" (Bell, 2007, p. 2).

The difficulty in anti-bias education is to measure its effectiveness. Interventions on levels other than the classroom – school psychologists, school law, whole-school policies have shown to be sustainable in changing attitudes – and age is clearly an important factor (see Brown, 2011): it is easier to change anti-biased attitudes in early childhood education and policies and programs are least effective in the teenage years. Derman-Sparks et al. (1980) emphasize the importance of helping learners recognize cultural patterns of behavior, stereotypes and majority and minority perspectives early and according to Ray (2015, p. 127), "by the age of nine, children are aware of the ethnic, racial, and cultural to which they belong."

Thus, there is no reason to avoid discussions of gender, rights, and any 'isms' in Swiss EFL classroom as learners are of an age (nine years old when English starts) where they are cognitively able to handle such content. Furthermore, the attitudes one is surrounded by are contagious – if teachers avoid issues, then learners avoid them, too. Helping learners to see themselves as knowledgeable and as changemakers may spur them "to consider other people in their life who encourage them to identify as a global citizen" (Reysen et al., 2013, p. 62) and this can spread an anti-biased perspective. Interventions add nuances which contribute to critical thinking skills. As Widodo et al. (2018) state: "In short, today's English language teaching is more than teaching English but nurturing students how the use of English is guided by particular values. …. we contend that morality and culture is a single entity that shapes how students learn to think, feel, behave, act, and relate to others in a more multiculturally diverse world" (p. 4). For these reasons, this paper takes the clear stance that anti-bias education belongs to the English curriculum. Neither teachers nor textbooks should shy away from or banalize topics stemming from civil rights and social change. The Dispositions for Culturally Responsive Pedagogy Scale (DCRPS) and Teaching Tolerance Social Justice Framework are tools to help support facing these issues and will be elaborated upon in terms of their usage in teacher training and as tools with which to analyze existing materials that have been approved by the ministries of education.

2. Dispositions for Culturally Responsive Pedagogy Scale (DCRPS)

According to the Swiss Federal Statistical Office 2019 report on teachers of upper-primary school children (7–12 year-olds) and the children in this age bracket, it would seem there is a mismatch between who upper-primary public-school children are (28 % foreign, 49 % female) and who is teaching them (4.9 % foreign, 83 % female) – a cultural dyssynchrony (Irvine, 2003). Yet these statistics are not differentiated – gender is not binary and being Swiss or not says nothing about one's disposition, heritage, experience, or multilingualism. More important than is how willing teachers are to face issues of social justice and bias in the classroom. This is where the DCRPS comes into play.

The DCRPS and its development and theoretical constructs are described in detail in Whitaker and Valtierra (2018). The DCRPS indicates teacher dispositions (beliefs and attitudes under a culturally responsive pedagogy lens) towards praxis, community and social justice by asking teachers to rate their feelings on statements representing indications towards one of these three categories on a six-point scale (with a '6' indication strongly agreeing with a statement and a '1' indicating strongly disagreeing with a statement). Dispositions can be a catalyst for change and scoring highly on parts of the instrument can indicate teaching practices that are more sustainable on many levels including sensitivity towards bias and willingness to address it. Whilst Harvard's Implicit Bias tests might also be of use in education, they can be problematic as they do not necessarily show the thinking that leads to a certain behavior, or one's willingness to act. Therefore, dispositions as measured through tools like the DCRPS are more telling and can be used for discussion, problem-solving and analysis of the need for specific future training.

The question is if, when provided with materials from compulsory coursebooks from a single subject, EFL here, teachers' dispositions prevail – do they see the potential for provocation or for discussion in materials regardless of the minimal language aims of the EFL curriculum? Does a teacher's disposition prevail regardless of the materials with which they are expected to work? In the spirit of the DCRPS, the Praxis and Social Justice scales were administered via Google Forms to fifteen pre-service teachers enrolled in the elective "Dealing with Diversity in Public Schools" which covers general concepts about embracing diversity in all subjects taught in Swiss primary schools. Students were first shown some images (such as a picture of Native Americans describing their totems) from course books and asked if they would use them in the EFL classroom and how. They were then asked to fill in the DCRPS using the 6-point scale. Finally, they were asked to look at the same pictures again and add any new ideas or change of ideas. This experiment was used as a tool for discussion on many topics and an awareness-raising of the images shown to learners and the respective linguistic utterances that might prevail for the promotion of tolerance depending on the question the teacher used with the image (details on the activities done in class around the DCRPS are described in Buechel, 2021). This experiment has clear limitations in the number of participating students and the public addressed yet the model is useful in helping young teachers explore their own ability to see and address bias in course books or willingness to use more open materials.

Table 1: Student (N =15) scores on the DCRPS

	DCRPS Statement / Items	**Average Score * 15 students**	**Amount of variation**
Statements reflecting disposition for praxis	I value assessing my own teaching practices.	4.2	.55
	I am aware of my cultural background.	4.9	1.0
	I am willing to take advantage of professional development opportunities focused on issues of diversity.	4.8	1.0
	I am open to feedback about my teaching practices.	5.4	.96
	I am willing to examine my own identities.	5.1	1.0
	I am willing to be vulnerable.	3.7	1.0
Statements reflecting disposition for social justice	I believe it is important to acknowledge how issues of power are enacted through schools.	4.8	1.1
	I believe that schools can reproduce social inequities.	4.8	1.0
	I believe that hot topic conversations (e.g., race, gender, sexuality, religion, etc.) should be had in class when necessary and/or relevant.	5.7	.75
	I value equity (giving each student what they individually need) over equality (giving each student the same thing).	4.6	1.0

**6 (strongly agree) to 1 (strongly agree)*

Table 1 shows that this group of students have promising dispositions towards the constructs measured through their high average scores and that this study was preaching to the choir. Yet even in this selected group of students, there was some variation, as we see their relatively low average score (though high variation) in their willingness to be vulnerable and high average score and low amount of variation in their willingness to discuss hot topics. We see this in reference to Figure 2 where one student said "I think it is a very cute way to show diverse families. However, it does go against some of the things we have learned at our university. Such a task could be 'too private.'" Figure 2 is not found in the compulsory course books; what is in those books are families with a mother, a father and children, which, in the logic of the student's comment, could also be seen as too private and contradicts here slightly the high average score (Table 1) in using hot topics in classrooms but supports the low score in their willingness to be vulnerable. Thus here we see that although perhaps they rate themselves relatively high, and there was not a high degree of variation between scores, some students were not quite ready to be vulnerable which can affect their willingness to use more modern materials in the classroom.

Figure 2: All Kinds of Families (Gravel, E.)

An image where two children are dressed as nondescript "American Indians" and describe their totems (a strong bear for the boy and a bee (flowers) for the girl) triggered one student to describe their own background and knowledge of shamanism and to state that the picture was not particular to one tribe and that this was how people viewed Native Peoples in the 1970s – these comments affirm students' high average scores on their willingness to examine their backgrounds and awareness. One student wrote "It does portray a very clichéd view of Native Americans. But I do think that it could be contextualized in a way that could highlight the diversity of people's beliefs." So when asked if they would use this image in teaching, most said yes, but with additional information or contexts and yet there was still one student who stated "I will use it because it's in the official books."

Using the DCRPS with students and applying the principles to specific coursebook material selection led to one student to say that if they had not done this, they may have never seen the pictures in the compulsory books in this light – that even though they might have scored relatively high on the scales, that they do not always view the content of what they are teaching under the lens of their own values. I am convinced that guiding students to come to such conclusions is a valuable exercise. As a final anecdote, when presented with a picture of a "traditional" English Christmas, one students stated "The picture shows stereotypes like the woman serving the man. However, if there is enough material in the classroom against those stereotypes and if the teacher opens a conversation about the problem of this picture it can still have a positive effect."

3. The Teaching Tolerance Social Justice Framework and the Local Curriculum

Through Sapon-Shevin's (2017) use of the term 'unpack', teachers are encouraged to question curricula and materials used in public schools (which are accepted as conforming to the curricular standards) and view them though a social justice, anti-bias lens. By unpacking materials with help of the Teaching Tolerance Social Justice (TTSJ) Framework, we can better see if what we are providing learners in EFL actually support the tenets of the curriculum or not.

There is criticism of LP21 on more general levels (see Herzog, 2014) of how skills are defined and should be measured. We turn here more specially to the local Language Arts curriculum (which includes local, heritage and foreign languages) where multiculturalism, intercultural skills, and exposure to varieties of languages are mentioned. There is also criticism of racism in other coursebooks in Switzerland (see El-Maawi and Abou Shoak, 2020). For the specific EFL standards, though learners are to be aware of the role of English as a global language and be exposed to other varieties, this is undermined through the use of German term "englischsprachig" (native English-speaking implied) as opposed to "englischsprechend" (anyone who speaks English, native or not); a native-speaker English is implied as a more favorable norm. The work done in the fields of English as a Lingua Franca (e.g. Jenkins, 2006) would challenge such formulations as it does not promote intercultural values of tolerance and diversity in a world where more people speak English who do not live in English-speaking cultures.

Where one sees curricular content aims appropriate to an anti-bias curriculum is in the section "Culture in Focus." Here it is explicitly stated that learners be made aware of cultural similarities and differences through treating traditional topics such as greetings, fashion, and celebrations. What is mentioned throughout this section is that learners should discuss clichés surrounding these topics and why they exist. In the application of these standards, the compulsory course books do support humanitarian and democratic values mentioned in LP21 in some ways by providing international contexts, e.g. classrooms around the world. Yet at the same time the contexts described are not necessarily appropriate to encouraging exposure that might help promote an anti-biased attitude, e.g. when showing Indian Americans in tipis.

To go deeper into the materials, a social justice framework can be an useful lens. Such frameworks are powerful tools that should be in the hands of teachers and curriculum designers for analyzing, developing and selecting materials and for adapting existing content for the promotion of the core values mentioned in curricular tenets. The Southern Poverty Law Center serves teachers with materials to combat prejudice and hate and one core tool they provide is the Teaching Tolerance Social Justice (TTSJ) Standards (Chiariello et al., 2016) which are based on the Derman-Sparks' goals for anti-bias education. These standards are broken into four domains – Identity, Diversity, Justice and Action and describe learning outcomes and possible scenarios for kindergarten through twelfth-grade students. For Swiss teachers who are allowed the freedom to teach the way they see fit ("Methodenfreiheit"), but who are not allowed to choose the materials with which they teach, the TTSJ standards can provide a useful angle from which to view the current coursebooks for purposed adaptations. In the following sections, these four domains will be explored through looking into classrooms and materials used in the German-speaking part of Switzerland and suggestions for alternatives and adaptions that help take the domains a bit further will be provided.

3.1 TTSJ Identity Domain

There are occasional prompts in English coursebooks that cover some of the five TTSJ standards for identity. Where students should "develop positive social identities based on their membership in multiple groups in society" and "language and historical and cultural knowledge that affirm and accurately describe this membership" is found in numerous basic English lessons dealing with families and "Books about Me." How deeply these are looked at in the English classroom is another question – thus here would be prime opportunity for teachers to dig deeper through Socratic questioning.

Yet there is little space provided for other standards, e.g. the recognition that "people's multiple identities interact" or how an individual negotiates amongst many contexts. A suggestion would be to include more scenarios where learners are confronted with identities of others and can then use those models for talking about themselves. Providing moments allowing learners to explore their identity and what it would mean to belong to a different group can be linguistically and developmentally enrichening (cf. Branch, 2020). Furthermore, cultural identity of being "Swiss" is a topic that could be pursued. In some books, one finds "exhibits" about Switzerland or putting together visitor's guide or role plays where tourists ask about what there is to do in the region. Yet no book looks at stereotypes of Switzerland. Simply googling "teaching about Switzerland in the elementary school" with the filter on sites from another country than Switzerland might provide ideas as to how the rest of the world views Switzerland and thus trigger discussions if that is how learners themselves see the country they live in.

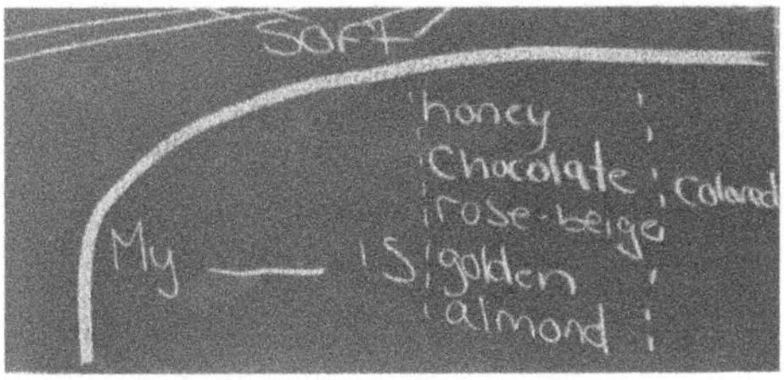

Figure 3: Author's lesson with fifth graders on skin color

When English starts in parts of Switzerland, learners are nine years old, thus simplistic statements of "I kick with my foot" or even "I have a ___nose" (Arnet-Clark and Schmid, 2018, p. 19) do not respect where they are in their general sexual, racial, ethnic or other identity development (see Ray, 2015) and such prompts can even contribute to poor self-esteem which does not need to be purported. Rather, steering towards a non-colorblind curriculum (Thompson, 2014) where colors are seen and appreciated can be quite enrichening and more and more classrooms have crayons and band-aids in many different skin tones. For example, although it seems that colors come in every single book, never is skin color a topic. Let children say what color their skin is (Figure 3) so they know that "Black" is not "Black" and "White" is not "White." This example can go further than colors, it goes into getting away from simplistic descriptions and categories and allows children to use more precise, self-determined adjectives.

The TTSJ Standards also provide scenarios which can be adapted for the classroom. For example, there is mention of religion, of what parents wear, of religious events, that could easily be integrated into the textbooks, not for the promotion on any one in particular, but so learners know how to say "My best friend is Muslim. His mother wears a hijab. I like going to his house. It's interesting there!"

Another example of exploring identity development would be to expand traditional expressions of descriptions of people and apply a bit more the semiotics of dress (Foran, 2020). Swiss children describe each other in almost every grade, and even in the fifth grade, after more than two years of English, they are asked to describe their best friend (eyes, hair color, etc.). More interesting and more related to identity development would be to take examples such as "I have blue eyes and have dyed my hair blue" and ask what it says about the person (and why). Adding a word pool of positive characteristics (e.g. I'm spunky!) is not overly linguistically demanding and might actually capture learners' interest.

3.2 TTSJ Diversity Domain

The TTSJ Diversity standards include terms such as "comfort" with similar and different people, "respect," "curiosity," "open-mindedness," "building empathy" as well as "historical contexts." Whilst the textbooks do attempt to provide exposure to diverse people, they do not go very far by really making a mix the norm or by portraying non-stereotypical images. After the first fifteen pages (of forty-four) of Young World 1 (Arnet-Clark and Schmid, 2018) this author counted 72 pictures of White people of similar skin tone and 17 pictures of other, darker skin tones. Stereotypically, of these 17, 7 belonged to one family from India, 6 to one family from South Africa. The lighter skinned families all had one or two children each. Yet the average household size in India is 5 people, but the coursebook shows 7 as a "typical Indian family." This is why the images from other sources, e.g. "the week in pictures" images provided by most international and local newspapers provide a better representation of the world around us and can be used for the same linguistic aims as those provided by the coursebooks.

Linguistically, the scenario provided where a teacher overhears her learners discussing one child's utterance "My moms took me to the zoo!" and the teacher's response "You have two moms? Do you call both of them Mom?" is not difficult for young English language learners. Instead of the provided prompts to describe traditional families, it would not be difficult to have the same exercise with more diverse families and to teach the plural – "Moms" and "Dads." In another example in the fifth-grade materials, the learners learn "Do you want to dance?" or "Does she want to dance?" which is first of all a very awkward context for 11 year-olds, and secondly, where the use of "they" might actually be appropriate when looking at the pictures of the children in the exercise – if you're not sure, use "they."

Another element of diversity is that of providing historical contexts. In the Explorers (Achermann and Sprague, 2006) series used in very few primary schools, historical contexts are provided for the teachers – and it is clearly stated when something is not addressed to its fullest potential. For example, when the song "Pick a Bale of Cotton" is introduced, there is background information provided with the intention for teachers to address the issue of slavery in the local language. In contrast, the Young World series, In the sixth-grade books, to teach the past tense and "have to," there is the example of "The maid has to make the bed." (Arnet-Clark, 2012, p. 12) with an image of a maid in a frilly smock. There are several issues here: lexically the value of knowing the word "maid" for a twelve-year-old is not really high; and contextually if the unit is about how technology has changed our lives, then this needs to be at the forefront with the discussion of developments through time and the role of humans, which could unleash a whole range of interesting social justice issues. There would be options better suited to the linguistic aims that would help learners to "examine diversity in social, cultural, political and historical contexts rather than in ways that are superficial or oversimplified."

3.3 TTSJ Justice Domain

In line with the diversity standards, the justice standards go even deeper, not just singing "Pick a Bale of Cotton" but respect that this is perhaps not Swiss children's song to sing and discussing why or learning about famous leaders in the civil rights movement of yore and current ones. The Justice standards ask learners to recognize and analyze stereotypes, unfairness, power plays in groups and to identify the movers and shakers of social justice. As Sapon-Shevin (2017) states: "A truly anti-bias response would necessitate ways to teach about race, gender, and dis/ability to broaden children's understandings about difference, prejudice, and becoming allies" (p. 47) and to do this, unpacking through questioning can help us to get there. Table 2 provides some generalized examples from course books and an example of where they could be unpacked.

Table 2: Unpacking common EFL coursebook activities

Example	**Unpack it**
See Figure 1 (8th grade)	Teach the terms "gender identity," "gender expression" and "sexual orientation" or show a gender spectrum chart. Ask where certain colors (pink) and hobbies (playing with dolls / Legos) belong and why. Ask if it is okay to say what is in the text and take a minute and introduce some famous male or queer designers.
In a picture of a town, numerous jobs are provided, many traditional such as the "postman" or a butcher or reporter (male) and a waitress (Arnet-Clark, Schmid & Ritter, 2019, pp. 12–13).	Teach learners to ask questions: "If the doctor is female, why is the nurse not male?" "Why are there more 'men' in some jobs and 'women' in others?" Using gender-neutral profession titles in English can lead to a discussion of what gender-neutral job titles are in German or French.
Learners have to read an article about a wheelchair-bound athlete. (Arnet-Clark, Bell and Ritter, 2010, p. 58).	This example is an excellent steppingstone for expansion – finding out more about the athlete mentioned, learning about other athletes who broke barriers (e.g. Mohammad Ali or the Refugee Olympic team).

Furthermore, presenting language to learn in a way that makes utterances sound like facts might be avoided in the name of justice. For example, in the Christmas picture, why teach "The English eat turkey for Christmas," adapt it to "Some English people eat turkey for Christmas." Insisting on a certain standard (e.g. British or American) is also not necessary. There are enough commonalities between British and American English for beginners to start with, and why preach any one standard when English has many recognized variations. When thinking of justice, we can think of the context and also the language.

3.4 TTSJ Action Domain

There is very little call to action found in the existing materials used in EFL classrooms in Switzerland. English is NOT the local language and thus is not used in direct, local interactions, yet there are textbooks (e.g. Macmillan's Global Stage) where EFL learners are prompted to pick a cause, describe why it's important, and develop a plan of action for supporting this cause. In this same sense, there are many projects that can be partially done in English that can lead to action – Epals, UNICEF Kid Power, or Games for Change.

Linguistically, there are many simple language structures that could be taught in the appropriate contexts that transfer to actions. In a picture of a bullying situation, learners can talk about possible actions, and learn "That's not fair!" or "Please join us!"

Lessons on activism do belong in the EFL classroom. The series of lessons done in a fifth-grade class during the Black Lives Matter movement (https://kidblog.org/class/sjinelt/) are attestation that children of this age can handle the topic, are interested and want to know about it and can understand what activists are fighting for or against. There are plenty of other ideas for creating posters and holding small school protests and awareness campaigns on myriad topics.

3.5 What Else?

There are other tools that are useful for teachers wishing to adapt more of an anti-bias touch to their teaching. The Guide for Selecting Anti-Bias Children's Books (Derman-Sparks, 2013) provides questions that lead to a relatively quick analysis of whether a book supports an anti-bias approach. The Teaching Tolerance or the Rethinking Schools websites also offer endless ideas. Teachers are agents of change as Salomon (1992) posited, and providing exposure changes what learners see as normal. The easiest way to do this is through images. Using search words such as "gay family" will provide basic alternatives to the traditional textbook pictures. Drag Queen Story Hour images provide very accessible, fascinating images that children will want to talk about, so why not use them?

Once learners have been exposed to something slightly provocative, it can be unpacked. In another typical classroom example, there are pictures houses used to teach "there is/are" and basic descriptive language of homes (denotations). Why not go deeper, include other observations and connotations such as asking

- What religion are they? What lets you know that?
- Who does what in the house? How do you know?

Teachers might pay a bit more attention to the language they are teaching by using gender-neutral terms (e.g. using "server" instead of "waitress") (for concrete suggestions here, see Babylonia's issue on social justice (Lambelet and Buechel, 2021)). There are masses of materials available online that describe real people doing real things that can provide meaningful, anti-bias activities that support the basic curricular tenants. Whilst there is room in teaching for the cute (Grumpy Cat), the nonsensical (Dr. Seuss), and for the traditional (Three Little Pigs), there is much more space for the authentic, real-world, timely prompts that prepare learners to be open and tolerant in today's society. Even Tik Tok's "What are you" clips are useful in the primary classroom and could be embraced.

3. Leaving a Legacy?

When my daughter was 12 years old, her teacher encouraged the children to look at jobs outside the gender-stereotypical ones. The same week, she came home complaining because he had asked the class "Which strong boy can help me to carry these desks?" Zoe was insulted! We teachers cannot help our upbringing; we do not have time to always "think before we speak." Yet teachers are important role models and should think about what they want their learners to remember. In the values we demonstrate through what we accept or not in our classrooms, in the images and materials we choose to share with our learners, in our words, we have to be selective. We can, with a bit of awareness, turn an "ideology" of anti-bias education into concrete actions that promote tolerance and humanitarianism – it is our job as educators to promote and uphold the basic curricular tenets we signed up for. This awareness of our own behaviors needs to start in pre-service teacher education not only in EFL but in all subjects.

I have spent many a day researching "making anti-bias education sustainable" in the hopes of finding the perfect combination of techniques and content that are effective in education in the long-term. We want our teaching to leave a mark on the world in a positive way, we want to avoid tokenism, to make informed decisions and use methods and topics and approaches that have proven to be sustainable. Yet we cannot strip the research on anti-bias education down to minute essences that focus narrowly on one specific idea such as learning to categorize differently or providing images of many different types of families because there is no one specific factor that leads to becoming anti-biased, it is a combination of many different experiences that aid us in confronting our own biases and questioning them, as we want to teach our learners to do.

If we take a step back from very narrow English language aims and we always keep the larger goals of education as humanitarian, and democratic in mind, then it becomes easier to see settings and materials that promote tolerant and anti-biased behaviors. If we think back to the textbooks our parents used in foreign language classrooms, and what we remember from our own language lessons, we don't want our own children to have laughing fits with their future children about what they remember from our teaching. Coursebooks that are to be used for many years can never cover current events and issues that are at the forefront of people's lives. Some day our learners will be reading about current issues and we need to ask ourselves now how we would want our future learners to know about them. How would we unpack them? Do we want to read about a pandemic in the same way the learners read about The Great Fire of London with how many people died and the cause? Or do we want a more nuanced stance on the repercussions, how people felt during that time, who suffered as a consequence and what it meant in the longer-term? There is so much missing from the current books, why even have textbooks that are permanent for 10–15 years?

My plea here is to think about the legacy we want to leave our children. What images do we want them to have stuck in their mind's eye? No textbook can do justice to the world around us because these books are attempts at compromise. However, in light of the world today, and the materials that teachers have at their fingertips, teaching in a socially just manner in support of these basic tenets is not difficult. There should be more rigorous requirements for what is mandated as compulsory use in classrooms (and this be kept to a minimum) and tools such as the DCRPS need to be part of training. My concrete suggestion in EFL would be for teachers to plan lessons around timely materials from the world around them for focusing on communicative competencies and to tie this together with a simple, thin grammar book of which there are many and many that present language simply and neutrally.

We don't want to keep our learners in a bubble from the world. We want to slowly acclimate them and get them used to what they will encounter and give them strategies for civilly coping with what they might disagree or not be comfortable with. We cannot promote a certain way of thinking, yet we cannot step back and let others have their views without contributing to the conversation.

References

Achermann, B., & Sprague, K. (2006). *Explorers 1.* Lehrmittelverlag des Kantons Zürich, Zürich.

Arnet-Clark, I. (2012). *Young World Vocabulary Trainer.* Zug: Klett und Balmer.

Arnet-Clark, I., & Schmid, S. (2018). *Young World 1: Pupil's Book.* Zug: Klett und Balmer.

Arnet-Clark, I., Schmid, S., & Ritter, G. (2019). Young World 2 Pupil's Book. Zug: Klett und Balmer.

Bell, L. A. (2007). Theoretical foundations for social justice education. *Teaching for Diversity and Social Justice*, *2*, 1–14.

Branch, A. J. (2020). Promoting ethnic identity development while teaching subject matter content: A model of ethnic identity exploration in education. *Teaching and Teacher Education*, *87*, 102918.

Brown, C. S. (2011). Anti-Bias Education. *Encyclopedia of Peace Psychology.* Malden, MA: Wiley-Blackwell.

Buechel, L. (2022). Teachers as Agents of Change: Unpacking EFL Lessons Through an Anti-Bias Lens. In J. Crawford, & R. Filback (Eds.), *TESOL Guide for Critical Praxis in Teaching, Inquiry, and Advocacy* (pp. 85–107). IGI Global. http://doi:10.4018/978-1-7998-8093-6.ch005 (04.09.2021)

Chiariello, E. and team. (2016). *Social Justice Standards: The Teaching Tolerance Anti-Bias Framework.* Southern Poverty Law Center, Alabama, USA.

D-EDK/Deutschschweizer Erziehungsdirektoren-Konferenz (2015), Lehrplan 21, D-EDK, Luzern. Available at https://www.lehrplan21.ch/. (04.09.2021)

Derman-Sparks, L. (1989). *Anti-Bias Curriculum: Tools for Empowering Young Children.* National Association for the Education of Young Children, 1834 Connecticut Avenue, NW, Washington, DC.

Derman-Sparks, L. (2013). *Guide for Selecting Anti-Bias Children's Books.* Available at https://socialjusticebooks.org/guide-for-selecting-anti-bias-childrens-books/ (04.09.2021)

Derman-Sparks, L., Higa, C. T., & Sparks, B. (1980). Children, race and racism: How race awareness develops. *Interracial Books for Children Bulletin*, 11(3/4), 3–15.

El-Maawi, R., & Abou Shoak, M. (2020). Einblick: Rassismus in Lehrmitteln. Available at https://www.justhis.ch/publikationen. (04.09.2021)

Foran, T. (2020). Breaking Stereotypes Using the Semiotics of Dress. *TESOL Connections*. franca. *TESOL Quarterly*, *40*(1), 157–181.

Gravel, E. All Kinds of Families. http://elisegravel.com/wp-content/uploads/2018/01/Families.jpg. (04.09.2021)

Herzog, W. (2014). *Kompetenzorientierung – eine Kritik am Lehrplan 21*. (Plenary speech at Zug University of Teacher Education).

Irvine, J. (2003). *Educating Teachers for Diversity: Seeing with a Cultural Eye* (Vol. 15). Teachers College Press.

Jenkins, J. (2006). Current perspectives on teaching world Englishes and English as a lingua. *TESOL Quarterly*, 40 (1), 157–181.

Lambelet, A. & Buechel, L., (Eds.). (2021). Social Justice in Foreign Language Teaching? Whose values? Why values? Babylonia (1). https://babylonia.online/index.php/babylonia/issue/view/12/12 (04.09.2021)

Ray, D. C. (Ed.). (2015). *A Therapist's Guide to Child Development: The Extraordinarily Normal Years*. Routledge, New York, NY.

Reysen, S., Katzarska-Miller, I., Gibson, S. A., & Hobson, B. (2013). World knowledge and global citizenship: Factual and perceived world knowledge as predictors of global citizenship identification. *International Journal of Development Education and Global Learning*, *5*(1), 49–68.

Salomon, G. (1992). The changing role of the teacher: From information transmitter to orchestrator of teaching. In F. Oser, A. Dick and J. Patry (Eds.), *Effective and Responsible Teaching: The New Synthesis*. Jossey-Bass, San Francisco, pp. 37–49.

Sapon-Shevin, M. (2017). On the impossibility of learning "not to see": Colorblindness, invisibility, and anti-bias education. *International Critical Childhood Policy Studies Journal*, 6(1), 38–51.

Swiss Federal Statistical Office. (2019). Bildungsstatistik 2019. https://www.bfs.admin.ch/bfs/de/home/statistiken/bildung-wissenschaft.assetdetail.12607177.html. (04.09.2021)

Thompson, F. T. (2014). Effective multicultural instruction: A non-color-blind perspective. *SAGE Open*, 4(1), 2158244014522070.

Whitaker, M., & Valtierra, K. (2018). The dispositions for culturally responsive pedagogy scale. *Journal for Multicultural Education*, 12 (1), 10–24.

Widodo, H., Perfecto, M., Van Canh, L., & Buripakdi, A. (2018). *Situating Moral and Cultural Values in ELT Materials*. Springer.

Williams, L., & Kocher-Klicker, J. (2011). *Evaluations: Open World Units 1–8*. Klett Verlag, p. 32.

Nikola Mayer

PH Zürich / Zurich University of Teacher Education
(nikola.mayer@phzh.ch)

Critical Incidents im Fachdidaktischen Coaching Englisch der Sekundarstufe I

Zusammenfassung. In jedem Englischunterricht ereignen sich Situationen, die nicht geplant waren und die Teil der täglichen Herausforderung im Lehrberuf sind. Diese sogenannten Critical Incidents stehen im Fokus des Beitrags. Sie sind ein Weg, einen für Studierende als sinnvoll erlebten Brückenschlag herzustellen zwischen der hochschulischen Fremdsprachenausbildung und dem erfahrungsbasierten Lernen im Englischunterricht auf der Sekundarstufe während eines mehrwöchigen Unterrichtspraktikums. Die daraus resultierende Arbeit mit Critical Incidents erweist sich als tragfähiger Baustein in der persönlichen fremdsprachendidaktischen Professionalisierung. Auf der Grundlage eines theoriebasierten Codesystems werden exemplarisch zwei Critical Incidents analysiert und in einen größeren Erkenntniszusammenhang gestellt.

Schlüsselwörter: Critical Incidents, Erfahrungsbasiertheit, Theorie-Praxis Dilemma, reflection-on-action, fremdsprachendidaktische Professionalisierung

Keywords: critical incidents, experience-based learning, theory-practice divide, reflection-on-action, professional development in foreign language teaching

Mots clés : incidents critiques, apprentissage basé sur l'expérience, le dilemme entre théorie et pratique, réflexion sur l'action, professionnalisation dans la didactique des langues étrangères

Das einphasige Lehramtsstudium für die Sekundarstufe I an einer pädagogischen Hochschule in der Schweiz ist von Anfang an von einer großen Praxisnähe gekennzeichnet[1]. Die Bedeutung unterrichtspraktischer Erfahrung wird bereits von Legutke/Schocker-von Ditfurth (2009) unterstrichen, die darauf verweisen, dass es für die Ausbildung von Fremdsprachenlehrpersonen unerlässlich ist, dass neben den klassischen Studienbereichen die eigenen Erfahrungen in Schule und Unterricht integriert werden. Das Modell von Legutke/ Schart (2016,18 f.) bündelt diesen Aspekt in der Dimension „Identität und Rolle". In meiner Arbeit mit Englischstudierenden der Sekundarstufe I ist dies auch ein wichtiger Aspekt: In den Modulen erwerben die Studierenden fachdidaktisches Wissen durch Texte, in denen Konzepte, Modelle, empirische Studien analysiert und präsentiert werden. Die Analyse von Lehrwerksauszügen sowie das eigene Erleben von unterrichtspraktischen Beispielen – jede Modulsitzung beginnt mit einem Warmer, den die Studierenden so für ihren eigenen Unterricht übernehmen könnten – werden zur Veranschaulichung herangezogen. Diese fachdidaktischen Texte werden gemeinhin als „Theorie" benannt. Schädlich (2020) hebt hervor, dass die in fachdidaktischen Modulen verwendeten Texte zwar in einem klassischen Sinne als „Theorie" bezeichnet werden können, da sie sich nicht in erster Linie auf die von den Studierenden gemachten Erfahrungen beziehen und auch nicht in Form von „Praxisberichten" daherkommen. Gleichzeitig sind fachdidaktische Texte immer mit Bezug auf das zukünftige Berufsfeld „Fremdsprachenlehrer*in" geschrieben, weshalb sie „als praxisorientiert zu bezeichnen [sind] in dem Bemühen, Situationen der Praxis in der „Theorie" bereits mitzuverhandeln" (Schädlich 2020, 101).

Eine Gruppe von Englischstudierenden (n =13) bestätigt diese Einschätzungen in einer Fragebogenerhebung, die in einem meiner Seminare durchgeführt worden ist. Auf die Frage, was sie mit dem Begriff

1 Der Praxisanteil im Studium für die Sekundarstufe I an einer PH in der Schweiz liegt bei 25 %. Auf der Website der EDK findet sich folgender Hinweis: „Im Bachelor-Master-Studiengang sind Leistungsnachweise im Umfang von 270–300 ECTS-Punkten zu erbringen, davon entfallen mindestens 48 ECTS-Punkte auf die berufspraktische Ausbildung." https://www.edk.ch/dyn/13870.php

„Theorie“ allgemein verbinden, ergeben sich Verknüpfungen wie „etwas Abstraktes“, „Texte“, „Bücher“, „theoretische Konzepte“, „Forschung“, „wissenschaftliche Erkenntnisse“. Einige Studierende notieren Aussagen, die einen Bezug zwischen Theorie und Praxis erkennbar machen: „Wissenschaftliche Erkenntnisse, die mein Tun und Handeln untermauern. “ und „Es ist für mich vergleichbar mit einem Handbuch oder einer Anleitung, welche als Grundlage für die Umsetzung in die Praxis dienen.“ Interessant ist auch, dass der emotionale Bezug zum Begriff „Theorie“ bei den meisten nicht eindeutig festzumachen ist, sondern sowohl positive als auch negative Konnotationen mit sich bringt. Die Studierenden formulieren Gegensatzpaare wie „mühsam, aber interessant“; der Begriff „langweilig“ fällt mehrfach. Die Relevanz („Fundament“, „Sicherheit“, „Struktur“) wird herausgestrichen und dem Aneignungsprozess gegenübergestellt: „Der eher langweilige Teil des Lernprozesses, dennoch wichtig, ein notwendiges „Übel“ sozusagen.“

Theorie und Praxis im Lehramtsstudium

Viele Studierende nehmen das eigene Lernen in der hochschulischen Ausbildung als praxisfern und zu theorielastig wahr. Auch die Mehrzahl der Studierenden in meiner Befragung empfinden den Anteil an Theorie im Methodology Modul als zu hoch (*zu viel Theorie* – 8 Nennungen; *eine gute Mischung zwischen Theorie und Praxis*: 5 Nennungen). Schrittesser/Hofer begründen dies damit, dass Studierende von ihrer Ausbildung vor allem „Sicherheitsnetze und Anleitungen [erwarten], um dann im ‚wirklichen Leben‘ nicht zu scheitern“ (Schrittesser/Hofer 2012, 141). Die Autorinnen bieten eine strukturtheoretisch verortete Auflösung des Dilemmas an, indem sie argumentieren, dass es sich hierbei „um zwei verschiedene und einander fremde Praxen [handelt], die ihrerseits differente Kulturen erzeugen“. Basierend auf diesem Verständnis lassen sich Hochschulausbildung und Berufspraxis, jeweils als Orte definieren, an denen „Lernen in Praxiszusammenhängen“ (ibid. S. 142) geschieht und nun gilt es, Verbindungslinien zu finden, so genannte „Konzepte der Verständigung“ (ibid.), denn Studierende erleben das Zusammentreffen der beiden kulturellen Praxen wie einen „culture clash“. Dass der Lehrberuf bereits aus jahrelanger Erfahrung als Schüler*in hinlänglich bekannt ist, dürfte hierbei eine wesentliche Rolle spielen. Die lange Prägung – Borg 2004 spricht von „apprenticeship of observation“ – hinterlässt Spuren, die nicht einfach überschrieben werden können. Unter Hinzuziehung des Bourdieu'schen Habitus-Begriffs als „System weitgehend verinnerlichter Muster [...], die es erlauben, alle typischen Gedanken und Wahrnehmungen einer Kultur zu erzeugen – und nur diese“ (Bourdieu 1974/1990, 143 zitiert in Schrittesser/Hofer 2012, 145), wird diese Prägung durch die eigene Schulsozialisation als Grund dafür angeführt, dass Lehramtsstudierende weitgehend immun gegen das Problematisieren von schulischen Strukturen sind. Durchbrochen werden kann ein Habitus immer dann, wenn sich Begrenzungen auftun und als Anlass für Veränderung wahrgenommen werden. Die Autorinnen sprechen sich dafür aus, einen „Ort der Reflexion und Analyse“ zu etablieren, mit dem Ziel, die Schulpraxis aus unterschiedlichen Perspektiven zu betrachten, um so die „ewigen Routinen“, die sich ständig in die Schulwirklichkeit „einschleichen“ (vgl. Schrittesser/Hofer 2012, 146) begreifbar und damit auch veränderbar zu machen.

In dieser Diskussion ist das Fach Englisch bzw. sind die Fremdsprachen bisher nicht in Erscheinung getreten. Professionalisierung wurde im strukturtheoretischen Ansatz lange nur als überfachliches Phänomen behandelt. Dass die Einbeziehung von Fachlichkeit jedoch eine notwendige Weiterentwicklung ist, unterstreicht Bonnet, indem er darauf verweist, „dass die strukturtheoretischen Zentralprobleme – die Bearbeitung der Antinomien, der Umgang mit Ungewissheit und die Entwicklung von Reflexivität – sowohl generisches als auch fachliches und fachdidaktisches Wissen zu ihrer Bearbeitung erfordern“ (Bonnet 2019, 164). Anders ausgedrückt, Fachlichkeit ist eine tragende Säule in der Professionalisierung (siehe hierzu auch Roters/Trautmann 2014). Die eigene schulische Prägung und der erlebte Englischunterricht spielen zudem eine wesentliche Rolle. Letztlich, so Bonnet, ist es häufig das implizite fachliche Wissen der Lehrpersonen und nicht das explizite aus den Modulen erwachsene Wissen, welches das in der schulischen Praxis umgesetzte Verständnis von Fachlichkeit erzeugt. Etwas Neues kann erst aus der Verbindung von fachdidaktischem Wissen und unterrichtsbezogenen Erfahrungen entstehen. Im Folgenden wird die Arbeit mit Critical Incidents im Modul Fachdidaktisches Coaching als erfahrungsbasierte Komponente der fachdidaktischen Ausbildung vorgestellt, in der bewusst versucht wird, diese Verbindung herzustellen.

Critical Incidents im Modul „Fachdidaktisches Coaching Englisch"

Die Englischstudierenden sind von Studienbeginn an über die Arbeit im Mentorat an das Reflektieren von Unterrichtssituationen im Sinne eines generischen Professionsaufbaus gewöhnt. Für die fachliche Fokussierung bietet das siebenwöchige Quartalspraktikum im 6. Studiensemesters den Rahmen. Begleitend zu den beiden Praxisphasen (4 Wochen formative Phase, 3 Wochen summative Phase) werden die Studierenden im Modul bei ihrer Unterrichtsplanung und ihren methodischen Fragen unterstützt und zur Reflexion der eigenen Erfahrungen angeregt.

Für die Evaluation der siebenwöchigen Unterrichtserfahrung haben wir uns im Team der Dozierenden auf die Arbeit mit Critical Incidents geeinigt. Als Critical Incident (im Folgenden kurz CI) werden Situationen in der eigenen Unterrichtspraxis bezeichnet, die entweder eine positive oder eine herausfordernde Komponente aufweisen: „A critical incident is any unplanned event that occurs during class. [...] if trainee teachers formally reflect on these critical incidents, it may be possible for them to uncover new understandings of the teaching and learning process" (Farrell 2008, 3). Das Attribut „critical" verdient eine Situation dann, wenn sie einer gezielten Reflexion – „conscious reflection" (Farrell/Baecher 2017, 2) – ausgesetzt wird. Durch diesen Prozess verändert sich die Wahrnehmung von „typical" zu „critical": „An event becomes a critical incident depending on the way it is considered and the effects it has on one's understanding of teaching. It is the interpretation and meaning attributed to an incident that make it ‚critical' " (Richards/Farrell 2005, Kindle-Positionen 1372–1373). Erst die persönliche Zuschreibung von Relevanz, der Akt des Erschaffens eines CI, erzeugt den Unterschied. Dies beruht auf der zentralen Aussage von Tripp (1993, 8): „Incidents happen, but critical incidents are produced by the way we look at a situation."

Die Studierenden erhalten den Auftrag, in beiden Phasen des Praktikums solche Situationen zu sammeln. Tsui (2003) argumentiert, dass für das Herausfiltern geeigneter Situationen aus dem eigenen Erfahrungsschatz Expertise vonnöten sei: „[...] to identify and define problems, rather than to solve *problems that they are presented with* that is the critical distinction between experts and non-experts" (Tsui 2003, 271–271, kursiv im Original). Bereits die Auswahl und die Beschreibung ist für Tsui Teil der Reflexion. Auch Schädlich sieht eine reflexive Handlungskompetenz darin, „im vermeintlich Selbstverständlichen überhaupt Probleme erkennen zu können" (Schädlich 2020, 98).

Neben den drei Leitfragen als Scaffold für die Auswahl der CIs „At what moment were you most engaged as an English teacher? At what moment did you feel most distanced as an English teacher? Which event from your English classroom surprised / inspired you most?" erhalten die Studierenden das Raster mit den „9 boxes" (in Anlehnung an Korthagen/Vasalos 2005), das sie dabei unterstützen soll, die Situation zu kontextualisieren und aus unterschiedlichen Perspektiven zu betrachten.

Describe and analyse **3 critical incidents** (positive or negative) by using the following model of the „9 boxes":

1. What was the context of the situation?	
2. What did you want?	6. What did the other person want?
3. What did you do?	7. What did the other person do?
4. What did you think?	8. What did the other person think?
5. What did you feel?	9. What did the other person feel?
What are the consequences? Draw a conclusion based on your description and analysis.	

Adapted from Korthagen & Vasalos 2005, 50.

Die schriftliche Ausarbeitung der CIs wird über die Teilschritte „description, analysis, conclusion" zusätzlich strukturiert.

Critical Incidents als „reflection-on-action" und die Rolle der Emotionen

Wie oben dargestellt, beginnt die Reflexion nicht erst bei der Analyse oder der Schlussfolgerung, sondern bereits bei der Auswahl und Präsentation des CI. Farrell basiert seine Überlegungen zu den CIs auf Donald Schön (1983), der in der Fähigkeit zur Reflexion das Kernstück der Professionalisierung von Lehrpersonen sieht. Schön unterscheidet zwischen „reflection-*on*-action", also Reflexion, die auf bereits geschehene Handlungen zurückblickt und „reflection-*in*-action", d.h. herausfordernde Situationen, die *ad hoc* Entscheidungen verlangen und in der Situation reflektiert werden. Bei angehenden Lehrpersonen (sog. Noviz*innen) wird das Potential vorrangig in „reflection-on-action" gesehen. Dass dies ein wirkungsvoller Ansatz ist, legt von Felten (2005) dar, die ihre Arbeit ebenfalls auf Schöns Konzept der „reflection-on-action" begründet und aufzeigt, dass durch die Formulierung und Aufarbeitung von implizitem Wissen und die Reflexion von Unterrichtserfahrungen, die Studierenden befähigt wurden, das eigene Handeln zu verändern.

CIs sind Situationen, die sich in positiver oder negativer Weise vom sonstigen Unterrichtsgeschehen abheben. Das emotionale Moment ist somit inherent bei der Auseinandersetzung mit CIs gegeben. Thiel (1999) spricht deshalb von CIs als „teaching high" bzw. „teaching low". Abendroth-Timmer sieht Emotionen als wichtiges Element im Reflexionsprozess an und zieht Mälkkis Definition heran: „[Reflection] is defined as becoming aware and questioning the assumptions that orient one's thinking, feelings and actions." (Mälkki 2012, 45 zitiert in Abendroth-Timmer 2017, 102) In unserem Zugang sind diese Aspekte von Reflexion in den Leitfragen und den „9 boxes" von Korthagen/

Vasolos angelegt, weshalb dies in Ergänzung zu Schön eine tragfähige Definition bildet. Für Mälkki werden Emotionen nicht nur in der Situation selbst ausgelöst, sondern sie können auch durch die Reflexion wieder an die Oberfläche gelangen und Verunsicherung auslösen. Reflexion ist in diesem Sinne auch ein Wagnis. Mälkki bezeichnet die damit verbundenen eher negativen Gefühle als „edge emotions“, da man das eigene Handeln hinterfragt, vielleicht sogar in Frage stellt. (vgl. Abendroth-Timmer/Schneider 2016, 102) Parallel dazu gibt es aber auch sicherheitsspendende Gefühle, die „comfort zone“ bei Mälkki, dann, wenn Unterricht gelingt, rund läuft.

Perspektivenvielfalt und Versprachlichung

Um den Reflexionsprozess besser greifbar zu machen, erscheint es wichtig, noch weitere Aspekte hinzuziehen. Schädlich benennt zusätzlich zur bereits thematisierten Erfahrungsbasiertheit noch Perspektivenvielfalt und Versprachlichung *ex post* (Schädlich 2020, 103) als übergeordnete Parameter reflexiver Kompetenz. Bezogen auf die Arbeit mit den CIs zeigt sich Perspektivenvielfalt in der Darstellung des „Dilemmas“. Die „9 boxes“ sind hierfür eine wichtige Hilfestellung, da sie eine mehrperspektivische Betrachtung mit verschiedenen Schwerpunkten (Wunsch, Handlung, Denken, Gefühl) initiieren. Die Fähigkeit des Perspektivenwechsels bedarf einerseits des Einfühlungsvermögens in das Gegenüber und der Öffnung für andere Sichtweisen, Handlungen und Befindlichkeiten und andererseits der Distanzierung zur Sache und zur eigenen Betroffenheit. Die innere Distanz erst ermöglicht eine Neueinschätzung der Lage – ein so genanntes „Reframing“[2] (vgl. von Felten 2005), bei dem Vorschläge zur Problemlösung und Adaption entwickelt werden können.

2 Als Reframing wird die rückblickende Neuordnung einer Situation bezeichnet.

Die Versprachlichung der Erfahrung *ex post* ist ebenfalls ein Moment der Distanzierung. Wir haben uns für ein monologisches, schriftliches Verfahren im Sinne eines „reflective writing“ entschieden, wobei die Studierenden im Modul ihre CI zusätzlich vorstellen und in Gruppen diskutieren. Stein (2005) sieht im Akt der Versprachlichung eine Grundbedingung für Reflexion, denn erst durch diesen wird die nötige Distanz geschaffen, die Erfahrung strukturiert und Nachdenken überhaupt erst ermöglicht. In der schriftlichen Reflexion ist dies besonders ausgeprägt.

Die Verbindung von fachdidaktischem Wissen und eigenen Erfahrungen

Mit Schädlich lassen sich Reflexivität und fachdidaktisches Wissen als die beiden konstituierenden Elemente einer reflexiven, fachdidaktischen Handlungskompetenz benennen (Schädlich 2020, 97). Ein zentrales Element bei der Arbeit mit CIs im fachdidaktischen Coaching ist es, diese Kompetenz fassbar zu machen. Indem die Studierenden bei der schriftlichen Ausarbeitung der CIs auf fachdidaktische Termini und fachdidaktisches Wissen zugreifen, gelingt es ihnen, die Situation inhaltlich angemessen darzustellen und zu reflektieren. In der Analyse der Texte der Studierenden steht dabei für mich im Vordergrund, herauszufiltern, auf welches fachdidaktische Wissen die Studierenden in welcher Form zugreifen oder anders ausgedrückt, wie die Verbindung zwischen fachdidaktischem Wissen und eigenen Erfahrungen konstruiert wird.

Fachdidaktisches Wissen wurde bereits oben als Wissen definiert, das nicht im eigentlichen Sinne durch die Trennung in Theorie, Empirie und Praxis charakterisierbar ist. Empirie und Praxis sind Bestandteile fachdidaktischen Wissens, wodurch dieses Wissen als praxisorientiertes Wissen markiert werden kann. Die zunächst intendierte Trennung von Wissen in allgemeindidaktisches und fachdidaktisches Wissen habe ich aufgehoben. Letztlich sind auch die eher allgemeindidaktisch ausgerichteten Aspekte im Rahmen von Reflexion nur vor der Folie des Englischunterrichts versteh- und reflektierbar (vgl. Schädlich 2020, 156).

Forschungsmethodischer Zugang zur Analyse der Critical Incidents

Anders als geplant konnten die CIs nicht im Frühjahr 2020 erhoben werden, weshalb ich für diesen Beitrag auf Datenmaterial der Jahrgänge 2019 und 2018 zugreife. Bei den Daten handelt es sich um schriftlich formulierte, auf subjektiver Erfahrung beruhende Reflexionsberichte, die mittels der drei Leitfragen (siehe oben) und dem Scaffold der „9 boxes" sowie einer Strukturierungshilfe („description, analysis, conclusion") von den Studierenden individuell erarbeitet wurden, wobei davon ausgegangen wird, dass in allen drei Bereichen reflexive Elemente eingebettet sein können. Der explizite Verweis auf fachdidaktische Literatur war keine Vorgabe. Der zugrunde liegende Reflexionsbegriff umfasst in Anlehnung an Mälkki die im Sinne einer „reflection-on-action" das bewusste Hinterfragen der eigenen Vorannahmen bezüglich Denken, Fühlen und Handeln. Ergänzend wurden Aspekte wie Perspektivenwechsel, Distanzierung und die Notwendigkeit der Versprachlichung aufgenommen. Der Rückbezug auf fachdidaktisches Wissen wurde ebenfalls als maßgeblicher Teil der reflexiven fachdidaktischen reflexiven Kompetenz dargestellt. Das Erkenntnisinteresse liegt darin begründet, wie die Verbindung zwischen fachdidaktischem Wissen und eigenen Erfahrungen anhand des CI konstruiert wird.

Aus einem Pool von 42 CIs (n =14) wurden 22 CIs herausgefiltert, bei denen die Situation klar als „critical" identifizierbar ist und die eine strukturierte Darstellung und inhaltliche Tiefe aufweisen. Ausgehend von den oben dargelegten theoretischen Fundierungen, wurde ein Codebaum für die qualitative Datenanalyse mit MAXQDA entwickelt und erprobt. Dieser wurde nach 4 Wochen nochmals von mir überprüft und überarbeitet. Der aktualisierte Codebaum wurde für zehn CIs erneut angewendet.[3]

Exemplarische Analyse von zwei Critical Incidents

Für die exemplarische Einzelfallanalyse habe ich zwei CIs ausgewählt, die besonders interessante und formal sowie inhaltlich differenzierte Darstellungen aufweisen.

Critical Incident 1: „Unclear instructions for a writing game to practise linking words"
Stud3_19 nimmt die „9 boxes" als Vorlage für die Darlegung seines CIs:

1. What was the context of the situation? The pupils are writing a fantasy story in order to practise "linking word".	
2. What did you want? For the story they had to write 1 sentence of the story and then pass it on to the right. They had to make connections between different parts of the text (as the topic of the lesson was cohesion/coherence), so that the story made sense. Therefore, it was necessary to read what the other pupil(s) wrote to be able to take it up and continue.	6. What did the other person want? Some pupils wanted to write with their partner, some alone, some wanted to pass it to the wrong side.

3 Siehe Codebaum „Critical Incidents" im Anhang.

3. What did you do? I gave the instructions without visualization this time, as I wanted to try whether it also works like this.	7. What did the other person do? The outcome was very chaotic; the pupils did not know where to pass their exercise book, some in the end had several and some had none. A lot of time was wasted and after a while I decided that they just swap exercise books with their neighbours and the rest was individual homework.
4. What did you think? As I had done it that way before in P1 and it worked out very well, I thought I try it with this class. It is a strong class and they usually get organised without any complications.	8. What did the other person think? They must have thought this was very badly planned and organised.
5. What did you feel? I started feeling a bit insecure as the class did not seem to have fully understood.	9. What did the other person feel? The pupils felt very confused.

Durch die Schablone der „9 boxes“ wird der CI automatisch aus den verschiedenen Perspektiven heraus dargestellt und somit werden hier schon reflexive Elemente sichtbar. Stud3_19 gewährt Einsicht in positive frühere Erfahrungen, die ihn dazu bewogen haben, die Instruktion nicht zu visualisieren (vgl. Punkt 4). In der jetzigen Situation ist allerdings der Ablauf gestört, es kommt zu Staus und Leerläufen. Die mit dem CI verbundenen Emotionen werden als Unsicherheit aufseiten des Studierenden und Verwirrung auf Seiten der Schüler*innen benannt. Um die Situation zu retten, entscheidet sich der Student für eine Partnerarbeit, obwohl seine eigentlichen fachdidaktisch untermauerten Intentionen damit nicht voll erfüllt werden: „The reason why I did not make them do it in pairs, was that I wanted them to read through all the previous pupils wrote and focus on making connections in the text. Also, the stories would become more diverse and include all the pupils' ideas and writing styles“ (Stud3_19_CI1_ Pos. 14).

Wie sich im Gespräch mit der Praxislehrperson herausstellt, sind die Schüler*innen mit dem Ablauf vertraut, aber in etwas anderer Form. Dies veranlasst den Studenten zur Entwicklung diverser

Handlungsstrategien: In Zukunft wird er sich für weitere Aufgaben im Vorfeld bei der Praxislehrperson über Routinen informieren und auch die Visualisierung wird als Adaption benannt. Und, inspiriert durch die „9 boxes", geht er auf die Planungsebene zurück und nimmt sich vor, zukünftig die Perspektive der Schüler*innen stärker zu berücksichtigen, im Sinne einer antizipierenden Reflexion: „[...] I will try to think everything through the pupils' perspective when planning a lesson and consider what questions and problems might be likely to occur" (Stud3_19_CI1_ Pos. 18). Im Planungsdokument der PHZH ist dies in der zweiten Lehrerspalte bereits angelegt, sie wird jedoch durch die Auseinandersetzung mit dem CI neu mit Sinn belegt.

Critical Incident 2: „Implementing a creative activity"

Ergänzend zur Lehrwerkseinheit hat Stud1_19 ein Projekt zu Graffiti und Street Art ausgearbeitet. Hierfür hat sie ein Video zu einem Street Art Projekt im Libanon ausgewählt, in dem dokumentiert wird, wie die Bevölkerung durch die positiven Sprüche und die Farben an ihren Häuserwänden die Hoffnung im Bürgerkrieg aufrechterhalten. Stud1_19 beschreibt den Auftrag wie folgt: „The task was to create a design for a wall and to give arguments why this design should be chosen as final version" (Stud1_19_CI2, Pos. 3). Entgegen ihrer Erwartung zeigen die Schüler*innen wenig Motivation und so ergibt sich der kritische Moment: „I was surprised that the pupils were not so motivated for designing the wall with colours, but wanted to finish the exercise as fast as possible. They made a rough sketch with pencils and started to focus on the arguments and the description of their pictures" (Stud1_19_CI2, Pos. 3). Das Dilemma liegt im Aufeinanderstoßen unterschiedlicher Haltungen und Erwartungen: Die Schüler*innen wollen den Auftrag schnell hinter sich bringen und lassen den ungewohnten, kreativen Teil fast weg, um sich dann auf den sprachlichen Teil der Aufgabe zu fokussieren. Die Studentin war davon ausgegangen, dass die Schüler*innen vor allem den kreativen Teil der Aufgabe gerne ausführen würden. Was in diesem Moment wie die Beschreibung eines „teaching low" aussieht, entwickelt sich durch das Eingreifen der Studentin zu einem „teaching high“, indem sie die Schüler*innen ermuntert, weiter an den Zeichnungen zu arbeiten und ihre Designs farbig und detailreich zu gestalten, so wie das im Video zu sehen war. Rückblickend sieht sie unter Zugriff auf fachdidaktisches Wissen die Zusammenhänge, die in diesem Moment wirksam wurden, folgendermaßen an: „As the class was well-conditioned in doing a lot of written exercises and few creative exercises they did not really see the purpose in drawing a creative wall. I really had to encourage them to use colours“ (Stud1_19_CI2, Pos. 5). Die Praxislehrperson sieht den Einsatz dieser kreativen Aufgabenstellung für eine lernstarke A-Klasse kritisch, die Studentin formuliert das so: „[…] the teacher said to me that it was a strong A class, where one can work a lot with the course book and do a lot of written exercises“ (Stud1_19_CI2, Pos. 8). Aus Sicht der Studentin wird die Relevanz ihres Vorgehens jedoch durch den weiteren Verlauf der Stunde sichtbar. Sie nimmt die Schüler*innen nach anfänglichem Zögern als wesentlich motivierter und involvierter wahr, was sie zudem an der sprachlichen Produktion der Schüler*innen festmacht: „The arguments were more convincing than in the beginning because they were more confident of their designs as they put effort into designing them. The discussion was vivid and they really tried to convince the others that their design was the best“ (Stud1_19 _CI 2, Pos. 5). Dieser positive Verlauf stärkte ihr in der Situation selbst selbst den Rücken und hat im Nachhinein bei der Arbeit am CI zusätzlich ein positives Resümee zur Folge: „I am sure that it is important to do not only content-focused English lessons but to also include other competences such as drawing and designing to maintain the motivation of the pupils. Even if it may seem useless to design a hypothetic wall for a non-existent customer, there is a bigger output in language learning afterwards“ (Stud1_19_CI 2, Pos. 8).

Bündelung der Ergebnisse und übergeordnete Erkenntnisse

Die zwei hier analysierten CIs sind sehr individuelle Auseinandersetzungen mit persönlich relevanten Situationen aus der eigenen

Unterrichtspraxis. Dabei sind die Situationen zunächst typisch für das Quartalspraktikum Englisch. Die Reichweite der ausgewählten CIs ist aber durchaus unterschiedlich: Im Fall von Stud1_19 geht es um eine grundlegende Auffassung von Englischunterricht, wohingegen es sich bei dem anderen CI um die Organisation von (Englisch-)Unterricht dreht, die mit wachsender Lehrerfahrung aller Voraussicht nach leichter handhabbar wird.

In beiden Beispielen finden sich viele emotional gebundene Referenzen. Begründen lässt sich das damit, dass CIs emotional konnotiert sind und auch die Leitfragen sowie die „9 boxes" dazu beitragen. Dies spricht zudem dafür, dass die Aufgabenstellung die Umsetzung stark beeinflusst hat (vgl. Abendroth-Timmer/Schneider 2016, 118). In den Beispielanalysen haben beide CIs Verunsicherung ausgelöst. Die Studierenden haben dies über Formulierungen wie „I was confused", „I was surprised" zum Ausdruck gebracht. Die Situation erforderte in beiden Fällen, dass *ad hoc* Entscheidungen gefällt werden: Stud3_19 bricht die Aktion ab und wählt Partnerarbeit, obwohl dies nicht seinen ursprünglichen Zielen entspricht und Stud1_19 gibt zusätzliche Anweisungen, um die Schüler*innen für die Aufgabe neu zu motivieren.

Auch der Perspektivenwechsel wurde dafür genutzt, die wahrnehmbaren Emotionen der Schüler*innen zu beschreiben bzw. zu deuten oder sich in sie hineinzuversetzen und somit die Situation im Rückblick neu einordnen zu können. An beiden Beispielen lässt sich ablesen, dass die Situationen auch im Moment der Reflexion emotional belegt werden („comfort zone / edge emotions" vgl. Mälkki). Gleichzeitig wird eine mehr oder weniger starke Distanz zur Sache hergestellt, die dabei zu helfen scheint, über den Akt der Verschriftlichung Sicherheit zu gewinnen. Mit Blick auf weitere CIs, erscheinen grundsätzlich die „teaching lows" produktiver zu sein und einen höheren Aufforderungscharakter mit sich zu bringen, dahin gehend, die Situation genauer zu beleuchten und nach zusätzlichen Möglichkeiten (Adaptionen, Reframings) zu suchen. Viele der „teaching highs" sind eher darstellender als analytischer Natur. Gleichzeitig zeigt aber die detaillierte Aufarbeitung von Stud1_19, dass ein „teaching high" für die Studierende eine hohe persönliche Relevanz erhält und einen Effekt auf die Selbstwirksamkeit als Lehrperson ausübt.

Die Darstellungen der CIs zeugen von einer guten Fachlichkeit der Studierenden. Die Beschreibungen, Analysen und Schlussfolgerungen setzen sich von alltagssprachlichen Darstellungen ab, Fachtermini werden meist schlüssig verwendet. Explizite Bezüge zu Theorien oder fachdidaktischem Wissen sind dahingegen weniger zu finden. Dabei lassen sich Verbindungen zu Theorien und fachdidaktischem Wissen wie oben dargelegt durchaus erkennen (z.B. Differenzierung, selbstreguliertes Lernen/autonomes Fremdsprachenlernen, Motivationstheorien, kommunikativer Fremdsprachenunterricht, kreative und fächerverbindende Ansätze im Fremdsprachenunterricht etc.). Diese Aspekte werden jedoch nicht weiter ausgeführt oder mit Literaturverweisen untermauert, da dies nicht Teil der Aufgabenstellung war.

Fazit und Ausblick

Abschließend möchte ich noch das zu Beginn formulierte Erkenntnisinteresse aufgreifen, nämlich solche Angebote im Englischstudium genauer unter die Lupe zu nehmen, die praktische und theoretische Elemente so bündeln, dass daraus eine für die Studierenden als sinnvoll erlebte Transformation entsteht. Hierfür war die Diskussion um Theorie und Praxis aus den Erziehungswissenschaften als Ausgangspunkt gewählt worden, bevor dann genauer auf die aktuelle Auseinandersetzung in den Fremdsprachendidaktiken und die Implementierung der Critical Incidents im Rahmen des Coachings im Quartalspraktikum Englisch eingegangen wurde. Ursprünglich war eine umfassendere Aufarbeitung von Daten geplant. Es sollte sowohl die reflexive Auseinandersetzung mit der eigenen Lern- und Mehrsprachigkeitsbiographie (Semester 1), die Beobachtung von Englischunterricht in Kombination mit forschendem Lernen (Semester 2) als auch das Verfassen von reflexiv angelegter CIs (Semester 6) auswertet werden. Aus Platzgründen konnte in diesem Beitrag nur die Bedeutung und Analyse der CIs umfassend vorgestellt werden. Es wäre interessant, in einer

Längsschnittstudie die Daten eines Studienjahrgangs für alle drei Positionen zu beforschen.

Angesichts der starken Belastung der Studierenden im Quartalspraktikum hat sich die Arbeit an den CIs als probater Weg der Reflexion des eigenen Unterrichtens herauskristallisiert. Die Tiefe der Reflexionen ist vor allem bei den als kritisch erlebten CIs stärker, häufig werden die positiven Erfahrungen nicht in der gleichen Detailliertheit aufgearbeitet. Hier erscheint es sinnvoll, den Studierenden anhand von Analysebeispielen aus früheren Jahrgängen ein Unterstützungsangebot bereitzustellen. Das anfangs des Beitrags thematisierte Theorie-Praxis-Dilemma hat sich im Laufe der genaueren Analyse mehr in den Hintergrund bewegt. Die CIs leben in erster Linie von der subjektiv empfundenen Relevanz und dem Ansatz der Handlungsadaption bzw. des Reframings, vor allem bei negativ konnotierten CIs. Anhand der zwei Einzelfallanalysen konnte gezeigt werden, dass hier „Orte der Reflexion und Analyse" (vgl. Schrittesser/Hofer 2012) entstehen, in denen die kulturellen Praxen sich ergänzen. Um fachdidaktisches Wissen stärker einzubinden, haben wir im Team den Auftrag dahin gehend angepasst, dass die Studierenden je zwei CIs ausführlicher erarbeiten, mit der Option, Fachliteratur heranzuziehen. Ein mögliches weiteres Vorgehen wäre hier, zunächst auf die umfassende Beschreibung der CIs mittels der „9 boxes" zu fokussieren, so wie sie die Studierenden in den hier verwendeten Daten aufgeschrieben haben; diese würden dann gemeinsam im Modul diskutiert und die Palette der Handlungsmöglichkeiten eventuell erweitert. Dabei könnten auch die Elemente herauskristallisiert werden, bei denen ein Rückbezug zu fachdidaktischer Literatur Unterstützung oder neue Perspektiven ergibt. Aus den für die Studierenden als sinnvoll erlebten Texten ließe sich ein Pool von fachdidaktischen Quellen aufbauen, der von Folgejahrgängen genutzt und erweitert werden könnte; ebenso wie eine Sammlung von CIs der Studierenden. Das Kernstück der Arbeit mit CIs bleibt aber die Darstellung der eigenen, als „critical" erlebten Erfahrungen.

Literatur

Abendroth-Timmer, D. (2017). Reflexive Lehrerbildung und Lehrerforschung in der Fremdsprachendidaktik: Ein Modell zur Definition und Rahmung von Reflexion. *Zeitschrift für Fremdsprachenforschung* 28(1), 101–126.

Abendroth-Timmer, D., & Schneider, R. (2016). ‚Dass jedoch Emotionen einen immensen Einfluss auf den Lernerfolg haben können, war mir nicht bewusst' – Berufsbezogene Reflexionsprozesse in der universitären Lehrerbildung. In M. K. Legutke & M. Schart (Hrsg.), *Fremdsprachendidaktische Professionsforschung: Brennpunkt Lehrerbildung* (S. 99–126). Tübingen: narr/francke/atempo.

Bonnet, A. (2019). Die Rolle von Fachlichkeit für die Professionalität und Professionalisierung von Lehrer_innen – theoretische Überlegungen und empirische Befunde. *ZISU* 2019(8), 164–177. Zugriff doi.org/10.3224/zisu.v8i1.12. 10.04.21.

Borg, M. (2004). The apprenticeship of observation. *ELT Journal* 58(3), 274–276.

Farrell, T. C. (2008). *Reflective Language Teaching. From Research to Practice*. London, Oxford et al.: Bloomsbury.

Farrell, T. C. & Baecher, L. (2017). *Reflecting on Critical Incidents in Language Education. 40 Dilemmas for Novice TESOL Professionals*. London, Oxford et al.: Bloomsbury.

Felten, R. von (2005). *Lernen im reflexiven Praktikum. Eine vergleichende Untersuchung*. Münster: Waxmann.

Korthagen, F. & Vasalos, A. (2005). Levels in reflection: core reflection as a means to enhance professional growth. *Teachers and Teaching* 11(1), 47–71. doi.org/10.1080/1354060042000337093. 10.04.21.

Legutke, M. K. & Schart, M. (2016). Fremdsprachliche Lehrerbildungsforschung: Bilanz und Perspektiven. In M. K. Legutke & M. Schart (Hrsg.) *Fremdsprachendidaktische Professionsforschung: Brennpunkt Lehrerbildung* (S. 9–46). Tübingen: narr/francke/atempo.

Legutke, M. K. & Schocker-von Ditfurth, M. (2009). School-based experience. In A. Burns & J. C. Richards (Eds.), *The Cambridge*

Handbook to Second Language Teacher Education (pp. 209–217). Cambridge: Cambridge University Press.

Richards, J. C. & C. Farrell, T. C. (2005). *Professional Development for Language Teachers. Strategies for Teacher Learning.* Cambridge: Cambridge University Press. Kindle Version.

Roters, B. & Trautmann, M. (2014): Professionalität von Fremdsprachenlehrenden – Theoretische Zugänge und empirische Befunde. *Fremdsprachen lehren und lernen* Jg. 43(1), 51–65.

Schädlich, B. (2020). *Fremdsprachendidaktische Reflexion als Interimsdidaktik. Eine Qualitative Inhaltsanalyse zum Fachpraktikum Französisch.* Berlin: J.B. Metzler.

Schön, D. (1983). *The Reflective Practitioner. How Professionals Think in Action.* New York: Basic Books.

Schrittesser, I. & Hofer, M. (2012). Lehrerbildung als kulturelle Praxis? Wie Pierre Bourdieus Habitusbegriff die Kulturen der Lehrerbildung und der Schulpraxis einander näherbringen könnte... In C. Kraler, H. Schnabel-Schüle, M. Schratz & B. Weyand (Hrsg.) *Kulturen der Lehrerbildung. Professionalisierung eines Berufsstands im Wandel* (S. 141–154). Münster: Waxmann.

Stein, S. (2005). *Professionalisierung zwischen Schule und Hochschule. Eine empirische Studie über reflexive Lehrerbildung.* Pädagogische Hochschule Freiburg. Dissertation online. Zugriff phfr.bsz-bw.de/files/3/Stein.pdf. 10.04.21.

Thiel, T. (1999). Reflections on Critical Incidents. *Prospect* 14(1), 44–52.

Tripp, D. (1993). *Critical Incidents in Teaching.* London: Routledge.

Tsui, A. B. M. (2003). *Understanding Expertise in Teaching. Case Studies of ESL Teachers.* Cambridge: Cambridge University Press.

Anhang : Codebaum „Critical Incidents“

Critical Incident
• Kontextualisierung
• the „critical“ part
Emotionale Zuweisungen (description, analysis, conclusion)
• Eher positive Emotionen (teaching high, comfort zone emotions)
• Eher negative Emotionen (teaching low, edge emotions)
• Markante Formulierungen (z.B. surprised, disappointed etc.)
Haltungen/Werte
• Persönliche Überzeugungen
• markante Formulierungen (should, right/wrong etc.)
Fachdidaktisches Wissen
• Verwendung fachdidaktischer Terminologie
• (Expliziter) Bezug zu fachdidaktischen Theorien/Wissen
Reflexive Kompetenz
• Perspektivenwechsel
• Problemlösung / Adaption / „reframing“
• Persönliche Relevanz / Resümee des CIs

Susanne Wokusch

Haute école pédagogique Vaud
(susanne.wokusch@hepl.ch)

Qu'enseigne-t-on quand on enseigne une langue-culture étrangère ? Tentative pour appréhender un objet d'enseignement complexe

Zusammenfassung. Im Zentrum dieses Textes steht der Versuch, der Handlungsperspektive in der Fremdsprachendidaktik ein explizites Konzept des Lerngegenstands „Sprache-Kultur" zur Seite zu stellen. Im Gegensatz zu einer kodebasierten Sicht von Sprache stellt das vorgeschlagene Konzept soziokulturelle, soziokognitive und soziokonstruktivistische Aspekte in den Vordergrund. Lernende einer zusätzlichen Sprache-Kultur werden als mehrsprachige Personen gesehen, die in einer hoch diversen Welt leben; sie sind von Anfang an sozial handelnde, sprachverwendende und -lernende Individuen.

Schlüsselwörter: Auffassung von Sprache, Sprache-Kultur, handlungsorientierter Ansatz, Sprache als Lehrgegenstand, Mehrsprachigkeit und Diversität

Résumé. Ce texte propose une explicitation de l'objet d'enseignement « langue-culture » afin d'étayer les orientations didactiques actuelles orientées sur l'action. Il présente une conception socio-culturelle, socio-cognitive et socio-constructiviste du langage et des langues, se positionnant contre une conception de la langue en tant que code. L'individu apprenant une langue-culture additionnelle est considéré comme une personne plurilingue évoluant dans un environnement caractérisé par une grande diversité ; dès le départ, il est acteur social, apprenant et utilisateur dans cette langue-culture.

Mots clés : conception du langage, langue-culture, perspective actionnelle, une langue-culture en tant qu'objet d'enseignement, plurilinguisme et diversité

Abstract. This paper endeavours to support the action-oriented approach with an explicit concept of language and culture as subjects of teaching. It focuses on a socio-cultural, sociocognitive and socioconstructivist concept of language as opposed to a code-view of language. The individual learner of an additional language is considered to be plurilingual, living in a highly diverse world; a social agent from the start who learns and uses the new language simultaneously.

Keywords: concept of language, language and culture, action-oriented approach, language as subject of teaching, plurilingualism and diversity

Introduction[1]

Dans le contexte de la formation à l'enseignement d'une langue-culture au secondaire 1 et 2 à la Haute École pédagogique du Canton de Vaud, la question posée en titre est pour nous d'une importance capitale. En effet, le choix des contenus de l'enseignement, les démarches ou encore les objectifs visés sont déterminés par la perception de l'objet à enseigner ; une conception trop implicite peut donner lieu à des malentendus ou des incompréhensions. Notre expérience de formation suggère que les futures enseignantes[2] peinent à mettre en œuvre un enseignement privilégiant l'utilisation de la langue ; souvent, on observe un important travail explicite sur les formes grammaticales, enseignées comme un ensemble de règles à appliquer et décontextualisées par rapport aux thématiques abordées. Nous y voyons les traces d'une conception (implicite) de la langue partiellement structuraliste conduisant à un déséquilibre en faveur de la composante linguistique de la compétence de communication (par ex. CECR, 2001). Le CECR a par ailleurs été critiqué pour ne pas expliciter la conception de la langue sous-jacente (Huver, 2017). Ajoutons que nous souhaitons être mieux outillée pour légitimer des démarches basées sur le sens auprès d'étudiantes attachées à un travail explicite des formes de la langue.

1 Un grand merci aux collègues qui ont relu ce texte.

2 Dans ce texte, le féminin est utilisé de manière générique.

Afin de situer le point de départ de nos réflexions, nous présenterons brièvement l'approche didactique au cœur de la formation à la HEP VD[3]. Nous passerons notamment en revue des développements récents importants en cherchant à tenir compte du plurilinguisme des individus que nous considérons comme l'état par défaut dans nos sociétés actuelles ; nous nous focaliserons ensuite sur la notion de langage qui sera au centre de l'intérêt et nous permettra ainsi d'esquisser une conception du langage pouvant servir de référence pour la formation en didactique des langues-cultures (LC).

Toutefois, il faut tenir compte des conditions spécifiques de l'apprentissage scolaire d'une LC ; nous accorderons donc une attention particulière aux formes de la langue et au vocabulaire qui restent des préoccupations majeures dans l'enseignement. Nous présenterons ensuite un modèle des compétences de communication pouvant englober des compétences dans plusieurs LC. Finalement, nous aborderons l'apprentissage d'une LC dans le contexte actuel de diversité et de plurilinguisme avant de chercher à établir la cohérence entre les conceptions scientifiques identifiées et la didactique.

Concernant notre positionnement épistémologique, nous situons la didactique des LC dans les sciences du langage tout en adoptant une perspective éclectique, pragmatique, nourrie par une solide expérience d'enseignement. L'objet « langue-culture » est difficile à saisir puisqu'il implique des aspects relevant de disciplines scientifiques fort diverses et appelant à une perspective transdisciplinaire : linguistique, psychologie cognitive, sociale, culturelle, sociologie, anthropologie, biologie, neurosciences, etc. La sélection des éléments présentés par la suite sera alors guidée par nos savoirs didactiques et expérientiels.

3 Cette approche est présentée dans le concept de formation de notre unité : http://www.hepl.ch/files/live/sites/files-site/files/uer-lc/concept-formation-uerlc-2015-hep-vaud.pdf.

1. Orientations didactiques pour l'enseignement des LC au secondaire

Notre approche relève de la perspective actionnelle (CECR, 2001), avec un accent sur des activités en coopération (cf. Puren, 2004) ; les tâches y occupent une place importante (*task-supported teaching* ; Müller-Hartmann, Schocker-von Dithfurth, 2011). Nous mettons en avant une vision de l'élève comme actrice de son apprentissage, plurilingue et en contact avec plusieurs cultures. L'élève est une apprenante-utilisatrice de la langue ; les situations d'apprentissage doivent avoir un sens perceptible ; les élèves sont encouragées à développer leurs intentions personnelles vis-à-vis des activités et contenus proposés. Les dimensions socio- et interculturelles sont prises en compte dans la conception des activités (Liddicoat, Scarino, 2013). Nous préconisons une approche multimodale de l'apprentissage/utilisation des langues, impliquant la personne entière (corps, esprit, dimensions affectives). Notre formation se veut intégrative (Wokusch, 2008) dans la mesure où nous mettons l'accent sur des aspects communs à toutes les langues enseignées et que nous favorisons des liens avec les langues-cultures présentes dans le répertoire des élèves.

2. Langage, langue, langue-culture

L'explicitation de notre compréhension des concepts de langage, langue et culture est au cœur de ce texte, car il s'agit de notions présentes dans la langue courante, faisant également l'objet de représentations sociales et subjectives. De plus, leur appréhension change suivant les différents paradigmes scientifiques. La démarche est complexe, puisqu'il faut tenir compte du contexte des travaux relevant des différentes disciplines de référence et en évaluer la pertinence pour nos besoins. Sur la base de nos orientations didactiques, une certaine direction est déjà prise : nous allons dans le sens d'une conception dynamique et ouverte du langage.

Ainsi, nous avons déjà constaté qu'une conception de la langue en tant que code (*code-view of language*, Wei, 2018) pose problème, ne serait-ce que parce qu'elle suggère qu'une langue peut n'être vue que comme un ensemble de connaissances. En 1989 déjà, Galisson se positionne contre une conception de la langue comme « objet d'étude » (voyant également l'apprenante comme actrice) : « [...] ce que l'on enseigne en classe de langue n'est pas une sorte de connaissances sur le monde, mais des comportements langagiers, que l'apprenant s'approprie en les transformant plus ou moins. Le sujet n'est pas mis en contact avec un objet du monde [...], mais avec un savoir-faire à construire en kit, qu'il adapte à sa pointure et à sa nature » (Galisson, 1989, p. 110).

Nous suivons Searle (2012, p. 228) qui invite à « traiter le langage comme une extension naturelle de capacités biologiques non linguistiques » et à le concevoir « comme l'extension du reste de notre patrimoine biologique proprement humain ». L'apprentissage d'une langue a une composante physiologique forte, nécessitant un très grand nombre de répétitions afin de créer des mécanismes de perception et de production solides. À cela s'ajoutent des dimensions paraverbales comme les gestes, la gestion du contact visuel, etc. Comme le souligne Block (2014), le langage doit être considéré comme un phénomène « incarné » (*embodied*) et multimodal. Dans le même esprit, Thibault (2017, p. 76) affirme : « [Language is...] the integration and orchestration of neural, bodily, situational, social, and cultural processes [...] ».

L'apprentissage du langage par les enfants se présente alors comme un processus d'adaptation : « Infants don't 'acquire' language ; they adapt their bodies and brains to the languaging activity that surrounds them. In doing so, they participate in cultural worlds and learn that they can get things done with others in accordance with culturally promoted norms and values » (Thibault, 2017, p. 76).

Cette description illustre bien l'inscription quasi biologique des premiers apprentissages. Il est évident toutefois que l'apprentissage scolaire ultérieur ne peut pas reproduire ce processus ; de plus, les élèves possèdent déjà le langage et ont notamment accédé à la langue écrite permettant de fixer le discours et leurs capacités d'apprentissage ont évolué.

La reconnaissance du rôle fondamental des dimensions sociale et culturelle pour la conception du langage, des langues et de leur apprentissage a donné lieu à un « tournant social » (Block, 2003) dans les théories sur l'acquisition d'une langue additionnelle. La perspective socioculturelle est résumée par Hall (2012, p. 65) : la langue est considérée comme un ensemble d'outils et de ressources pour l'action sociale. Les régularités structurelles et fonctionnelles résultent de l'utilisation de la langue par les locutrices. La culture est vue comme un système social de pratiques réalisées dans la communication ; l'apprentissage d'une langue correspond à un processus de socialisation aux activités communicatives et sociales, revêtant de l'importance pour la communauté que l'apprenante souhaite rejoindre. Au moment où la socialisation de l'enfant se fait dans des communautés utilisant différentes LC ou variétés, elle développe le langage à travers ces différentes LC et devient plurilingue et pluriculturelle. Pour la didactique, il s'agit donc de faciliter l'accès à des pratiques communicatives et sociales pertinentes pour les apprenantes.

Du point de vue de la psychologie du développement, Tomasello (2019, p. 132) illustre l'imbrication des aspects cognitifs, sociaux et culturels et en souligne la complexité : « Human linguistic competence [...] is clearly an evolved capacity of the human species, but it is totally learned. It is a fundamental cognitive capacity, but it is totally social. It is mastered and practiced by individuals, but it is culturally normative through and through ».

Pour Tomasello, c'est à travers la participation à des pratiques sociales et culturelles (structurées par les symboles et constructions de la langue utilisée) que les enfants récapitulent en quelque sorte le « découpage du monde » des locutrices qui les ont précédées (perspective néo-vygotskyenne).

En cela, il rejoint le Five Graces Group[4] (2009, p. 2) qui considère la langue comme un système adaptatif complexe (*complex adaptive system)* dans la mesure où chaque interaction individuelle influence

4 Comme le *Douglas Fir Group*, cité plus tard, le *Five Graces Group* prend son nom du lieu de réunion des auteur·e·s.

les suivantes, ce qui permet d'expliquer les changements permanents dans l'utilisation des langues, les phénomènes de contact entre langues, etc. : « The structures of language emerge from interrelated patterns of experience, social interaction, and cognitive processes ».

L'interconnexion de ces aspects amène le Five Graces Group (2009, p. 3) à relever l'indissociabilité de la langue et de la culture, résultant toutes les deux de nos existences sociales complexes. Cette perspective permet de rendre compte de situations où plusieurs langues et cultures sont en contact et de montrer que l'apprentissage d'une LC va de pair avec son utilisation. Dans une telle conception, les frontières entre les différentes langues s'estompent ; en observant le discours d'individus plurilingues et leurs interactions, l'on constate que toutes les fonctions du langage sont réalisées, mais réparties sur les différentes LC d'une personne, en fonction du contexte et des besoins. En lien avec ce phénomène, des sociolinguistes ont proposé le terme *translanguaging*, adoptant également une conception dynamique de la langue. Otheguy, Garcia et Reid (2015, p. 283) proposent : « [...] to define translanguaging as the deployment of a speaker's full linguistic repertoire without regard for watchful adherence to the socially and politically defined boundaries of named [...] languages ». Dans le cadre de la formation à l'enseignement d'une langue-culture spécifique, il est certainement utile de thématiser de tels comportements langagiers afin d'y répondre de manière adéquate.

Sur la base de tout ce qui précède, on peut retenir trois idées clés : l'importance de l'entourage et du contact avec la LC ; la place prépondérante du monde social et culturel et des normes et valeurs culturelles qu'il véhicule ; et la coopération avec autrui avec des buts communs – ce dernier aspect traduisant bien la perspective socioculturelle et actionnelle de l'apprentissage et de l'utilisation des LC décrite plus haut.

3. Formes de la langue et vocabulaire

Très présente dans les préoccupations tant des enseignantes que des élèves, la question de la grammaire touche un point sensible. En effet, inscrite dans une longue tradition de discipline scolaire, une langue est aussi perçue comme un ensemble d'éléments assemblés par des règles. Et s'il est vrai que l'objectif de l'enseignement est de faciliter l'apprentissage, les régularités des formes d'une langue méritent une attention particulière. De plus, dans la communication, la grammaire a la fonction essentielle de diriger l'attention de l'interlocutrice pour interpréter les énoncés (Segalowitz, 2010). Dans la perspective basée sur l'usage adoptée ici, la grammaire d'une langue est le résultat d'une activité de catégorisation des instances d'utilisation, ce qui change sa nature : « Because grammar is based on usage, it contains many details of co-occurrence as well as a record of the probabilities of occurrence and co-occurrence » (Five Graces Group 2009, p. 5).

La frontière entre la grammaire et le vocabulaire se brouille alors ; la notion de règles de grammaire productives est contredite par l'utilisation réelle répétée donnant lieu à des constructions figées : « Corpus analyses in fact verify that communication largely consists of prefabricated sequences, rather than an "open choice" among all available words » (*ibid.*, p. 6).

Ces mécanismes de catégorisation et de solidification de constructions (*entrenchment*) sont particulièrement pertinents pour l'apprentissage de la ou des premières langues. Pour une langue additionnelle, nous avons déjà signalé que les conditions d'apprentissage sont différentes. Le Five Graces Group préconise alors le recours à des démarches d'enseignement explicites et de prise de conscience du fonctionnement de la langue (*ibid.*, p. 11) – en adaptant le contenu de l'enseignement pour tenir compte des phénomènes lexico-grammaticaux. Comme les séquences préfabriquées émergent directement de l'usage d'une LC par les membres d'une communauté donnée, se caractérisant par une norme sociale qui lui est propre, la dimension socioculturelle de la langue est intégrée dans l'enseignement/apprentissage de la LC. Les travaux de Wray (p. ex. 2002) sur le langage préfabriqué (*formulaic language*) convergent bien avec la conception basée sur l'usage décrite plus haut. Wray soutient que les fonctions du langage préfabriqué sont en bonne partie sociales : de par son caractère figé, il rend les énoncés prévisibles, assurant ainsi la compréhension ; il a d'importantes fonctions socio-interactives et, pouvant être récupéré de la mémoire sous forme de *chunks*, décharge les capacités de traitement cognitives. Wokusch (2005) a consacré un article à ce phénomène et à son impact potentiel sur l'enseignement/apprentissage d'une langue additionnelle.

4. Des compétences de communication dans différentes langues

Comme nous partons de l'idée que le plurilinguisme est le mode par défaut du fonctionnement langagier[5], il est important de disposer d'un modèle des compétences de communication pouvant englober des compétences partielles développées dans les différentes langues de l'individu. Un tel modèle nous paraît indispensable pour construire l'enseignement de manière équilibrée. La proposition de Celce-Murcia (2007) remplit dans une grande mesure ce « cahier des charges ». Ce modèle se présente comme une pyramide dépliée avec la compétence de discours dans le carré formant le centre. La compétence linguistique se trouve dans le triangle de gauche, avec comme « contrepoids » la compétence de langage préfabriqué (*formulaic competence*) qui se situe dans le triangle de droite ; la compétence socioculturelle dans le triangle du haut fait face à la compétence interactionnelle dans le triangle du bas. Ces quatre dimensions interagissent avec la compétence du discours au centre. Un cercle passant derrière les quatre triangles représente la compétence stratégique comprenant tant les stratégies d'apprentissage que les stratégies de communication. Ce modèle nous semble pouvoir représenter des compétences partielles dans différentes dimensions de compétence. Ainsi, on peut imaginer que des élèves apprenant une LCE en se basant fortement sur la grammaire manquent d'éléments préfabriqués correspondant à certaines situations socioculturelles ; tandis que des apprenantes en situation naturelle manquent de compétences linguistiques leur permettant une bonne correction. La compétence de

5 Ce qui vaut aussi bien pour les étudiantes que pour l'auteure de ce texte.

discours des uns et des autres montrera des particularités en fonction du développement des différentes dimensions. En proposant des composantes nouvelles au même niveau que la compétence linguistique, le modèle de Celce-Murcia permet d'intégrer les aspects socioculturels, interactionnels et discursifs de manière explicite dans l'enseignement/apprentissage des LCE et ainsi de mieux opérationnaliser l'objectif d'ajouter des compétences dans une langue additionnelle au répertoire plurilingue des élèves.

5. Apprendre une LC dans un contexte de diversité et de plurilinguisme

Au vu de la complexité de l'apprentissage et de l'utilisation des LC, tant en situation d'apprentissage naturelle que formelle, une approche transdisciplinaire semble s'imposer. C'est exactement ce que propose le Douglas Fir Group (2016) réunissant des spécialistes de disciplines concernées par le langage/les langues et leur apprentissage. Leur cadre théorique transdisciplinaire débouche sur dix thèmes fondamentaux ; ces thèmes correspondent de très près aux positions présentées plus haut. Nous les résumons brièvement en précisant qu'« apprentissage » va toujours de pair avec « utilisation » :

1. *Les compétences langagières sont complexes, dynamiques et holistiques*
   Cette conception du langage correspond à celle décrite plus haut ; le langage est considéré en premier lieu comme une ressource socioculturelle pour agir.
2. *L'apprentissage langagier est un apprentissage sémiotique*
   Les ressources linguistiques ne sont pas les seules ressources sémiotiques permettant de « faire du sens » (*meaning making*) ; il faut intégrer d'autres modalités non linguistiques (cf. multimodalité) et tenir compte du fait que les différentes ressources sémiotiques

peuvent également donner lieu à une utilisation conventionnelle (dimension socioculturelle).

3. *L'apprentissage langagier est situé et conditionné par des facteurs attentionnels et sociaux*
Le langage est appris à travers une activité sociale au niveau individuel ; l'individu apprend en fonction de la focalisation de son attention qui à son tour est influencée par l'activité sociale et ses apprentissages antérieurs.
4. *L'apprentissage langagier est multimodal, il intègre corps et esprit (embodiment) et résulte d'une médiation*
Les ressources sémiotiques multimodales soutiennent l'interaction et donc l'apprentissage (cf. 2). Rappelons que l'activité langagière touche l'être humain dans son intégralité, corps et esprit. Finalement, le langage/les langues s'apprennent à travers une médiation comme préconisée dans les théories socio-constructivistes, socioculturelles et socio-cognitives. Ces éléments correspondent également à ce qui a été développé plus haut.
5. *La variabilité et les changements sont au cœur de l'apprentissage langagier*
Les différences entre individus font que les situations d'interaction, le contexte social et l'input verbal seront perçus différemment ; la variabilité des apprentissages semble plus importante entre adultes qu'entre enfants, due à différents facteurs cognitifs. L'expérience d'apprentissage et les LC présentes dans le répertoire sont également facteurs de variabilité.
6. *La littéracie et l'enseignement médient l'apprentissage des langues*
En ce qui concerne l'apprentissage scolaire d'une langue additionnelle, les processus d'apprentissage sont à la fois tributaires à et influencés par l'enseignement ainsi que le niveau de littéracie des élèves.
7. *L'apprentissage langagier est un travail sur l'identité*
Le langage étant considéré comme ressource pour l'action sociale, une langue additionnelle touche à l'identité sociale des apprenantes qui doit alors être prise en considération.

8. *L'agentivité et le pouvoir de transformation sont à la fois les moyens pour et les objectifs de l'apprentissage langagier*
Ce point élargit la portée du précédent : renforcer l'agentivité des apprenantes, développer leur autonomie et leur responsabilité peut augmenter leur investissement dans l'apprentissage des langues et leur réussite.
9. *Des idéologies sont présentes à tous les niveaux*
Les idéologies concernant les langues et leur apprentissage touchent tant les choix des langues enseignées à l'école que les manières de les enseigner/apprendre ou encore le statut accordé aux langues du répertoire des élèves.
10. *L'émotion et l'affectif sont importants à tous les niveaux*
En lien avec la recherche en neurosciences sur les liens entre cognition et émotion, il est indispensable de tenir compte du rôle des facteurs affectifs et émotionnels dans les apprentissages ; ceci d'autant plus que l'utilisation d'une langue « étrangère » peut mettre en danger l'identité sociale de l'apprenante (cf. 7).

Jusqu'à maintenant, nous avons passé en revue des éléments théoriques concernant l'objet de l'enseignement/apprentissage et le pôle « apprenante » ; ces éléments sont en accord avec nos orientations didactiques. C'est le moment à présent de se tourner vers le pôle « enseignement » et « didactique » afin d'établir la cohérence entre théorie et pratique.

6. Vers une cohérence entre la conception de l'objet d'enseignement et la didactique des LC

Mentionnons d'abord le récent ouvrage de Hall (2019) qui précise les dix thèmes résumés ci-dessus à l'attention des enseignantes de langue. Plus proches de chez nous, Narcy-Combes et Narcy-Combes (2019) adoptent également une posture transdisciplinaire et cherchent à présenter tant les domaines théoriques ayant trait à l'apprentissage d'une langue que les liens de ces domaines avec la didactique des LC. Ces deux ouvrages soulignent selon nous la pertinence de notre questionnement.

Dans l'ensemble, les éléments théoriques identifiés nous semblent étayer nos orientations didactiques, moyennant quelques précautions pour tenir compte de la situation d'apprentissage scolaire d'une LC.

Nous sommes maintenant en mesure de présenter une conception explicite et cohérente aux (futures) enseignantes, rendant possible une démarche réflexive et ouverte à la critique. Une LC est pour nous un outil social, culturel et cognitif, ancré dans la faculté du langage ; elle permet à l'individu de fonctionner dans un groupe social. Pour l'apprendre, l'accès à des pratiques communicatives et sociales pertinentes est crucial. L'on n'apprend pas une langue-culture, mais on développe des compétences dans la LC concernée.

Parmi les conceptions didactiques, il nous semble que c'est la question de la grammaire, du vocabulaire, le *translanguaging* lié au plurilinguisme des élèves et la notion d'apprenante actrice qui méritent une attention particulière. Nous supposons que la perspective basée sur l'usage ainsi que la notion des préfabriqués peuvent poser des problèmes aux futures enseignantes de LC. Comme évoqué précédemment, les limites entre grammaire et lexique sont moins nettes et il y a lieu de proposer une grammaire lexicalisée, surtout pour des apprenantes jeunes et moins enclines à des formes d'apprentissage explicite. Quant au *translanguaging*, nous pensons qu'il faut le considérer comme fonctionnement par défaut et l'accepter en classe tant que le recours aux autres langues du répertoire des élèves se fait au service de l'apprentissage de la langue additionnelle enseignée. Finalement, il s'agit de renforcer les possibilités d'action et de choix des apprenantes pour leur permettre d'être actrices de leurs apprentissages.

Conclusion

Notre tentative d'expliciter la conception de l'objet d'enseignement « langue-culture », correspondant aux orientations actuelles de la didactique des LC, montre une tension entre une conception dynamique du langage et des langues, intimement liés à la personne et ses besoins de communication, et un ensemble d'éléments se présentant de manière plus statique : la discipline langue-culture se matérialisant dans les moyens d'enseignement et les plans d'études. Cependant, les notions de comportement langagier et de savoir-faire évoquées par Galisson (1989) restent pour nous des éléments clés de ce que l'on apprend quand on apprend une langue en y ajoutant le fort ancrage socioculturel des comportements langagiers, le caractère incarné du langage et de son utilisation, l'importance de la composante affective et de l'investissement de l'apprenante en tant qu'actrice sociale avec ses intentions personnelles. Quant à la « matière » de nos langues-cultures, elle consiste en constructions solidifiées à travers l'usage et contient de nombreux préfabriqués liés à des situations et constellations sociales spécifiques. Tels sont les éléments les plus importants selon nous pour définir « l'objet » de l'enseignement des LC.

Dans le même texte, Galisson (1989) revendique l'autonomie de la didactique par rapport à ses disciplines de « référence » ; les orientations actuelles en didactique des LC montrent bien que la didactique s'est affranchie de l'influence de la linguistique appliquée structuraliste. Elle a réalisé cela en travaillant par tâches, en intégrant des contenus dits non linguistiques, en abordant la dimension interculturelle à travers des démarches d'observation/comparaison, en cherchant à développer une didactique transversale aux différentes langues, en s'adressant à l'apprenante en tant qu'utilisatrice de la LC et actrice de son apprentissage. L'état de l'art en didactique des LC converge donc avec la conception poststructuraliste et transdisciplinaire du langage et du plurilinguisme décrite ici. Mais dans quelle mesure les réflexions présentées ci-avant sont-elles partagées parmi les collègues didacticiennes de Suisse romande ? La réponse à cette question nous semble complexe. En effet, les orientations didactiques font consensus et lors de discussions informelles, ces conceptions présentées paraissent largement acceptées ; mais beaucoup d'entre nous ont un passé d'enseignante de langue-culture dans un établissement scolaire et il ne faudrait pas sous-estimer l'influence de ces expériences de socialisation sur nos répertoires didactiques. Sans pouvoir l'étayer ici, nous faisons l'hypothèse que c'est surtout la tension entre les conceptions dynamique et statique de la langue mentionnée plus haut qui est partagée.

Néanmoins, l'enjeu consiste maintenant à aider les (futures) enseignantes et leurs élèves à faire évoluer leurs conceptions. À travers une démarche réflexive, on peut faire appel à leurs expériences d'apprentissage hors école en partant de l'idée que le plurilinguisme est aujourd'hui le profil langagier par défaut des individus. En explicitant un fonctionnement plurilingue naturel, on peut illustrer les particularités de la discipline « langue-culture ». Mais à notre avis, le vrai défi consiste à sortir les langues-cultures de leur « corset » de discipline scolaire servant souvent à sélectionner les « bonnes élèves ». Ce pari peut être gagné si nous avons à cœur la réussite de nos élèves en tant qu'actrices de leur vie.

Bibliographie

Block, D. (2003). *The Social Turn in Second Language Acquisition.* Edinburgh : Edinburgh University Press.

Block, D. (2014). Moving Beyond « Lingualism » : Multilingual Embodiment and Multimodality in SLA. In S. May (dir.), *The multilingual turn : implications for SLA, TESOL and bilingual education* (p. 54–77). New York and Oxon : Taylor & Francis.

Celce-Murcia, M. (2007). Rethinking the Role of Communicative Competence in Language Teaching. In E. Alcòn Soler, M. P. Jordà Safont (dir.), *Intercultural Language Use and Language Learning* (p. 41–57). Dordrecht, The Netherlands : Springer.

Conseil de l'Europe, Comité de l'Éducation (2001). *Cadre européen commun de référence pour les langues : apprendre, enseigner, évaluer.* Paris : Didier.

Douglas Fir Group (2016). A Transdisciplinary Framework for SLA in a Multilingual World. *The Modern Language Journal, 100*(S1), 19–47. https://doi.org/10.1111/modl.12301 (04.09.2021)

Galisson, R. (1989). Problématique de l'autonomie en didactique des langues (contexte français). *Langue française, 82*(1), 95–115. https://doi.org/10.3406/lfr.1989.6384 (04.09.2021)

Hall, J. K. (2012). *Teaching and Researching Language and Culture.* Harlow, UK : Pearson.

Hall, J. K. (2019). *Essentials of SLA for L2 Teachers. A Transdisciplinary Framework.* New York and London : Routledge.

Huver, E. (2017). Peut-on (encore) penser à partir du CECR ? Perspectives critiques sur la version amplifiée. *Mélanges CRAPEL, 38*(1), 27–42.

Liddicoat, A. J., Scarino, A. (2013). *Intercultural Language Teaching and Learning.* Chichester, West Sussex, UK : Wiley-Blackwell.

Müller-Hartmann, A., Schocker-von Dithfurth, M. (2011). Task-Supported Language Learning. In *StandardWissen Lehramt.* Paderborn : Ferdinand Schöningh UTB.

Narcy-Combes, J.-P., Narcy-Combes, M.-F. (2019). *Cognition et personnalité dans l'apprentissage des langues. Relier théories et pratiques.* Paris : Didier.

Otheguy, R., García, O., Reid, W. (2015). Clarifying translanguaging and deconstructing named languages : A perspective from linguistics. *Applied Linguistics Review, 6*(3), 281–307. https://doi.org/10.1515/applirev-2015-0014 (04.09.2021)

Puren, C. (2004). L'évolution historique des approches en didactique des langues-cultures, ou comment faire l'unité des « unités didactiques ». *Le nouveau bulletin de l'ADEAF,* n° 89, avril 2005, p. 40–51

Searle, J. (2012). Qu'est-ce que le langage ? *Pratiques. Linguistique, littérature, didactique, 155–156,* 228–250. https://doi.org/10.4000/pratiques.3520 (04.09.2021)

Segalowitz, N. (2010). *Cognitive Bases of Second Language Fluency.* New York : Routledge.

The Five Graces Group : Beckner, C., Blythe, R., Bybee, J. *et al.* (2009). Language is a complex adaptive system : Position paper. *Language Learning, 59* (suppl. 1), 1–26. https://doi.org/10.1111/j.1467-9922.2009.00533.x (04.09.2021)

Thibault, P. J. (2017). The reflexivity of human languaging and Nigel Love's two orders of language. *Language Sciences*, *61*, 74–85. https://doi.org/10.1016/j.langsci.2016.09.014 (04.09.2021)

Tomasello, M. (2019). *Becoming Human. A theory of ontogeny.* Cambridge, Massachusetts & London, England : The Belknap Press of Harvard University Press. Kindle Edition.

Wei, L. (2018). Translanguaging as a Practical Theory of Language. *Applied Linguistics*, *39*(1), 9–30. https://doi.org/10.1093/applin/amx039 (04.09.2021)

Wokusch, S. (2005). Langage préfabriqué et apprentissage d'une L2. *Babylonia*, *3*, 24–29.

Wokusch, S. (2008). Didactique intégrée des langues : la contribution de l'école au plurilinguisme des élèves. *Babylonia*, *1*, 12–14.

Wray, A. (2002). *Formulaic Language and the lexicon.* Cambridge, UK : Cambridge University Press.

Contre-Point

CHRISTIANE FÄCKE

Universität Augsburg
(christiane.faecke@philhist.uni-augsburg.de)

Fremdsprachendidaktik und Fremdsprachenlehrer*innenbildung in der Schweiz im Spannungsfeld zwischen Eigenpositionierung und Internationalisierung

Einleitung

Der vorliegende Sammelband präsentiert einen Überblick über den aktuellen Stand der Fremdsprachendidaktik und der Ausbildung angehender Fremdsprachenlehrer*innen an den Hochschulen der Schweiz. Dabei werden die einzelnen universitären Standorte mit ihren Charakteristika und ihrem Verständnis der fremdsprachendidaktischen Ausbildung vorgestellt. Im Mittelpunkt stehen ausgewählte Bezüge auf aktuelle fremdsprachendidaktische Diskurse und Forschungsschwerpunkte, die auf ihre Relevanz für die spezifische Situation in der Schweiz und insbesondere den Fremdsprachenunterricht im Kontext der Mehrsprachigkeit geprüft werden. Als Fremdsprachendidaktikerin aus Deutschland ist meine Zusammenschau durch die Distanz aus einem Nachbarland geprägt, in dem die „kleine“ Schweiz häufig kaum beachtet wird. Diese Distanz bietet daher einen halbwegs neutralen Blick von außen, ist jedoch auch von Unkenntnis und Ignoranz geprägt.

Fremdsprachendidaktik in der Schweiz: Kontexte und Themen

Die einzelnen Beiträge erörtern das Verständnis einer fremdsprachendidaktischen Ausbildung mit Blick auf ausgewählte Forschungsfelder an den jeweiligen Hochschulen. Darin werden zunächst verschiedene Schwerpunkte mit einem spezifischen Bezug zur sprachenpolitischen Situation in der Schweiz deutlich.

Die fremdsprachendidaktische Ausbildung ist nicht unabhängig vom Schulsystem und von sprachenpolitischen Setzungen. Dazu gehört u.a. die Berücksichtigung des spezifisch schweizerischen Volksschulkontexts oder auch des bilingualen Unterrichts an den Berufsfachschulen, die neben der lokalen Schulsprache eine zweite Sprache berücksichtigen.

Ein in mehreren Beiträgen thematisiertes zentrales Charakteristikum ist die sprachenpolitische Situation der Schweiz als viersprachiges Land mit einem hohen und diversen Maß an individueller und gesellschaftlicher Mehrsprachigkeit in den einzelnen Sprachregionen (Lüdi 2019). Der mehrsprachige Kontext und bildungspolitische Zielsetzungen unterscheiden sich in den verschiedenen Landesteilen mit ihren jeweiligen Lokalsprachen, d.h. konkret in der deutschsprachigen, der französischsprachigen und der italienischsprachigen Schweiz, während die rätoromanischen Regionen wegen ihrer geringeren geografischen Ausdehnung einen regional begrenzten Stellenwert einnehmen (Werlen/Rosenberger/Baumgartner 2011).

Die besondere Mehrsprachigkeit der Schweiz führt dazu, dass Forschungsdiskurse in Deutsch, Französisch und Italienisch geführt werden, die – der jeweiligen Sprache entsprechend – enge Verquickungen zu den jeweiligen benachbarten Sprachgemeinschaften in Frankreich, Italien und den deutschsprachigen Ländern aufweisen. Die wissenschaftliche Auseinandersetzung zwischen den Diskursen der verschiedenen Landesteile innerhalb der Schweiz muss hingegen sprachliche Barrieren überwinden und ist daher erschwert. Daher haben sich die

Schulsprachendidaktiken wenig interdependent entwickelt (Hutterli 2012: 99). Die gewählten Sprachen der Einzelbeiträge dieses Bandes spiegeln diese Beobachtung ebenfalls.

Ein weiteres Charakteristikum der Sprachverwendung in der deutschsprachigen Schweiz ist das Verhältnis zwischen Hochsprache und Mundart (vgl. Suter Tufekovic 2008; Reber in diesem Band), das unter Berücksichtigung der Diglossie in den deutschsprachigen Kantonen der Ost- und Zentralschweiz in der Ausbildung angehender Lehrpersonen Berücksichtigung findet. Sinnvollerweise führt dies zur Hervorhebung reflexiver Praktiken im Fremdsprachenunterricht und zur Entwicklung spezifischer mehrsprachigkeitsdidaktischer Konzepte. Dabei gilt es jedoch auch, einem Verständnis von Diglossie als ideologischer Verdichtung von soziolinguistischen Arrangements (Schieffelin/Woolard/Kroskrity 1998) Rechnung zu tragen.

Neben den genannten Faktoren spielen auch curriculare Vorgaben eine wesentliche Rolle für die Konzeption und Durchführung des Fremdsprachenunterrichts. In vielen Kantonen der Schweiz gelten christliche, humanitäre und demokratische Werte als gesetzte Grundlage der Vermittlung schulischer Bildung, wobei diese Maßstäbe als bildungspolitische Setzung zwar nicht hinterfragt sind, eine konkrete Umsetzung jedoch in der Realität nicht immer uneingeschränkt gegeben ist. Die Auseinandersetzung mit Werten und Normen muss zwangsläufig immer wieder neu ausgehandelt und an konkreten Situationen gemessen werden, wobei gerade Ambivalenzen, Brüche und Scheitern die vermeintliche Selbstverständlichkeit der Werte herausfordern. Hier bietet es sich geradezu an, eine *anti-bias education*, die sich aktiv mit Diskriminierungen entlang verschiedener sozialer Strukturkategorien wie *Gender*, soziale und ethnische Herkunft, Alter, Behinderung etc. befasst, theoretisch zu reflektieren und praktisch umzusetzen (vgl. Fäcke 2019).

Neben den spezifischen inhaltlichen Schwerpunkten, die in der Fremdsprachendidaktik in der Schweiz thematisiert werden und die besondere Situation des Landes reflektieren, spiegelt der Sammelband auch den Stand der universitären Ausstattung des Fachs. Die strukturelle Verankerung in den Universitäten und vor allem an den

Pädagogischen Hochschulen durch Professuren[1] oder entsprechende Mitarbeiterstellen sowie die Verankerung in der Ausbildung angehender Lehrpersonen als obligatorischer Studienanteil bildet einen sichtbaren Beleg und Beweis, welche Wertschätzung das Fach erfährt.

Die Fremdsprachendidaktik ist jedoch eine Wissenschaft mit vergleichsweise wenig Tradition. Erste Professuren für Neuere Philologien wurden in Deutschland an den Universitäten ab Mitte des 19. Jahrhunderts gegründet, eine institutionelle Verortung der Fremdsprachendidaktik an den Universitäten erfolgt jedoch erst weit später. Die Anfänge in Deutschland weisen auf die fremdsprachendidaktische Ausbildung zunächst an Pädagogischen Hochschulen, eine weitere Phase einer institutionellen Etablierung erfolgte mit der Einrichtung fremdsprachendidaktischer Professuren an Universitäten in den 1970er Jahren (Bausch et al. 2016: 2 f.). Heute ist das Fachgebiet institutionalisiert, mit sprachenspezifischen fachdidaktischen Professuren universitär verankert und curricular in Studiengängen, Prüfungsordnungen und Modulhandbüchern etabliert, sieht sich jedoch immer wieder dem Druck von Seiten der Fachwissenschaften, konkret der Literatur-, Kultur- und Sprachwissenschaften, ausgesetzt (vgl. z.B. Dahmen et al. 2009), was sich hochschulpolitisch u.a. in der Umsetzung der Besetzung (Neu- oder Wiederbesetzung) fachdidaktischer Professuren zeigt.

In Frankreich ist die Lehrerbildung primär auf die Ausbildung in den Fachwissenschaften ausgerichtet, fachdidaktische und pädagogische Dimensionen werden nachrangig eingestuft. Dementsprechend ist die universitäre Verankerung der Fachdidaktik von einer ganz anderen Tradition geprägt. Disziplinen wie die *didactique des langues* sind aus der Linguistik und der Angewandten Linguistik entstanden, haben sich seit den 1970er Jahren entwickelt und ausdifferenziert, wobei gerade die *didactique du FLE (Français langue étrangère)* immer wieder Vorreiter der Forschung gewesen ist. Professuren mit einem fachdidaktischen Schwerpunkt sind an verschiedenen Universitäten verbreitet und spiegeln mit ihren Forschungen zahlreiche Parallelen zu internationalen

1 Dabei ist zu beachten, dass eine Ausstattung auf professoraler Ebene nicht durchgängig an allen Standorten gegeben ist.

Forschungsdiskursen, doch sind die Bezüge zur Lehrerbildung weniger eng als z.B. in Deutschland (Tardieu 2021).

Die Lehrerbildung in Italien und die universitäre Fremdsprachendidaktik weisen einige Parallelen zu Frankreich auf. In den 1970er Jahren setzte sich in der fremdsprachendidaktischen Diskussion der Begriff ‚*glottodidattica*' (Titone 1979) durch, in das gleiche Jahrzehnt fällt die Gründung gleich mehrerer Verbände: *Lingua e Nuova Didattica* (LEND) und *TESOL Italy,* während die *Associazione Nazionale Italiana Lingue Straniere* (ANILS) schon länger existierte. Die universitäre Fremdsprachenforschung war hingegen wenig mit der Ausbildung von Lehrkräften verquickt, die als Fachwissenschaftler ausgebildet wurden (Lopriore 2021). Bis 1999 war die Fachdidaktik für die Ausbildung für Mittel- und Sekundarschullehrer daher nicht relevant. Dies änderte sich durch neu eingeführte Spezialisierungsstudiengänge für den Unterricht an Sekundarschulen an den einzelnen Universitäten, die jedoch sehr heterogen gestaltet sind. Dementsprechend ist die universitäre Verankerung der Fachdidaktik in Italien kaum ausgeprägt.

In der Schweiz ist die Fremdsprachendidaktik bislang weniger institutionell etabliert als beispielsweise in Deutschland. Die Ausbildung der Lehrpersonen erfolgt an den Pädagogischen Hochschulen, die in der überwiegenden Mehrheit im Zeitraum zwischen 2000 und 2015 gegründet wurden und deren Gegenstand die Lehrer*innenbildung ist. Der Vorteil der Pädagogischen Hochschulen besteht in ihrer praxisorientierten Fokussierung auf diesen Ausbildungsgegenstand, doch bedeutet dies gleichzeitig einen Nachteil, insofern als damit die Trennung der Lehrer*innenbildung von einem universitären Gesamtzusammenhang zementiert wird. Beispielsweise besteht an Pädagogischen Hochschulen kein Promotionsrecht, so dass die Ausbildung des wissenschaftlichen Nachwuchses an anderen Standorten erfolgen muss. Darüber hinaus konzentrieren sich einige Pädagogische Hochschulen auf die Ausbildung für den Unterricht in der Primarstufe, parallel dazu betreiben sie Entwicklung und Forschung in den Bereichen Erziehung und Bildung.

Das Verhältnis zwischen Theorie und Praxis, häufig auch als Theorie-Praxis-Bruch bezeichnet, ist symptomatisch für das Verständnis der Lehrer*innenbildung an sich. Modelliert man die Ausbildung mit einem hohen Praxisbezug, so werden angehende Lehrpersonen schon früh auf die konkrete Unterrichtsrealität vorbereitet. Gleichzeitig besteht damit die Gefahr einer „Rezeptdidaktik“, die die Komplexität von Lehr-/Lernsituationen tendenziell reduziert und simplifizierende Unterrichtsrezepte in den Vordergrund stellt. Modelliert man die Ausbildung hingegen mit einem hohen Forschungsbezug, so werden angehende Lehrpersonen mit der Komplexität und vor allem auch der Faktorenkomplexität von Lehr-/Lernsituationen vertraut gemacht und können innovative Perspektiven auf Unterrichtszusammenhänge entwickeln. Gleichzeitig besteht damit die Gefahr einer zu starken theoretischen Ausrichtung, die konkrete Praxiserfahrungen vernachlässigt und die Ausbildung für eine Schulwirklichkeit nachrangig behandelt.

Bezüge zu internationalen fremdsprachendidaktischen Diskursen

Die Schweiz als – geographisch betrachtet – kleines Land prägt auch den Charakter fremdsprachendidaktischer Diskurse, die sich zwischen nationalen Fragen und internationalen Bezügen verorten müssen. Dazu gehört die Auseinandersetzung mit spezifischen Fragestellungen des Lehrens und Lernens von Sprachen in einem Gefüge der Mehrsprachigkeit, des Schweizer Schulsystems und seiner curricularen Anforderungen. Darüber hinaus gilt es jedoch auch, sich in internationale Forschungsdiskurse einzuschreiben, sie zu rezipieren und eigene Akzente zu setzen (vgl. z.B. Hutterli/Stotz/Zappatore 2008).

Die Berücksichtigung internationaler Forschungen z.B. aus dem Bereich der Angewandten Linguistik oder der Spracherwerbsforschung wird auch in den Beiträgen dieses Bandes deutlich. Die Auseinandersetzung mit Fragen der Mehrsprachigkeit, des bilingualen Lernens oder der *Critical Incidents*, um nur einige Beispiele zu nennen, können schlicht nicht ohne die Auseinandersetzung mit internationaler Forschung erfolgen. Gleichzeitig eröffnen die Beiträge aus der

Schweiz weitere Facetten zu den bestehenden Forschungsdiskursen und demonstrieren damit ihre internationale Verquickung.

Darüber hinaus stellt sich jedoch die Frage, welche spezifischen Akzente die Forschung in der Schweiz setzen könnte und worin ein spezifischer Schweizer Beitrag in einem internationalen Gefüge bestehen könnte. Einfach und etwas pathetisch gefragt: Was könnte die fremdsprachendidaktische Welt von der Schweiz lernen? Was könnten gerade die Fremdsprachendidaktiken der „großen" Nachbarländer wie Deutschland, Frankreich und Italien lernen?

Aus meiner Perspektive als Fremdsprachendidaktikerin aus Deutschland gehört dazu vor allem der spezifisch schweizerische Umgang mit Mehrsprachigkeit, der sich aus den Erfahrungen mit der komplexen mehrsprachigen Sprachenlandschaft in der Schweiz speist. Diese Erfahrungen verweisen auf bildungspolitische, sprachenpolitische, fremdsprachendidaktische oder auch pädagogische Entscheidungen, auf Stärken und Schwächen der Förderung von Mehrsprachigkeit in Bezug auf die vier Lokalsprachen, die Schulsprachen, die Fremdsprachen, die Herkunftssprachen sowie die ausgeprägte Verwendung der Mundart (Hutterli 2012). Die in der Schweiz bestehende Diglossie der deutschsprachigen Bevölkerung könnte konstruktive Perspektiven eröffnen im Blick auf einen respektvollen Umgang mit Dialekten und auf die Reduktion des Prestige-Gefälles zwischen Hochsprache und Dialekten, die in vergangenen Jahrzehnten oft genug in verschiedenen Ländern zu Gunsten einer gemeinsamen Nationalsprache zurückgedrängt wurden. Das Nebeneinander zwischen Mundart und der Schweizer Varietät des Hochdeutschen ist zwar nicht konfliktfrei und durch Probleme, Ausgrenzung, Minorisierung usw. geprägt, könnte jedoch trotzdem für andere Länder Anregungen zum Umgang mit mehrsprachigen Sprachkenntnissen in einer Region bieten (vgl. Hochholzer 2004). Darüber hinaus kann die sprachliche Diversität in der Schweiz jedoch auch als disparate Uneinheitlichkeit gesehen werden, deren Heterogenität zu wenig konstruktiver Vereinzelung und Aufsplitterung führt. Im Blick auf diese Sichtweise könnte die Schweiz vereinheitlichende nationalstaatliche Perspektiven und eine entsprechende Sprachenpolitik der großen Nachbarländer als interessante Anregung für eigene sprachenpolitische Sichtweisen wahrnehmen.

Eine weitere Besonderheit der geografischen Situation der Schweiz ist die Förderung mehrsprachiger Sprachkenntnisse in Regionen, in denen zwar einzelne Lokalsprachen dominieren, doch benachbarte Sprachregionen nicht weit entfernt sind. Begegnungssprachenkonzepte und Austauschprogramme im Sinn einer Austauschpädagogik bzw. Pädagogik der Kontakte (Hutterli 2012: 90 ff.) sind damit leicht und spontan umzusetzen, (Kurz-)Besuche ohne hohe finanzielle und organisatorische Hürden sowie schließlich technisch und medial unterstützte Begegnungen gut zu realisieren.

Auch der spezifische Föderalismus der Schweiz mit einer starken Dezentralisierung und 26 teilautonomen Kantonen ist ein wichtiger Faktor in der Analyse sprachenpolitischer Akzente und Zielsetzungen. „Die Grundsätze der Sprachenfreiheit und das sprachliche Territorialprinzip sind Instrumente zur Wahrung des Sprachfriedens." (Gut/ Badertscher 2002: 159). An diesem Zitat wird deutlich, inwieweit sich die Schweiz in einem Spannungsverhältnis bewegt zwischen der Wertschätzung einer sprachlichen und kulturellen Vielfalt als konstitutivem Teil der nationalen Identität einerseits und der sprachlich-kulturellen Abgrenzung zwischen den einzelnen Landesteilen andererseits. In diesem Gefüge spielt der Fremdsprachenunterricht seit Jahrzehnten eine zentrale Rolle zur Förderung der Mehrsprachigkeit und damit der politischen Einheit über die Sprachgrenzen hinweg. Seit dem „Sprachenkonzept Schweiz" (EDK 1998) und dessen Konkretisierung in der Strategie zum Sprachenunterricht in der obligatorischen Schule (EDK 2004) lernen die Schülerinnen und Schüler neben der eigenen Lokalsprache eine weitere Landessprache und Englisch sowie ggf. weitere Sprachen. Eine erste Sprache wird bereits ab den ersten Klassen der Primarschule vermittelt, Mehrsprachigkeit wird als Chance und als wichtige Ressource auf dem Arbeitsmarkt eingestuft, und auch die Migrationssprachen erfahren eine Aufwertung (Gut/Badertscher 2002: 176 ff.). Damit einher gehen Zielsetzungen einer Didaktik für Deutsch als Zweitsprache (DaZ) oder auch der Herkunftssprachenunterricht (HSK, Heimatliche Sprache und Kultur).

Die Sprachenfolge variiert jedoch in den einzelnen Landesteilen: In den deutschsprachigen Kantonen der Ost- und Zentralschweiz wird Englisch als 1. Fremdsprache und Französisch als 2. Fremdsprache unterrichtet, in allen anderen Landesteilen wird eine Landessprache als 1. Fremdsprache und Englisch als 2. Fremdsprache unterrichtet (Hutterli 2012: 26 f.). Dies impliziert auch Unterschiede innerhalb der jeweiligen Sprachregionen: In Basel ist Französisch 1. Fremdsprache, in Zürich ist Englisch 1. Fremdsprache.

Die daraus resultierende Sprachenbiographie der Lernenden „Schulsprache/Lokalsprache – weitere Landessprache – Englisch" erklärt sich zunächst aus der spezifischen Sprachenlandschaft der Schweiz. Darüber hinaus könnte eine solche Reihenfolge der zu erlernenden Sprachen jedoch auch für andere europäische Länder ein sinnvolles Modell sein, das sich zusätzlich aus linguistischen und sprachenpolitischen Argumentationen herleiten ließe. So ist Englisch *lingua franca*, europäische Brückensprache sowie dominierende Sprache in weiten Teilen Europas und der Welt (Reissner 2019). Als Konsequenz daraus gilt Englisch als wichtige zu erlernende Fremdsprache, die in vielen Ländern als 1. Fremdsprache im Schulsystem vermittelt wird. Weitere Sprachen erfreuen sich weit weniger Beliebtheit und einer weit geringeren Anzahl an Lernern (vgl. für Europa: European Commission/EACEA/Eurydice 2017: 11–14). Darüber hinaus lässt sich eine negative motivationale Interferenz dahin gehend nachweisen, dass Englisch als 1. Fremdsprache das Erlernen weiterer Fremdsprachen negativ beeinflusst (Beckmann 2019: 145 f.). Vor diesem Hintergrund und im Sinne der Förderung der Mehrsprachigkeit wäre es daher sinnvoll, zunächst eine Sprache (außer Englisch) – Französisch, Italienisch, Deutsch etc. – zu erlernen und Englisch als 2. Fremdsprache zu vermitteln. Im Sinne dieser Argumentation nimmt ein großer Teil der Schweiz (mit Ausnahme der deutschsprachigen Kantone) eindeutig eine Vorreiterrolle ein (vgl. Manno/Egli Cuenat 2018).

Neben dieser primär sprachenpolitischen Argumentation sollten auch kultur- und identitätspolitische Fragen nicht vernachlässigt werden. Die Schweiz benötigt die Mehrsprachigkeit und damit auch das Fremdsprachenlernen für die innere Befriedung des Landes und zur Stärkung des Zusammenhalts über Sprachgrenzen hinweg. Nationale Identität wird in Zusammenhang mit mehrsprachiger (und damit auch mehrkultureller) Identität modelliert (vgl. Späti 2015). Sprachenlernen als Mittel zur Förderung von Gemeinschaft – dieser Gedanke könnte auch für andere internationale Zusammenhänge von Interesse sein. Die Vorstellung und Zielsetzung, dass der Gemeinschaftsgedanke und vielleicht dadurch auch die Minimierung von Abgrenzung und Konflikten u.a. auch durch Sprachenlernen gefördert werden könnten, umfasst ein attraktives Potenzial! Jedoch kann Sprache bzw. Mehrsprachigkeit sicher nicht komplexe politisch und ökonomisch begründete Konflikte lösen und muss mindestens im Zusammenhang mit Macht diskutiert werden (Wintersteiner 2019). Konkrete Analysen verweisen z.B. auf die politische Relevanz einer Interdependenz zwischen Sprache und Identität (Schröder 1995), auf Perspektiven des Linguizismus (Skutnabb-Kangas/Phillipson 1996), auf sprachenfeindliche Diskriminierungen (Blanchet 2016) oder auf ein Verständnis von Sprache als Gewalt (Galtung 1993). Auch in dieser Frage könnte die Fremdsprachendidaktik der Schweiz mit ihren Schwerpunkten und durch ihre Positionierung internationale sprachenpolitische Diskurse bereichern.

Die Besonderheiten des Schweizer Schulsystems, die spezifische Berücksichtigung der Mehrsprachigkeit und die Förderung bilingualen Lernens sind einige Schwerpunkte, zu denen die Fremdsprachendidaktik in der Schweiz einen wichtigen Beitrag leisten kann. Daher ist ihre institutionelle Verankerung an Universitäten und Pädagogischen Hochschulen, ihre Analyse curricularer Texte oder sprachenpolitischer Entscheidungen der Konferenz der kantonalen Erziehungsdirektoren oder auch die Erforschung konkreter Zusammenhänge des Fremdsprachenunterrichts an den Schulen von hoher gesellschaftspolitischer Relevanz.

Ausblick

Die Konzeption und die Beiträge dieses Sammelbands eröffnen einen guten Einblick in die institutionelle Verankerung der Fremdsprachendidaktik an einzelnen Standorten der Fremdsprachenlehrer*innenbildung in der Schweiz und in aktuelle, dort geführte fremdsprachendidaktische

Forschungsdiskurse. Die bestehende und weiterhin im Fremdsprachenunterricht geförderte spezifische Mehrsprachigkeit der Schweiz und die in diesem Zusammenhang bestehende Zielsetzung einer sprachlich-kulturellen Verbindung zwischen den verschiedenen Landesteilen und Sprachregionen der Schweiz sowie der dahinterliegende Ausblick auf die Förderung eines friedlichen Zusammenlebens durch Sprache(n) in internationalen Kontexten sind Botschaften, die die Welt in der Tat von der Schweiz lernen könnte.

Bibliographie

Bausch, Karl-Richard/Burwitz-Melzer, Eva/Krumm, Hans-Jürgen/Mehlhorn, Grit/Riemer, Claudia (2016): Fremdsprachendidaktik und Sprachlehr-/-lernforschung. In: Burwitz-Melzer, Eva/Mehlhorn, Grit/Riemer, Claudia/Bausch, Karl-Richard/Krumm, Hans-Jürgen (Hrsg.): Handbuch Fremdsprachenunterricht. 6. Auflage. Tübingen: Francke, 1–7.

Beckmann, Christine (2019): Lehr- und lernseitige Einstellungen zu sprachenübergreifenden Ansätzen. In: Fäcke, Christiane/Meißner, Franz-Joseph (Hrsg.): Handbuch Mehrsprachigkeits- und Mehrkulturalitätsdidaktik. Tübingen: Narr Francke Attempto, S. 143–147.

Blanchet, Philippe (2016): Discriminations: combattre la glottophobie. Paris: Textuel.

Dahmen, Wolfgang/Holtus, Günter/Kramer, Johannes/Metzeltin, Michael/Schweickhard, Wolfgang (Hrsg.) (2009): Romanische Sprachwissenschaft und Fachdidaktik. Romanistisches Kolloquium XXI. Tübingen: Narr.

European Commission/EACEA/Eurydice. 2017. *Key Data on Teaching Languages at School in Europe – 2017 Edition. Eurydice Report.* Luxembourg: Publications Office of the European Union. https://op.europa.eu/en/publication-detail/-/publication/73ac5ebd-473e-11e7-aea8-01aa75ed71a1 (04.09.2021)

Fäcke, Christiane (2019): Diskriminierung und Ausgrenzung im Kontext von Mehrkulturalität. In: Fäcke, Christiane/Meißner, Franz-Joseph (Hrsg.): Handbuch Mehrsprachigkeits- und Mehrkulturalitätsdidaktik. Tübingen: Narr Francke Attempto, 204–209.

Galtung, Johan (1993): Kulturelle Gewalt. Zur direkten und strukturellen Gewalt tritt die kulturelle Gewalt. In: Zeitschrift für Kulturaustausch 4, 473–487.

Gut, Katrin/Badertscher, Hans (2002): Formen und Funktionen des Unterrichts moderner Fremdsprachen in der Schweiz des 20. Jahrhunderts. In: Lechner, Elmar (Hrsg.): Formen und Funktionen des Fremdsprachenunterrichts im Europa des 20. Jahrhunderts. Frankfurt am Main [u.a.]: Lang, 157–187.

Hochholzer, Rupert (2004): Konfliktfeld Dialekt. Das Verhältnis von Deutschlehrerinnen und Deutschlehrern zu Sprache und ihren regionalen Varietäten. Regensburg: Ed. Vulpes.

Hutterli, Sandra (Hrsg.) (2012): Koordination des Sprachenunterrichts in der Schweiz: aktueller Stand, Entwicklungen, Ausblick. Bern: Schweizerische Konferenz der kantonalen Erziehungsdirektoren, EDK.

Hutterli, Sandra/Stotz, Daniel/Zappatore, Daniela (2008): Do you parlez andere lingue? Fremdsprachen lernen in der Schule. Zürich: Verlag Pestalozzianum an der Pädagogischen Hochschule Zürich.

Lopriore, Lucilla (2021): More than meets the eye: research and practice in Italian foreign language policies and education. In: European Journal of Applied Linguistics 9(1): 69–88.

Lüdi, Georges (2019): Schweiz. In: Fäcke, Christiane/Meißner, Franz-Joseph (Hrsg.): Handbuch Mehrsprachigkeits- und Mehrkulturalitätsdidaktik. Tübingen: Narr Francke Attempto, 537–541.

Manno, Giuseppe/Egli Cuenat, Mirjam (2018): Sprachen- und fächerübergreifende curriculare Ansätze im Fremdsprachenunterricht in der Schweiz. Curricula in zwei Bildungsregionen und Resultate aktueller empirischer Studien in der Deutschschweiz. In: ZFF 29/2: 217–243.

Reissner, Christina (2019): Englisch als europäische Brückensprache. In: Fäcke, Christiane/Meißner, Franz-Joseph (Hrsg.): Handbuch

Mehrsprachigkeits- und Mehrkulturalitätsdidaktik. Tübingen: Narr Francke Attempto, 455–459.

Schieffelin, Bambi B./Woolard, Kathryn Ann/Kroskrity, Paul V. (1998): Language ideologies: practice and theory. New York: Oxford University Press.

Schröder, Konrad (1995): Zur Problematik von Sprache und Identität in Westeuropa. Eine Analyse aus sprachenpolitischer Perspektive. In: Sociolinguistica: internationales Jahrbuch für Soziolinguistik 9, 56–66.

Schweizerische Konferenz der kantonalen Erziehungsdirektoren (EDK) (1998): Sprachenkonzept Schweiz. Welche Sprachen sollen Schülerinnen und Schüler während der obligatorischen Schulzeit lernen? Bericht einer von der Kommission für allgemeine Bildung eingesetzten Expertengruppe „Gesamtsprachenkonzept". Bern. (http://www.romsem.unibas.ch/sprachenkonzept/Konzept.html). (04.09.2021)

Schweizerische Konferenz der kantonalen Erziehungsdirektoren (EDK) (2004): Sprachenunterricht in der obligatorischen Schule: Strategie der EDK und Arbeitsplan für die gesamtschweizerische Koordination vom 25. März 2004. Bern. (http://edudoc.ch/record/30008/files/Sprachen_d.pdf). (04.09.2021)

Skutnabb-Kangas, T./Philippson, R. (1996): Linguicide and Linguicism. In: Goebl, Hans/Nelde, Peter H./Starý, Zdenek/Wölck, Wolfgang (Hrsg.): Kontaktlinguistik. Ein internationales Handbuch zeitgenössischer Forschung. Bd. 1. Berlin, New York, 667–675.

Späti, Christina (2015): Sprache als Politikum. Ein Vergleich der Schweiz und Kanadas seit den 1960er Jahren. Augsburg: Wißner-Verlag.

Suter Tufekovic, Carol (2008): Wie mehrsprachige Kinder in der Deutschschweiz mit Schweizerdeutsch und Hochdeutsch umgehen. Eine empirische Studie. Bern u.a.: Lang.

Tardieu, Claire (2021): Language didactics and language teaching since 1945 – the French way. In: European Journal of Applied Linguistics 9(1): 21–46.

Titone, Renzo (1979): Insegnare oggi le lingue seconde. Breviario di glottodidattica. Torino: S.E.I.

Werlen, Iwar/Rosenberger, Lukas/Baumgartner, Jachin (2011): Sprachkompetenzen der erwachsenen Bevölkerung in der Schweiz. Zürich: Seismo.

Wintersteiner, Werner (2019): Friedenserziehung in der Perspektive von Mehrsprachigkeit. In: Fäcke, Christiane/Meißner, Franz-Joseph (Hrsg.): Handbuch Mehrsprachigkeits- und Mehrkulturalitätsdidaktik. Tübingen: Narr Francke Attempto, 209–213.

transversales

Langues, sociétés, cultures et apprentissages

Ouvrages parus

La collection *Transversales* propose une plate-forme de débats, de confrontations des travaux portant sur le plurilinguisme et la pluriculturalité. Elle s'intéresse aux intersections possibles entre langues, sociétés et cultures, notamment à travers l'analyse de situations de contacts entre les individus et groupes dans le cadre de politiques linguistiques au sein des institutions éducatives au sens large. On y aborde aussi les questions liées aux personnes en situation de mobilité et à leurs stratégies linguistiques, sociales, culturelles mises en œuvre dans la communication quotidienne. Par des approches bi ou pluridisciplinaires, *Transversales* interroge les conceptions de l'altérité, l'évolution des représentations véhiculées dans l'apprentissage des langues et dans la formation des médiateurs culturels.

Vol. 1 Tania Ogay Barka: De la compétence à la dynamique interculturelle. Des théories de la communication interculturelle à l'épreuve d'un échange de jeunes entre Suisse romande et alémanique, 2000.

Vol. 2 Michael Kelly, Imelda Elliott, Lars Fant (eds): Third Level, Third Space. Intercultural Communication and Language in European Higher Education, 2001.

Vol. 3 Abdeljalil Akkari, Ronald Sultana & Jean-Luc Gurtner: Politiques et stratégies éducatives. Termes de l'échange et nouveaux enjeux Nord-Sud, 2001.

Vol. 4 Anna Triantaphyllou: Pour une anthropologie des échanges éducatifs. Ethnographie filmique de rencontres entre jeunes Européens, 2001.

Vol. 5 Patchareerat Yanaprasart: Dimension socioculturelle dans la communication professionnelle. Le cas du contexte franco-thaï, 2002.

Vol. 6 Aline Gohard-Radenkovic, Donatille Mujawamariya & Soledad Perez (éds): Intégration des « minorités » et nouveaux espaces interculturels, 2003.

Vol. 7 Vassiliki Papatsiba: Des étudiants européens. « Erasmus » et l'aventure de l'altérité, 2004.

Vol. 8 Jean Widmer, Renata Coray, Dunya Acklin Muji & Eric Godel: Die Schweizer Sprachenvielfalt im öffentlichen Diskurs / La diversité des langues en Suisse dans le débat public. Eine sozialhistorische Analyse der Transformationen der Sprachenordnung von 1848 bis 2000 / Une analyse socio-historique des transformations de l'ordre constitutionnel des langues de 1848 à 2000, 2004 (1ère éd.), 2005 (2e éd.).

Vol. 9 Rita Franceschini & Johanna Miecznikowski (Hrsg./éds): Leben mit mehreren Sprachen / Vivre avec plusieurs langues. Sprachbiographien / Biographies langagières, 2004.

Vol. 10 Giuditta Mainardi: Miroirs migratoires. Entre le Brésil et la Suisse: vécus de femmes brésiliennes, 2005.

Vol. 11 Aline Gohard-Radenkovic (éd./Hrsg.): Plurilinguisme, interculturalité et didactique des langues étrangères dans un contexte bilingue / Mehrsprachigkeit, Interkulturalität und Fremdsprachendidaktik in einem zweisprachigen Kontext, 2005.

Vol. 12 Lambert Félix Prudent, Frédéric Tupin & Sylvie Wharton (éds): Du plurilinguisme à l'école. Vers une gestion coordonnée des langues en contextes éducatifs sensibles, 2005.

Vol. 13 Donatille Mujawamariya (éd.): L'éducation multiculturelle dans la formation des enseignants au Canada. Dilemmes et défis, 2006.

Vol. 14 Louise Maurer & Robert Hillman (eds/éds): Reading Images, Viewing Texts – Lire les images, voir les textes. Crossdisciplinary Perspectives – Perspectives pluridisciplinaires, 2006.

Vol. 15 Patchareerat Yanaprasart: L'expatrié: un acteur social de la mobilité internationale. Cadres entre la Suisse et la France, 2006.

Vol. 16 Evelyne Argaud: La civilisation et ses représentations. Etude d'une revue, Le Français dans le Monde (1961-1976), 2006.

Vol. 17 Mathilde Anquetil: Mobilité Erasmus et communication interculturelle. Une recherche-action pour un parcours de formation, 2006.

Vol. 18 Fred Dervin & Eija Suomela-Salmi (eds/éds): Intercultural Communication and Education / Communication et éducation interculturelles. Finnish Perspectives / Perspectives finlandaises, 2006.

Vol. 19 Dunya Acklin Muji: Langues à l'école: quelle politique pour quelle Suisse? Analyse du débat public sur l'enseignement des langues à l'école obligatoire, 2007.

Vol. 20 François Lagarde: Français aux Etats-Unis (1990-2005). Migration, langue, culture et économie, 2007.

Vol. 21 Enrica Galazzi & Chiara Molinari (éds): Les français en émergence, 2007, 2008.

Vol. 22 Jacqueline Breugnot (éd.): Les espaces frontaliers. Laboratoires de la citoyenneté européenne, 2007.

Vol. 23 Danièle Moore & Véronique Castellotti (éds): La compétence plurilingue: regards francophones, 2008.

Vol. 24 George Alao, Evelyne Argaud, Martine Derivry-Plard & Hélène Leclercq (éds): Grandes et petites langues. Pour une didactique du plurilinguisme et du pluriculturalisme, 2008.

Vol. 25 Rossella Ragazzi: Walking on Uneven Paths. The Transcultural Ex-perience of Children entering Europe in the Years 2000, 2009.

Vol. 26 Danielle Londei & Matilde Callari Galli:
Traduire les savoirs, 2010.

Vol. 27 Pia Stalder: Pratiques imaginées et images des pratiques plurilingues. Stratégies de communication dans les réunions en milieu professionnel international, 2010.

Vol. 28 Aude Bretegnier (dir.): Formation linguistique en contextes d'insertion. Compétences, posture, professionnalité: concevoir un cadre de référence(s), 2011.

Vol. 29 Brigida Ticiane Ferreira Da Silva: Le proche lointain et le lointain proche. Représentations des enseignants brésiliens de FLE sur la Guyane voisine, 2012

Vol. 30 Aline Gohard-Radenkovic, Suzanne Pouliot & Pia Stalder (éds): Journal de bord, journal d'observation. Un récit en soi ou les traces d'un cheminement réflexif, 2012.

Vol. 31 Nathalie Auger, Christine Béal & Françoise Demougin (éds): Interactions et interculturalité: variété des corpus et des approches, 2012.

Vol. 32 Fred Dervin & Béatrice Fracchiolla (éds/eds): Anthropologies, interculturalité et enseignement-apprentissage des langues.
Anthropology, Interculturality and Language Learning-Teaching, 2012.

Vol. 33 Marie Berchoud, Blandine Rui & Claire Mallet (éds): L'intime et l'apprendre. La question des langues vivantes, 2013.

Vol. 34 Nathalie Wallian, Marie-Paule Poggi & Andrée Chauvin-Vileno (eds.): Action, interaction, intervention. A la croisée du langage, de la pratique et des savoirs, 2014.

Vol. 35 Danielle Londei & Laura Santone (éds.): Entre linguistique et anthropologie. Observations de terrain, modèles d'analyse et expériences d'écriture, 2014.

Vol. 36 Maria Pagoni (éd.): Ecole(s) et culture(s). Savoirs scolaires, pratiques sociales et significations, 2014.

Vol. 37 Isabelle Puozzo Capron: Le sentiment d'efficacité personnelle d'élèves en contexte plurilingue. Le cas du français au secondaire dans la Vallée d'Aoste, 2014.

Vol. 38 Martine Derivry-Plard, George Alao, Soyoung Yun-Roger & Elli Suzuki: Dispositifs éducatifs en contexte mondialisé et didactique plurilingue et pluriculturelle, 2014.

Vol. 39 Monica Salvan: Mobilités et imaginaire identitaire des Roumains dans l'Europe d'après 1989. Carnets de bord et ethnographie des pratiques de voyage en autocar, 2014.

Vol. 40 Stella Cambrone-Lasnes: Pratiques et représentations sociales des langues en contexte scolaire plurilingue. Étude comparée de la Dominique et de Sainte-Lucie, 2015.

Vol. 41 Hervé Adami et Virginie André (eds): De l'idéologie monolingue à la doxa plurilingue : regards pluridisciplinaires, 2015.

Vol. 42 Jésabel Robin: « Ils aiment pas le français ». Le rapport au français de futurs enseignants du primaire de la PHBern dans leurs récits de formation et de mobilité, 2015.

Vol. 43 Josianne Veillette: Récit national et imaginaires identitaires au double prisme du « bilinguisme » et de la « migration ». Une autre lecture des dynamiques de cohabitation dans deux petites communes suisses, 2015.

Vol. 44 Alessandra Keller-Gerber: D'étudiant étranger à travailleur étranger hautement qualifié en Suisse. « Être dit » dans la presse et « (se) dire » dans les récits d'établissement, 2016.

Vol. 45 Julie Bernier-Carbonneau: *Maine French Heritage Language Program* : un processus de « reconquête » du français dans l'État du Maine ?, 2017.

Vol. 46 Françoise Le Lièvre, Mathilde Anquetil, Martine Derivry-Plard, Christiane Fäcke, Lisbeth Verstraete-Hansen (éds.): Langues et cultures dans l'internationalisation de l'enseignement supérieur au XXIe siècle. (Re)penser les politiques linguistiques : anglais et plurilinguisme, 2018.

Vol. 47 Nathalie Wallian (éd.): Intervention éducative et médiation(s). Contextes insulaires, cultures diverses, explorations plurielles, 2018.

Vol. 48 Marie-Françoise Pungier: De fragments en traces. Déchiffrer dans leurs écrits le récit d'expérience de mobilité courte d'étudiants japonais en France, 2020.

Vol. 49 Jésabel Robin & Martina Zimmermann (éds./Hrsg.): La didactique des langues dans la formation initiale des enseignant.e.s en Suisse. Quelles postures scientifiques face aux pratiques de terrain ? / Fremdsprachendidaktik in der Schweizer Lehrer*innenbildung. An welchen wissenschaftlichen Positionen orientiert sich die Praxis?, 2022.